On Marx's Transcendence of
Hegel's Thought on Poverty

论马克思对黑格尔贫困思想的超越

田书为◎著

人民出版社

序　言

　　贫困问题始终是一个困扰人类社会发展的重大问题，消除贫困也依然是当今世界面临的重大挑战。围绕什么是贫困、如何消除贫困，思想家们进行了各种探索。田书为博士在《论马克思对黑格尔贫困思想的超越》中，立足对黑格尔与马克思的思想比较，较为深入地探讨了物质贫困与精神贫困"如何产生"与"如何消灭"这两大问题。这一探讨，对新时代背景下推动物质文明与精神文明相协调，深度拓展中国式现代化具有一定的理论价值。本书的创新之处主要体现在以下几个方面：

　　第一，努力澄清《法哲学原理》与《法哲学讲义》中黑格尔贫困思想的差异。黑格尔的贫困思想不是一成不变的。1821年《法哲学原理》正式出版以后，黑格尔一直保持着对贫困问题的关注，并在不同年份的《法哲学讲义》中，继续发展、修正自己的贫困思想。该著作立足《黑格尔全集》(历史考证版)，通过对《法哲学讲义》的分析，呈现出《法哲学原理》与《法哲学讲义》对待贫困问题的思想异同，以更加丰富的文献基础，尝试构建起黑格尔贫困思想的理论全貌。

　　第二，能够依据 MEGA^2 回应学界对马克思贫困思想的讨论。近年来，《马克思恩格斯全集》历史考证版第二版（MEGA^2）的陆续出版，较为清晰地呈现了马克思重要论著从创作、修改到形成的原初历史过程，丰富了人们对马克思贫困思想的认知。作者在本书中关注到了学界研究的前沿，在中译版和英译版马克思恩格斯著作的基础上，参考MEGA^2，对一些重要的理论问题进行回应，相对立体地呈现出马克思贫困思想的发展脉络、理论特征及其与黑格尔的差别。

第三，在经济学视域中呈现马克思对黑格尔贫困思想的超越。学界以往对黑格尔与马克思思想关联的探究，往往集中在哲学领域，即便比较二者的经济学思想，也一般都从马克思早期文本入手。本书注意到了黑格尔对当时社会的经济现象有着深入的分析，对基本经济问题有着深刻的认知，并将黑格尔的贫困思想置于国民经济学的理论大背景下，正面阐释二者在观点上的内在关联，并在展现马克思对国民经济学的批判中，厘清他对黑格尔贫困思想的超越。

艾四林

2023 年 11 月于清华大学

目　录

导　论

第一节　研究意义

一、理论意义

贫困问题在黑格尔的法哲学思想中占有重要位置。因为，能否解决贫困问题，直接关系到市民社会原则能否真正统摄现实社会以及国家实体的政治设计能否真正成功。所以，理解黑格尔的贫困观，就成为把握黑格尔法哲学整体思路的关键。至于马克思，则终其一生都在关注贫困问题。无论是早期抑或晚期，都对贫困问题有着持久和深入的思考。探究马克思的贫困思想，是理解马克思复杂理论架构的钥匙。另外，在当代学者心目中，黑格尔的形象十分立体，有些学者不再将之单纯视为"开放社会的敌人"，而是自由主义经济、政治、文化体系的同路人①。与之相对，马克思则围绕"剩余价值""阶级斗争""共产主义"等范畴，

① 参见［以］阿维纳瑞：《黑格尔的现代国家理论》，朱学平、王兴赛译，知识产权出版社 2016 年版，英文版序。

论证资本主义生产方式走向灭亡的历史必然性，开辟出了一条十分激进而科学的革命道路。造成这种对立的，正是二者对现代社会贫困问题理解的分歧。马克思正是在对黑格尔贫困思想困境的批判性反思中，才逐渐建构起与黑格尔针锋相对的复杂贫困思想。所以，从黑格尔贫困思想的基本内涵出发，探究马克思对黑格尔贫困思想的超越路径，对于整体把握二者的思想体系及其内在差异，客观认知现代社会的结构性本质，理解人类社会发展的未来趋势，具有重要的理论意义。

二、现实意义

贫困，始终是资本主义全球化以来，阻碍人类社会继续前进的最核心障碍。"恐怖主义""生态危机""区域动荡""战争冲突""疾病蔓延"等，这些困扰着当代人类的世界性难题，恐怕很难不被最终归结为贫困问题。面对如斯情景，一代又一代思想家，从哲学、法学、经济学、历史学、社会学等各个学科领域出发，穷毕生心血，都在探究贫困的成因与摆脱贫困的路径。不过，正如阿玛蒂亚·森指出的那样，时至今日，现代社会的贫困成因及其消灭方式都依旧是一个谜。[①]黑格尔是最早反思现代社会贫困问题的几位哲学家之一。他对贫困成因及其消灭路径的认知，对当今学界和现实社会产生了重要影响。马克思则把资本主义生产方式视为贫困产生的根源，把建立共产主义社会，视为摆脱贫困的路径。而这种观点直接影响着人类社会的发展轨迹。从这个意义上说，研究马克思与黑格尔的贫困思想及其关联，无疑为当代人类社会在资本主义全球化的条件下，找寻贫困产生的制度性根源以及摆脱贫困的现实路

---

① 参见 [印度] 阿马蒂亚·森：《贫困与饥荒——论权利与剥夺》，王宇、王文玉译，商务印书馆 2001 年版，第 1 页。

径，带来巨大的启发性意义。

第二节　文献述评

一、黑格尔贫困思想的研究述评

黑格尔无论是在早期（《精神现象学》公开出版之前），还是晚期（《法哲学原理》公开出版前后），都对贫困问题有过较为深入的思考。在 1769 年，黑格尔在研究经济学家斯图亚特的思想时，就已经从"需要和劳动、分工和财富、贫困和税收"① 等角度，反思现代社会中存在的诸多问题。另外，在"《伦理体系》《实在哲学》"中，黑格尔也一直保持着对贫困问题的关注。② 不过，本书将重点关注黑格尔后期法哲学思想中对贫困问题的态度和看法。

在真正进入黑格尔贫困成因思想之前，有必要先介绍本书使用的几个核心概念。在描述不同的贫困现象时，黑格尔统一使用了"贫困"这一个范畴，虽然对应的德语原词不同，但它们之间的区分并不十分明显，互相之间在一些语境中可以穿插使用。不过即便如此，其实还是可以根据一些基本的标准，把黑格尔视野中的贫困现象分为两大类，即"物质贫困"和"精神贫困"。"精神贫困"也就是"贱民精神"，是社会底层劳动者对市民社会原则的精神反叛。"物质贫困"，可以继续细分为

---

① Manfred Riedel. *Zwischen Tradition und Revolution: Studien zu Hegels Rechtsphilosophie*, Stuttgart: Klett-Cotta.1982, p. 120.

② 参见 ［英］普兰特：《黑格尔政治哲学中的经济和社会整体性》，载中国社会科学院哲学研究所编：《国外黑格尔哲学新论》，中国社会科学出版社 1982 年版，第 303 页。

两类，第一，是市民遭遇的物质贫困，这是个体自然差异与社会分工体系共同作用的结果，本书将之命名为："物质贫困Ⅰ"；第二，是"贱民"遭遇的物质贫困，即市民脱离社会分工体系后的赤贫状态，这是社会底层劳动者"贱民精神"外化的直接结果，本书将之命名为："物质贫困Ⅱ"。对于这些贫困概念的内涵及其关系，本书在之后将会具体分析。

1. 贫困如何产生

里德尔（Riedel）认为，黑格尔已经从"财富与贫困，工业与无产者贱民，人口增长与殖民扩张"[1] 的角度，理解现代社会。所以，对于黑格尔来说，贫困是现代社会的属性和特征，它并不是外在于现代社会，而是从现代社会自身中生发出来的。这样，黑格尔关注的问题，必然是探究贫困的产生如何与现代社会发生必然性的联系。霍斯特曼（Rolf—Peter Horstmann）也指出，在黑格尔那里，社会中存在的贫困问题，是市民社会原则不断展开的历史结果[2]，而这将最终"使构成人性的权利或自由丧失掉"[3]。于是，在解决贫困问题之前，黑格尔必然要从社会层面出发，探究社会中贫困问题的生成路径，"贫困如何产生"这个问题，也就变成了"市民社会如何必然地制造贫困"这一问题。

菲威格（Klaus Vieweg）曾对学界达成的上述共识进行过这样的总

---

① Manfred Riedel. *Zwischen Tradition und Revolution: Studien zu Hegels Rechtsphilosophie*. Stuttgart: Klett-Cotta.1982, p.193.

② See Rolf-Peter Horstmann, *Hegels Theorie der bürgerlichen Gesellschaft*. In: Ludwig Siep, G.W.F. Hegel, Grundlinien der Philosophie des Rechts, Berlin: Akademie Verlag, 1997, p.210.

③ [韩]郑大圣：《新自由主义中"自由之痛"的出路——论黑格尔客观精神哲学中"社会自由"的概念》，载邓安庆主编：《黑格尔的正义论与后习俗伦理》，上海教育出版社 2019 年版，第 97 页。

结：贫困问题不是偶然闯入黑格尔的思想之中。它是黑格尔市民社会理论体系建构中不可缺少的一环。另外，在黑格尔那里，贫困问题也伴随着市民社会的产生与发展，是市民社会无可回避的理论和现实问题。① 对此，纽豪斯（Frederick Neuhouser）的判断则显得更直接一些。他干脆指出，黑格尔已经发现，现代社会自由放任的经济政策，必然会不断地引发社会贫困问题。② 其实，黑格尔倒是没有明确使用"自由放任"这种极富经济学特色的术语，但是他确实表达了这个意思。当然，不论如何，学界都普遍认为，黑格尔探究现代社会贫困产生的问题，其实也就是探究市民社会原则为何会在它的基因中，包含着贫困问题。

沿着这一思路，学者们必然先把目光放在如何理解黑格尔的市民社会思想上。里德尔（Manfred Riedel）在《黑格尔法哲学研究》中指出，黑格尔认为市民社会是一个社会的基础性领域，即便一个社会的"法"，也不仅仅是个人之间意志的任意结果，而是要立足于具体的经济交往活动③。因为，个体在为了满足自己需要的过程中，通过劳动生产了别人需要的事物，所以自己在自身的特殊性实现过程中，获得了普遍性规定，也就是"法"的规定。市民社会不仅使个人与自然建立起互动关系，同时也使个人在其自身中获得普遍性规定④。实际上，里德尔这里宏观

---

① 参见 ［德］克劳斯·菲威格：《黑格尔论贫富鸿沟的加剧作为现代正义的最大难题》，载邓安庆主编：《黑格尔的正义论与后习俗伦理》，上海教育出版社 2019 年版，第 53 页。

② See Frederick Neuhouser, *Foundations of Hegel's social theory: actualizing freedom*, London, England: Harvard University Press, 2000, p.172.

③ See Manfred Riedel, *Studien zu Hegels Rechtsphilosophie*, Frankfurt am Main: Suhrkamp Verlag, 1969, p.89.

④ See Manfred Riedel, *Studien zu Hegels Rechtsphilosophie*, Frankfurt am Main: Suhrkamp Verlag, 1969, p.91.

表达了在黑格尔视野中市民社会的构成方式及其对于现代社会的基础性作用。

诺尔斯（Dudley Knowles）依据黑格尔的《法哲学原理》，进一步指出，市民社会的根本目的是要实现社会中个人的特殊性需要，当然，这要以社会中人与人建立起的经济关系为前提。[①]诺瓦科维奇（Andreja Novakovic）在《黑格尔论伦理生活的第二本质》中，从精神层面指出了市民社会成员的基本特点。首先，也是最根本的，是市民的利己主义诉求，即对满足自身特殊利益的强烈渴望。另外，市民也有高尚的精神追求，那就是对"荣誉、权力"的渴望。后者是在前者基础上，市民社会给予个人的承认。[②]

实际上，学界对于黑格尔市民社会基本原则理念的认知，已经形成了共识，那么，接下来的问题就是，贫困问题是如何从这样的市民社会原则中产生出来的。伍德（Allen W. Wood）认为，现代社会的工业在不断发展，生产力在进步，这直接引发社会中人口数量的膨胀。不过，这部分人口中的相当一部分，在很大程度上没有适应市民社会发展需要的劳动能力，这使得他们获得较低的工资收入，随时面临失业的可能。[③]在这里，伍德概述了市民社会产生贫困的原因，可以简要概括为：在市民社会原则（特殊性原则和形式普遍性原则）的框架下，个体由于缺少必要的素质，以至于无法应对社会竞争，只能从社会中获取较少的

---

① See Dudley Knowles, *Hegel and the Philosophy of Right*, London: Routledge, 2002, p.262.

② See Andreja Novakovic, *Hegel on Second Nature in Ethical Life*, Cambridge: Cambridge University Press, 2017, p.94.

③ 参见［美］伍德：《黑格尔的伦理思想》，黄涛译，知识产权出版社2016年版，第406页。

回报。所以，市民社会的贫困，是由于市民社会原则和个体进入市民社会时的自然差异共同造成的，而非"社会结构"或"个人任性"单方面起作用的结果。

当然，也有学者持不同的看法。安德森（Sybol Cook Anderson）认为，"黑格尔认为，市场体系中产生的过度的财富和贫困，是由于诸个体的原子式且抽象的自我理解造成的，这导致了社会的不稳定，极大程度地破坏自由"①。这句话或许稍显抽象，安德森很快做了一个更具体的说明，指出：黑格尔认为在市民社会中，"特殊性还没有被教化了的以致达到真正意识的地步，并且在追求着具有排他性的个人私利，导致极度的富裕和贫困，以及对法律和社会的蔑视，这使得市民社会颠覆了自身"②。很明显，安德森的思路与伍德不同，安德森更侧重从特殊性的角度出发，来阐释市民社会产生贫困的根本原因，而伍德更侧重强调市民社会结构与特殊性原则共同作用的结果。就目前学界的研究情况而言，这两种理解贫困产生原因的思路基本占据了主导。

实际上，不论采取哪种思路，都已经足够回答之前提出的问题，也就是市民社会这种"人间乐土"为何还会产生这类贫困。其实，由于特殊性原则的主导地位，市民社会形式普遍性原则掩盖的，是一切人与一切人的竞争关系。因为，每个人都要实现自身的利益，都要为满足其他一切人的需要而劳动，那些能够最大限度满足社会需要的个体，自然回报就多，那些相对不能满足社会需要的个体，从社会中获得的回报就会

---

① Sybol Cook Anderson, *Hegel's Theory of Recognition: from oppression to ethical liberal modernity*, London, New York: Continuum International Publishing Group, 2009, p.140.

② Sybol Cook Anderson, *Hegel's Theory of Recognition: from oppression to ethical liberal modernity*, London, New York: Continuum International Publishing Group, 2009, p.148.

少。而且就实际情况而言，已如伍德所说，大量人口相对不具备满足社会需要的能力，这就使得大量人口慢慢沦为贫困群体。所以市民社会原则，其实也就是竞争原则，只不过看上去，社会似乎赋予个体平等地发挥自身才能的可能性。

需要指出的是，学者们普遍发现，这种贫困所展现出的不平等，其实是被黑格尔允许的。因为，正如哈德曼（Michael O. Hardimon）发现的那样，社会财富分配的不平等，归根结底是个人的自然差异、劳动技能、努力程度等因素先在决定了的。[1] 那么，贫困问题为什么还被黑格尔指为对市民社会原则的巨大危害呢？哈德曼继续指出，黑格尔真正担心的，是由现代社会贫困问题生发出的一个群体，即"贱民"。这才是真正给黑格尔造成困扰，并使黑格尔认真研究贫困问题的关键所在。[2] 对此，西佩（Ludwig Siep）曾清楚地指出，工业化的大生产，使整个社会形成一个极度富裕和一个极度贫困的阶级，它们的矛盾十分尖锐，而"贱民"本质上是"对法律和权利忠诚的轻蔑"，这种精神状态共同存在于两个阶级之中。[3] 西佩在这里所说的，带有狂妄精神且轻蔑法律权威的富人，就是黑格尔所说的"富裕贱民"。伍德曾引述黑格尔《法哲学讲义》中的原文指出，"贱民"不必然就是指贫困者，虽然通常情况是这样，但是，"富裕的贱民同样存在"。对于富裕贱民而言，不存在"人类尊严"，他们任意地践踏法律，不尊重贫困者的"普遍人权"，而

---

① See Michael O. Hardimon, *Hegel's Social Philosophy: The Project of Reconciliation*, Cambridge: Cambridge University Press, 1994, p.237.

② See Michael O. Hardimon, *Hegel's Social Philosophy: The Project of Reconciliation*, Cambridge: Cambridge University Press, 1994, p.237.

③ See Luwig Siep, *Akualität und Grenzen der praktischen Philosophie Hegels*, München: Wilhelm Fink Verlag, 2010, p.72.

仅以发展自身利益作为一切行为的直接和根本目的。①

伍德的话，很好地解释了西佩的观点。首先，伍德和西佩已经和相当数量的学者不同，没有仅从贫困贱民入手，考察黑格尔视野中的贫困问题及其影响，而是把贫困贱民和富裕贱民结合起来考虑，将二者都视为贫困的产物。其实，当黑格尔不在贫困贱民的意义上使用贫困概念时，大多数情况指的都是市民社会中的物质贫困Ⅰ。而物质贫困Ⅰ，必然意味着相对富裕，这是一对相伴而生的概念。所以，黑格尔在考察底层劳动者的同时，考察极端富裕这一群体的精神状况，是符合他自身逻辑演进路径的。从这个意义上说，伍德和西佩都更为全面地把握了黑格尔贱民思想的整体逻辑。

根据西佩和伍德的观点，可以得知：第一，贱民在黑格尔那里，更多地被视为一种精神规定，即轻蔑市民社会法律权威与社会规范的精神心态，只不过导致这种心态的物质基础不同，或是物质贫困Ⅰ，或是极度的相对富裕；第二，在黑格尔那里，贫困贱民的危害是显而易见的，而富裕贱民对社会的破坏性同样深重，毕竟富裕贱民掌握着相当大量的社会资源，若他们的贱民精神逐步外化，那后果可想而知。或许是由于黑格尔本人的侧重问题，学界关于富裕贱民及其影响的讨论，似乎相对少于对贫困贱民及其影响的讨论。

2. 如何摆脱贫困

正如哈德曼所言，物质贫困Ⅰ或相对富裕，都是黑格尔允许的，因为这是市民社会原则对个体特殊性原则的承认和保护。不过，贫困贱

---

① 参见［美］伍德：《黑格尔的伦理思想》，黄涛译，知识产权出版社 2016 年版，第 416 页。

民和富裕贱民是黑格尔坚决反对的。所以，市民社会走向国家的关键环节，也就在于如何扬弃贱民精神。对于黑格尔解决贱民问题的方法，学者们总体上概括为四种。第一种，是"市民社会被迫超越自身"，也即世界殖民进程；第二种，是"主观救济"，具体来说，分为"个人间的相互支援以及良善愿望"和"集体性的慈善和互助"①；第三种，是来自警察国家的社会救助；第四种，是"同业公会"，"同业公会能够为个人的技能赋予官方认可，因此，它被视为自我确证、自尊与荣誉的重要来源"②。对此，学界不存在过多争议，但是关键在于，这四种方式在黑格尔那里，能否行之有效地解决贱民问题，是存在争议的。

对于第一种方式，菲威格直言，全球扩张的确符合现代社会发展的一般趋势，市民社会的确在空间上正在不断地超越自身原有的界限。但是问题在于，市民社会在空间上超出自身，并"不是变成另外一种秩序"。因此人们可以清晰地看到，贫困问题不仅在某一地区，更是在全世界范围内普遍地存在。③与菲威格相比，沃尔顿（A.S.Walton）的讨论更加具体。他认为，当黑格尔试图通过"殖民主义"消灭贱民精神时，黑格尔其实以英国社会为现实参照。另外，即便如此，黑格尔也不认为英国就是市民社会发展的典范，而且发现了

---

① ［德］克劳斯·菲威格：《黑格尔论贫富鸿沟的加剧作为现代正义的最大难题》，载邓安庆主编：《黑格尔的正义论与后习俗伦理》，上海教育出版社 2019 年版，第 54—55 页。

② David James, *Hegel's Philosophy of Right: Subjectivity and Ethical Life*, London, New York: Continuum, 2007, p.111.

③ 参见 ［德］ 克劳斯·菲威格：《黑格尔论贫富鸿沟的加剧作为现代正义的最大难题》，载邓安庆主编：《黑格尔的正义论与后习俗伦理》，上海教育出版社 2019 年版，第 60 页。

英国市民社会建设中存在的一些弊病。最后，黑格尔仅把殖民主义视为消灭贱民精神的"权宜之计"。要想真正消灭贱民精神，必须从结构上改造市民社会。而这种改良一旦完成，殖民主义也就成为不必要的了。①

从沃尔顿的上述观点中，至少可以得出这样几个基本结论。首先，黑格尔在思考市民社会问题时，是紧紧围绕现实社会展开的，有着一个复杂的历史背景和时代框架作为现实依托。这是探究黑格尔市民社会思想，特别是涉及"殖民"这类极富现实意义的一类概念时，需要认真对待的。其次，就消灭贱民精神这个问题而言，殖民并不是对所有国家都适用的，毕竟殖民需要相当的经济实力，而且社会矛盾要激化到一定程度才能实现，就当时的历史条件而言，恐怕也只有英国等几个少数资本主义强国才有使用这种办法摆脱贫困的可能。另外，正如菲威格所言，市民社会的殖民，在殖民地建立起来的仍旧是市民社会，其社会组织原则和方式并没有变，它仍将会遇到宗主国遇到过的问题，也会发生类似的社会矛盾，例如这里所说的贱民问题。因此，沃尔顿才会把通过殖民解决本国贱民问题的思路，称为"权宜之计"。

另外，至于消灭贱民精神的第二种方式，即"主观救济"，以伍德为代表的学者并不看好。伍德认为，社会中物质贫困和精神贫困的存在，确实为富人开展对贫困者的主观救济留下了不小的空间。但是，首先，"道德性的慈善"是偶然性的，不具有可持续性。所以，人们不能

① See A.S.Walton, Economy, utility and community in Hegel's theory of civil society. In *The State and Civil Society: Studies in Hegel's Political Philosophy*, edited by Z.A.Pelczynski, Cambridge: Cambridge University Press, 1984, pp.254-255.

指望长期依靠这种思路解决贫困问题。另外，更重要的是，主观救济从本质上讲，是对劳动所有权原则和等价交换原则的破坏，它在使接受救济的人"蒙羞"的同时，还会直接破坏市民社会赖以存在的制度基础。[①]与之类似"社会救济"，作为消灭贱民精神的第三种方式，也存在同样的问题。[②] 其实无论是关于"殖民""主观救济"，抑或是"社会救济"，学界的态度几乎是一致的，认为在黑格尔那里，这几种方法都不能真正消灭贱民精神。阿维纳瑞（Avineri, S.）声称，贱民精神问题是黑格尔"唯一一次提出了一个问题并任其悬而未决的地方"[③]。鲁达（Frank Ruda）也认为，"没有一种方法可以克服这个问题"[④]，即贱民精神问题。

当然，也有学者提出了明确的反对意见，梁燕晓认为，"同业公会"解决了贱民精神问题。因为，他认为同业公会在给予救助和帮扶的同时，没有践踏接受者的尊严，也没有违背市民社会原则。[⑤] 应该说，梁燕晓的论述，倒是非常符合黑格尔在《法哲学原理》中对同业公会内涵及其功能的社会定位。

---

① 参见［美］伍德:《黑格尔的伦理思想》，黄涛译，知识产权出版社 2016 年版，第 407 页。

② 参见［美］伍德:《黑格尔的伦理思想》，黄涛译，知识产权出版社 2016 年版，第 408 页。

③ ［以］阿维纳瑞:《黑格尔的现代国家理论》，朱学平、王兴赛译，知识产权出版社 2016 年版，第 195 页。

④ Frank Ruda, That Which Makes Itself: Hegel, Rabble and Consequences. In *Hegel's Elements of the Philosophy of Right: A Critical Guide*, edited by David James, Cambridge: Cambridge University Press, 2017, p.162.

⑤ 参见梁燕晓:《黑格尔：个体与共同体冲突的成功和解者？——基于市民社会中贫困问题的考察》，《哲学分析》2018 年 8 月。

3. 文献述评

贫困思想不是黑格尔思想的核心部分，不过却是黑格尔市民社会思想的关键。在几本《法哲学讲义》中，我们能够清晰地看出，黑格尔每次在讲授法哲学课程时，都必然要在贫困问题上下大力气。这也给学界阐释黑格尔贫困思想留足了空间。总体来看，学界对黑格尔贫困思想的认知呈现出以下几个基本特点。第一，在关于贫困如何形成的问题上，学界几乎没有过多争议，普遍地认为，市民社会分工结构，及个体的先天差异，是市民社会中物质贫困 I 产生的根本原因；第二，在贫困的影响中，学界存在的争论的，是贱民精神的形成与市民社会的关系问题；第三，学界更主要地关注物质贫困 I 及与之关系密切的贫困贱民问题，而较少关注相对富裕及与之关系密切的富裕贱民问题；第四，学界虽然都认为黑格尔已经清楚地看到了社会阶级对立，但却很少从贫困者与富裕者二者的阶级关系出发，探究贱民精神问题；第五，在贱民问题的解决上，学界更多地关注的是如何摆脱贫困者的贱民精神，而较少地关注如何扬弃富裕者的贱民精神；第六，在关于黑格尔是否成功扬弃了贫困者与富裕者贱民精神的问题上，学界尚未达成共识。对此，本书将逐步论证，第一，学界关于贱民精神成因及其消灭路径的认知是有误的（针对特点一、二、三、六）；第二，富裕贱民问题是理解黑格尔贫困思想逻辑和现实困境的关键（针对特点四、五）。

二、马克思贫困思想的研究述评

"贫困"问题在黑格尔和马克思这里的思想境遇很不相同。如果说，黑格尔只是在论述市民社会时，部分地涉及贫困问题，那么马克思终其一生都在关注贫困问题。因为，自从担任《莱茵报》编辑，遇到对"所谓物质利益发表意见的难事"之后，马克思就很快开始了对贫困问题及其背后经济机制的反思①。

另外，与黑格尔相比，马克思的贫困思想是在不断变化的。在不同时期，马克思对贫困的类型、成因与消灭途径，有着并不完全相同的认知。可以说，马克思是在自我超越的过程中，逐渐超越黑格尔贫困思想的。为此，本书选取了三个阶段的文献，用来体现马克思贫困思想的精神内核及其变化。第一，就是《巴黎手稿》及其前后的文献，这部分文献对思想史的影响十分深远。它直接启发了西方马克思主义的意识形态批判路径，对存在主义等西方哲学流派，也造成了直接的影响。第二，就是1846年的《哲学的贫困》。在通常情况下，《哲学的贫困》被学界视为马克思唯物史观与经济学相结合的最初理论成果，对于马克思贫困思想的发展而言，具有承前启后的重要意义。第三，就是《资本论》及其手稿。毫无疑问，这是马克思贫困思想达到的理论巅峰，要想真正理解马克思贫困思想的核心要义，脱离了这部分文本是不可能实现的。

1. 马克思《巴黎手稿》贫困思想的研究述评

什么是《巴黎手稿》？《巴黎手稿》是马克思在"巴黎时期"撰写的"经济学笔记"与《1844年经济学哲学手稿》的总称。其中，《詹姆斯·穆勒〈政治经济学原理〉一书摘要》（以下简称《穆勒评注》）作为"经济

① 参见《马克思恩格斯文集》第2卷，人民出版社2009年版，第591页。

学笔记"的组成部分，与《1844 年经济学哲学手稿》的关系尤为密切，
马克思对这二者写作的时间顺序至今也存在争议①。根据对既有研究成
果的分析，本书以"'笔记本Ⅰ'→《穆勒评注》→'笔记本Ⅱ'→'笔
记本Ⅲ'"的顺序为论述展开的基础。在对马克思思想发展历程的研究
中，学界一直区分着"青年马克思"②与"老年马克思"（或者说：成熟时
期的马克思）③。这种区分的目的在于，学者们普遍发现，"青年马克思"
对人的本质持一种价值预设，对资本主义社会持一种费尔巴哈式的人本
学批判，而"老年马克思"则从历史发展的客观规律出发，揭示资本主
义社会的历史局限，并以此论证共产主义社会到来的必然性。阿尔都塞
相对系统地论述了这一思想④，并在整个学界产生了广泛影响。

　　这样，从费尔巴哈宗教批判的视角出发看待马克思早期贫困思想，
成了统摄《德法年鉴》与《巴黎手稿》时期诸多思想研究的核心思路。
不过，本书将要提出这样一个问题，那就是：如果承认学界目前的共
识，即马克思在《德意志意识形态》中才形成唯物史观，才能够从生产
力、生产关系这样的范畴出发，去客观看待人类社会的历史发展，那么

---

① 参见［日］重田晃一：《对早期马克思的一次考察——以作为经济学批判的开端
的〈穆勒评注〉为中心》，载关西大学《经济学论集》第 8 卷第 6 号，1959 年。转引自
吕梁山、潘瑞：《马克思〈詹姆斯·穆勒《政治经济学原理》一书摘要〉研究读本》，中
央编译出版社 2013 年版，第 44 页。另参见［日］山中隆次：《〈经济学哲学手稿〉与〈经
济学笔记〉的关系——关于拉宾论文》，载日本《思想》杂志 1971 年 11 月号。转引自
吕梁山、潘瑞：《马克思〈詹姆斯·穆勒《政治经济学原理》一书摘要〉研究读本》，中
央编译出版社 2013 年版，第 46 页。

② See Alvin W. Gouldner, *The Two Marxisms*, New York: Oxford University Press, 1982.

③ See Gouldner, A. W. *Philosophy, Science and the Two Marxisms*. In *The Two
Marxisms*. Macmillan Education UK,1980.

④ 参见［法］路易·阿尔都塞：《保卫马克思》，顾良译，商务印书馆 1984 年版，
第 5 篇文章。

在《德意志意识形态》之前，马克思以何种范畴，如何看待现代社会，如何理解人类历史的发展历程？毕竟，马克思即便持费尔巴哈式的人本学立场，也并不妨碍他对现代社会（或者说"市民社会"）的运行与发展机制，有一个基本的认知，那么这个认知是什么？这恐怕不是"费尔巴哈人本学立场"这样一个术语能概括的。本书将具体论证，马克思此时基本是用黑格尔的市民社会框架来理解和批判资本主义社会①，而这是他对人本质持费尔巴哈式理解的社会前提。

例如，在面对"异化劳动"范畴，一个通常的提问方式是，前异化状态是什么，有学者秉承阿尔都塞的观点，将异化状态直接指认为人类本质的原初状态（即一种价值预设）。当然，本书将承认确实存在这种预设，不过，"异化劳动"的前异化状态，并非指这个预设状态，而是黑格尔的市民社会状态。可以说，在《德法年鉴》《巴黎手稿》中，黑格尔从市民社会出发，发现了与市民社会原则相违背的"贱民"问题，而马克思也从市民社会出发，并发现了无产阶级的问题。虽然，与黑格尔不同，马克思把矛头直接对准了市民社会原则，但不可否认，马克思的确是使用了黑格尔市民社会思想中的诸多概念，才建构了市民社会原则的这个历史悖论。很明显，马克思早期贫困思想中呈现的思路，与稍后《哲学的贫困》中对贫困问题的理解，呈现出很大差异。那么接下来的问题必然是，马克思如何实现了这种理论过渡？具体而言就是，什么使马克思不再认为人类历史中存在一个黑格尔式的市民社会阶段（前异化状态），以至于指认（按《共产党宣言》的话说），"至今一切社会的

---

① 参见田书为：《马克思对黑格尔劳动思想的继承与发展——基于〈巴黎手稿〉的市民社会批判视角》，《马克思主义与现实》2018 年第 3 期。

历史都是阶级斗争的历史"①？毫无疑问，这都是本书无可回避而必须
回答的问题。

2. 马克思《哲学的贫困》中贫困思想的研究述评

《哲学的贫困》的理论地位显得十分关键，它是马克思贫困思想走
向成熟的标志之一，体现着马克思成熟时期贫困思想的基本理念与根本
原则。所以，有必要对马克思《哲学的贫困》中的贫困思想，进行一个
更加细致的文献述评。

什么是《哲学的贫困》?《哲学的贫困——答蒲鲁东先生的〈贫困的
哲学〉》是马克思 1847 出版的著作，在马克思生前未曾再版。② 按照计
划，《哲学的贫困》将被收录在 MEGA² 第一部分第 6 卷，不过，至今
尚未出版。目前，在《马克思恩格斯全集》中文一版第 4 卷中，《哲学
的贫困》由俄文《马克思恩格斯全集》第 2 版全文译出，并参考了何思
敬的译本③，而中文二版《马克思恩格斯全集》，尚未出版《哲学的贫困》
全文。本书除了以中文一版全集为参照以外，同时以《马克思恩格斯著
作集》第 4 卷（MEW）为参照，其中全文收录了《哲学的贫困》(*Das
Elend der Philosophie*) ④。

在《马克思恩格斯著作集》(MEW) 第 4 卷的前言中，编者认为，《哲
学的贫困》在对蒲鲁东哲学与经济学思想的批判中，体现了马克思科学
社会主义、历史唯物主义与政治经济学研究的新成果，是代表马克思新

---

① 《马克思恩格斯文集》第 2 卷，人民出版社 2009 年版，第 31 页。

② 参见姜海波：《马克思〈哲学的贫困〉研究读本》，中央编译出版社 2013 年版，
第 1 页。

③ 参见《马克思恩格斯全集》第 4 卷，人民出版社 1958 年版，第 667 页。

④ See *Karl Marx Friedrich Engels Werk, Band 4*, Dietz Verlag Berlin, 1977.

世界观的重要著作①。从中能够发现这样三个基本信息。第一，在《哲学的贫困》中，马克思没有仅仅抽象地分析"贫困"概念，而是把对"贫困"的分析，还原到对工人阶级的现实境遇的认知中去，历史地分析工人阶级贫困现状的时代成因及其超越路径，而这也正是科学社会主义的精神实质；第二，《哲学的贫困》涉及的内容包含哲学与经济学，这意味着，包括蒲鲁东在内，以黑格尔为代表的唯心主义哲学家和资产阶级经济学家以及一些社会主义经济学家，都将成为马克思的批判对象；第三，《哲学的贫困》的是一部论战性极强的著作，研读《哲学的贫困》，必须建立起相应的比较视野。毫无疑问，《马克思恩格斯著作集》的编者，给人们研究《哲学的贫困》提供了重要思路。

重新回到最初的问题，即"贫困如何产生"，也就转变为"工人阶级如何产生"。梅林认为，《哲学的贫困》奠基于这样的理论基石之上，"每一历史时代的物质生产以及必然由它的条件产生出来的社会结构，乃是这个时代的政治史和文化史的基础；因此，全部人类历史都是阶级斗争的历史，是各个不同社会发展阶段上被剥削者和剥削者、被奴役者和奴役者之间斗争的历史……没有阶级矛盾的个人之间的交换是资产阶级的幻想。承认蒲鲁东的原理，就等于承认资产阶级社会中存在着任何人都不可能靠牺牲别人发财致富的永恒的正义和协调"②。

梅林的说法揭示出以下几点。首先，马克思在《哲学的贫困》这一思想阶段，持一种彻底的唯物史观，以阶级斗争的视角审视人类历史的

① See *Karl Marx Friedrich Engels Werk, Band 4,* Vorwort, Dietz Verlag Berlin, 1977, Ⅶ.

② ［德］弗·梅林：《马克思传》，樊集译，持平校，人民出版社 1965 年版，第159—161 页。

发展与变革。这一方面意味着，人类社会自古以来就不存在公正或平等，压迫与被压迫反而是常态，只不过当前遭受压迫而处于贫困境遇的是工人阶级。其次，社会中的个人永远带有各自的阶级身份，这意味着工人的贫困现状（被压迫）不是个人的理智或其他先在自然因素造成的，而是来自整个社会的阶级结构。从这段文字看，梅林的基本立场与《马克思恩格斯著作集》的编者基本一致。而更为深入的是，梅林指出了马克思与蒲鲁东等人之间，对待现代社会本质及其生成路径的不同，即他们对待贫困成因（工人阶级现实境遇）的根本差异。与梅林的判断基本一致，麦克莱伦也认为，马克思一方面指出了蒲鲁东经济学的唯心主义基础，同时也指明，阶级斗争才是历史发展的基本动力，当前的社会贫困，是由于阶级压迫导致的。为此，麦克莱伦还特意引述了马克思《哲学的贫困》中两段非常著名的段落予以说明。①

卢森贝的对蒲鲁东和马克思的描述则更偏向经济学领域。他认为，蒲鲁东也在劳动所有权与等价交换原则的基础上，理解现代社会及其生成路径。与之相对，马克思则证明现代社会并不是由"个别鲁滨逊的联合"发展而来②，至于资本家对工人的剥削，也是来自"经济机构的工作方面的毛病"③。卢森贝继续指出，马克思在《巴黎手稿》中其实就已经发现是私有制而非其他，导致了工人阶级的贫困境遇，只不过，当时他没能完全历史地认知现代社会的生成路径。在《哲学的贫困》中，马

---

①　参见［英］戴维·麦克莱伦：《卡尔·马克思传》，人民出版社2005年版，第151—152页。
②　参见［苏］卢森贝：《十九世纪四十年代马克思恩格斯经济学说发展概论》，方钢等译，三联书店1958年版，第242页。
③　［苏］卢森贝：《十九世纪四十年代马克思恩格斯经济学说发展概论》，方钢等译，三联书店1958年版，第246页。

克思在《巴黎手稿》的基础上，已经能够准确理解前现代社会向现代社会转化的现实路径，并且指认了现代社会阶级压迫特殊形式。[①] 所以，卢森贝认为，相比于蒲鲁东，马克思在《哲学的贫困》中发现了工人阶级遭遇贫困问题的结构性原因，同时也形成了对现代社会历史生成路径的客观认知。

应该说，卢森贝十分准确地把握了《哲学的贫困》在马克思思想发展史中的理论意义。当然，探究贫困的成因不是目的本身，消灭贫困，超越现代社会的历史局限性，才是马克思的真正目的。那么在《哲学的贫困》中，他认为，应当如何摆脱贫困呢？或者说，工人阶级如何超越自己的贫困境遇，最终实现自身解放和人类解放呢？

图赫舍雷尔认为，在《哲学的贫困》中，马克思确实给出了解决贫困问题，超越现代社会局限性的方式，那就是现代社会中的竞争关系。因为，竞争会使资本家不断改良生产技术，提到劳动生产率，而这最终会导致产品价格及其利润的下跌，直到完全失去"特殊利润"的程度。这最终将导致现代社会的生产方式走向崩溃和解体，引发贫困问题的经济制度也就随之不复存在了。[②] 图赫舍雷尔在这里，从纯粹的经济学角度，或者说社会结构运行方式这一客观性维度出发，描述了马克思视野中，现代社会灭亡，工人阶级摆脱贫困的历史思路。所以很明显，图赫舍雷尔认为在《哲学的贫困》中马克思已经发现并且论证了现代社会的经济结构中，存在着一种自我否定的力量。随着现代社会生产力的进

---

① 参见 [苏] 卢森贝：《十九世纪四十年代马克思恩格斯经济学说发展概论》，方钢等译，三联书店1958年版，第245页。

② 参见 [德] 瓦·图赫舍雷尔：《马克思经济理论的形成和发展（1843—1858）》，马经青译，人民出版社1981年版，第224—225页。

步，这种力量会越来越强，最终使现代社会的经济结构难以持续存在。

相比于图赫舍雷尔，维戈茨基似乎更加强调阶级斗争的作用。因为他发现，马克思和恩格斯在 19 世纪 40 年代，就发现了工人阶级联盟及其斗争活动对于改变其自身境遇的重要现实意义。同时，马克思也清晰地区分了不同生产力水平条件下，工人阶级斗争性活动所能引起的现实影响。① 根据《哲学的贫困》，图赫舍雷尔与维戈茨基的观点都是准确的，只不过侧重点有所不同。首先，马克思确实发现了现代社会经济结构的自我否定性。另外，马克思也发现工人阶级的革命性作用。前者是后者的基础，后者是前者的必然结果。当然，现代社会经济结构的自我否定，是一个复杂的历史进程。因此，工人阶级的斗争性活动不可能一下就实现消灭现代社会剥削关系的目的。结合二者对《哲学的贫困》的分析，可以发现，马克思此时对贫困问题的理解，已经基于历史唯物主义一般哲学原理与对政治经济学的批判性分析相结合。

对上述研究情况，本书要进行如下回应。第一，如学者们指出的那样，虽然学界目前对一些基本问题达成了共识。但是，这并不代表学界已经充分理解了蒲鲁东《贫困的哲学》中所呈现出的贫困思想。另外，在马克思《哲学的贫困》中，除了蒲鲁东，马克思还曾引述其他学者的有关贫困问题的论述，并对之展开尖锐的批判。例如，马克思就曾大段引述布雷（或译：勃雷）在《对劳动的迫害及其救治方案》中的原文，进而间接批判蒲鲁东的思想。那么，布雷的贫困思想与蒲鲁东有怎样的联系？马克思又是从何种角度出发批判布雷的贫困思想以呈现自己的观点？这都是学界尚未认真对待的问题，而本书将尝试对这些问题

①　参见 [苏] 维·索·维戈茨基：《〈资本论〉创作史》，福建人民出版社 1983 年版，第 11 页。

进行分析。

第二，关于贫困成因的分析，学界虽然也已基本达成共识。但是，马克思究竟如何解释"等价交换"与"阶级压迫"的并存？目前，学者们都指出，马克思批判蒲鲁东等人的经济学思想，其中一点，就是否定蒲鲁东关于现代社会中等价交换问题的论述，转而侧重分析阶级压迫的事实。不过，马克思自己在《哲学的贫困》中分析布雷时，又承认等价交换其实以阶级斗争为基础，难道这不是一种矛盾吗？或者说，马克思是如何解释这种矛盾的呢？难道在历史上，与现代社会相对应，还存在一个黑格尔式的市民社会吗？要知道，望月清司就持这种观点。他认为资产阶级社会之前，会存在一个市民社会阶段①，而《哲学的贫困》又成为支撑他结论的关键环节。所以，现代社会究竟从何而来，等价交换与阶级压迫如何在现代社会中同时存在，并不是可以轻易忽视的问题。

第三，对消灭贫困路径的分析，看上去学界也已经达成基本共识，不过，"自在"的工人阶级是如何发展为"自为"的工人阶级呢？在《哲学的贫困》中，要知道，处于自在状态时，在工人个体的精神意识中，维护个人私利是他行动的根本目的，而处在自为状态时，整个阶级的利益，成了工人行为的根本目的。这种两种完全不同且完全对立的两种意识形态，那么前者是在什么临界点上，或者说当经济基础领域发生怎样的变革时，会转化为后者？这些问题都是本书要予以重点说明的。

对上述问题的讨论，仅仅停留在《哲学的贫困》是无法实现的。

---

① 望月清司认为，"促使共同体发生变化的是共同体内部的分工和交往体系，它们却在'市民社会'中披上了私人所有的外衣，转变成普遍的社会关系，在资本家社会（市民社会的转变形态）又以'广泛的分工'即'大工业'的形式开花结果"（[日]望月清司：《马克思历史理论的研究》，韩立新译，北京师范大学出版社2009年版，第500页）。另外，可重点参见该书第四章第二节。

因为，它毕竟只是唯物史观与马克思政治经济学批判思想相结合的开端。只有深入到《资本论》及其手稿中，才能对上述问题作出科学的回答。

3. 马克思《资本论》及其手稿中贫困思想的研究述评

《资本论》及其手稿，在哲学、经济学、历史学等学科领域，产生了深远而广泛的影响，它标志着马克思贫困思想达到的理论巅峰。而且，随着 MEGA^2 第二部分的出版，国内外学界又开始探究《资本论》及其手稿的文献学问题[①]。这无疑为探究马克思的贫困思想，提供了一个新的思考视角。

学界对马克思在《资本论》及其手稿中对贫困成因的论述，有过细致的分析。韩立新以《政治经济学批判大纲》中"占有规律"的转变为切入点，对这一问题进行了论述，认为"占有规律的转变"是马克思超越国民经济学家以及黑格尔贫困思想的经济学呈现。[②] 因为，它否定了黑格尔和国民经济学贫困成因思想赖以成立的经济学基础，论证了"剩余价值"的形成过程。持类似观点的还有魏小萍，她也认为，马克思的"占有规律转变"思想，否定了劳动所有权，论证了现代社会贫困产生的经济原因。[③]

那么现代资产阶级社会如何历史地形成呢？韩立新认为，在现代资

---

①　参见 C.E. 福尔格拉夫、胡晓琛：《MEGA^2 第 2 部分第 4 卷第 3 册中的马克思 1867—1868 年〈资本论〉第 2 册和第 3 册手稿（下）》，《马克思主义与现实》2018 年第 5 期。

②　参见韩立新：《劳动所有权与正义——以马克思的"领有规律的转变"理论为核心》，《马克思主义与现实》2015 年第 2 期。

③　参见魏小萍：《资本主义经济关系中的政治、哲学与伦理——以 MEGA^2 中马克思文本为基础的阅读与理解》，《哲学研究》2012 年第 9 期。

产阶级社会之前，存在一个黑格尔式的市民社会。① 这一点遭到了学界的普遍反对。例如，阎孟伟曾撰文对这种观点，以及望月清司的市民社会思想进行批判②，转而指出，现代资产阶级来自以阶级压迫为基础的前现代社会。的确，在"资本主义以前的何种形式"中，马克思侧重历史的讨论，即资本主义所有制是如何从历史中产生。③ 这也就能更清楚地从人类历史发展的真实历程中，把握剩余价值的现实生成路径。

那么，现代社会贫困问题的表现方式是什么呢？学界对此看法并不一致。从《资本论》"资本主义积累一般规律"这部分内容出发，伯恩施坦认为，随着现代资产阶级社会的发展，贫困问题已经被解决了，因为工人的生活境遇得到了显著的改善。所以，贫困问题将逐步表现为贫困问题的消灭。与之相对，考茨基认为，资产阶级社会生产力的进步，并没有改变阶级压迫的事实，工人阶级与资产阶级的贫富差距正在逐渐拉大。所以，贫困问题将逐步表现为贫富之间鸿沟的加深。④ 至于如何摆脱贫困，学界的焦点则集中在《资本论》第三卷的"危机理论"。有西方学者认为，"一般利润率"并没有呈现下降趋势，资本主义生产方式也不会走向崩溃。例如，美国学者洛克莫尔（Tom Rockmore）清楚地指出，皮凯蒂（Thomas Piketty）就持有这种观点。⑤ 当然，也有许多

---

① 参见韩立新：《〈德意志意识形态〉中的市民社会概念（上）》，《马克思主义与现实》2006 年第 4 期。

② 参见阎孟伟：《马克思历史理论中的市民社会概念》，《天津社会科学》2010 年第 5 期。

③ 参见王贵贤：《原始积累与共同体的解体》，《马克思主义与现实》2017 年第 1 期。

④ 参见［日］佐藤金三郎等编：《〈资本论〉百题论争（一）》，山东人民出版社 1993 年版，第 508—501 页。

⑤ 参见［美］汤姆·洛克莫尔：《皮凯蒂，马克思主义政治经济学与利润率下降规律》，《当代国外马克思主义评论》2017 年第 1 期。

学者对皮凯蒂持严厉的批判态度，认为当代世界资本总收益率提高，恰恰是基于"各个资本不断逃脱宏观上利润率下降的压力"①。

能够发现，学界的争论是复杂的，而本书期待实现的，就是在对马克思贫困思想生成路径梳理的过程中，澄清这些争论指向的理论对象，厘清马克思的贫困思想本身。

三、马克思与黑格尔贫困思想关系研究的述评

目前，学界其实已有关于马克思与黑格尔贫困思想关联性的研究，总结来看，能够从中发现两大类结论：第一，就是从社会结构的客观性维度出发，认为黑格尔已经认识到市民社会原则存在结构性矛盾，以至于市民社会将生发出"贱民"问题，把自己引向逻辑的反面。而这一点与马克思早期对市民社会的认识有着结构的一致性②。第二，就是从贫困者精神意识的主观性维度出发，认为黑格尔已经认识到市民社会的贫困者将生发出一种反对市民社会原则的否定性精神意识，而这一点与马克思对工人阶级精神意识特点的理解有着深层契合③。

不过，本书将会具体说明，这两种观点都难以完全成立。其中一个重要原因在于，这些思路都主要依据早期思想，而没有将马克思后期思想作为一个更广阔的历史背景纳入对这一问题的考察之中。同时，它们

---

① 鲁品越：《鲜活的资本论——从〈资本论〉到中国道路》，上海人民出版社 2016 年版，第 440 页。

② See Rolf-Peter Horstmann, Hegels Theorie der bürgerlichen Gesellschaft. In: Ludwig Siep, *G.W.F. Hegel, Grundlinien der Philosophie des Rechts,* Berlin: Akademie Verlag, 1997, pp.209-210.

③ See Frank Ruda, *Hegel's Rabble: an Investigation into Hegel's Philosophy of Right,* London and New York, Continuum, 2011, p.169.

也没有把黑格尔的贫困思想纳入到一个更广阔的经济学发展史中去，以致黑格尔似乎与马克思《哲学的贫困》《资本论》及其手稿中的一些经济学思想无法直接对话。当然，已经有学者注意到了这个问题，也曾在政治哲学传统中考察黑格尔贫困思想的同时，强调黑格尔贫困思想的经济学基础①。这有助于把黑格尔的贫困思想置于国民经济学的思想大背景中，为整体地把握马克思与黑格尔贫困思想的关系，提供了一个重要的启示。本书也期望，沿着这一思路，从一个更加宏观的理论视角，融合哲学和经济学两条线索，透视马克思对黑格尔贫困思想的超越路径。

---

① 参见王代月：《〈法哲学原理〉中劳动的政治哲学内涵研究》，《山东社会科学》2020 年第 1 期。

第一章　黑格尔对贫困问题的认知

黑格尔是相对较早反思现代社会历史局限性的思想家之一，对贫困问题有着深入的探讨。本章从贫困的类型、贫困的成因、摆脱贫困的方式等视角入手，探究黑格尔贫困思想的基本逻辑理路。

第一节　现代社会的贫困现象与黑格尔的反思

要想理解黑格尔贫困思想的基本内涵，必须首先清楚黑格尔视野中，贫困问题究竟以何种样貌呈现出来，或者说，对于 18、19 世纪的西方国家，贫困问题究竟意味着什么。所以，正式进入对黑格尔贫困思想的分析之前，有必要探究在经验层面，现代社会贫困问题的表现方式。

一、现代社会的贫困现象

恩格斯在《英国工人阶级状况》中详细记述了 19 世纪上半叶，英国伦敦、曼彻斯特等工业区的工人阶级生活情况，通过一系列数据、案例，证明工人阶级并没有享受到现代社会财富积累带来的时代红利。众所周知，工业革命使英国社会的生产力大大提高，物质财富快速积累，许多工业城市迅速兴起，为英国开辟世界市场提供了强大的动力。不过，相比于富裕的资本家们，社会中工人阶级的工资普遍很低，处于非常贫困的状态。同时，工人阶级也没有适宜自身发展必备的工作与生活环境。因为，整个城市在建筑布局上杂乱无序，功能设置也极为畸形。另外，工业生产排放出的废物、废料等有毒有害物质，没有得到妥善的安置与再利用，并且在城市中不断积聚，"大城市工人区的垃圾和死水洼对公共卫生造成最恶劣的后果……散发出制造疾病的毒气；至于被污染的河流，也散发出同样的气体"①，这必将引发疾病的流行，严重危害人们的身体健康。不过，资本家能够凭借雄厚的经济实力规避这些问题带来的可能风险，工人阶级则由于物质上的贫困，只能承担这些问题带来的灾难性后果，在极端恶劣的环境中艰难求生。当时，大部分工人都难以逃避被疾病困扰的厄运。例如，到处蔓延的伤寒"是直接由于住宅的通风、排水和卫生的恶劣状况引起的……在伦敦东区、北区和南区的潮湿而肮脏的地方，这种疾病特别猖獗"②，夺走了许多工人的宝贵生命。汤普森（Edward P. Thompson）曾援引设菲尔德霍兰医生提供的数据，表明从 1837 年到 1842 年的这 5 年里，在这个工业城市中，引发了百人以上死亡的疾病，有整整 20 种。③ 更重要的是，工人阶级往往没有用来有效治疗疾病的额外财富，在很多时候，只能服用一些对身体有

---

① 《马克思恩格斯文集》第 1 卷，人民出版社 2009 年版，第 410 页。
② 《马克思恩格斯文集》第 1 卷，人民出版社 2009 年版，第 412 页。
③ 参见［英］汤普森：《英国工人阶级的形成》（上），钱乘旦等译，译林出版社 2013 年版，第 374 页。

害的低价假药，或者干脆忍受病痛的折磨。所以，正如恩格斯所言，工人阶级"身体衰弱，骨瘦如柴，毫无气力，面色苍白"[1]。

面对这样的处境，大部分工人的直接反应是，通过"酗酒"寻找精神的刺激，逃避生活的苦闷，在道德的沦丧中违反法律，陷入更深重的苦难，走向社会的反面。恩格斯指出，工人由于"烦闷和忧郁的心情……生存没有保障……而达到了无可忍受的地步……不能不沉湎于酒"[2]。可以说，工人"酗酒"在当时是一个非常普遍的现象。不仅成年工人，他们的子女也存在"酗酒"的现象。因为，日常工作中长时间的繁重劳动，与不容乐观且每况愈下的身体状态，使工人阶级的肉体和精神早已超负荷运作，不堪重负。遗憾的是，工人阶级寻找不到改变自身悲惨处境的实践路径。所以，"酗酒"成了一种精神鸦片，使工人阶级在自己的精神世界中，短暂地摆脱现实世界对他的束缚，片刻地陶醉于身心的救赎与解放。

朗博特（W.R. Lambert）指出，"工业环境创造的这种不幸，是南威尔士里酩酊大醉现象的主要原因"，有人甚至把"酩酊大醉视为逃离曼彻斯特的捷径"[3]。所谓"逃离曼彻斯特"，并不是指工人真的要脱离曼彻斯特的工业生产体系，而是通过醉酒的方式，缓解工业生产体系带给工人肉体和精神的双重折磨。更为重要的是，"酗酒"问题，不仅呈现出工人精神世界的沉沦与思想文化的匮乏，还反映出工人道德认同的崩溃。任何一个社会都有自己的道德规范，现代社会亦然，有着一整套

---

① 《马克思恩格斯文集》第 1 卷，人民出版社 2009 年版，第 418 页。

② 《马克思恩格斯文集》第 1 卷，人民出版社 2009 年版，第 415—416 页。

③ W.R.Lambert, "Drink and Work-Discipline in Industrial South Wales", *Welsh History Review*, Vol.7, 1974-01-01, pp.291-292.

维护社会秩序的道德规范与法律体系。工人本来是现代社会的一员，但是由于自身的不幸境遇，以致对整个社会的道德理念与价值追求，产生了极端的怀疑与拒斥。"酗酒"就是工人这种精神现象的外在表现。如果，这种观念继续发酵，将使工人产生反叛社会道德和法律的强烈情绪，甚至不惜对抗国家机器，破坏社会的既有秩序。正如恩格斯所言，"使英国工人沦为无产者的那种情况，对他们的道德所起的破坏作用比贫穷还要厉害得多"[①]。有学者通过数据对比发现，19世纪20—40年代，英国社会犯罪率大幅度增高。其中以盗窃罪为主，还包括斗殴、卖淫罪等，城市的犯罪率也明显高于农村[②]，整个社会动荡不安，罪犯的主体正是社会中底层"贫民"。这里所谓的"贫民"，是一个内涵十分丰富的概念。它既包括工人，也包括没有就业，或不充分就业的底层群体，他们的处境或许比工人还要恶劣，遭受着更严重的物质贫困，没有稳定的收入来源，甚至游走于法律和道德的边缘，成为社会最主要的不安定因素之一。

到此，现代社会贫困问题所呈现出的基本特点，已经较为明晰地得以展示出来。那就是，随着社会财富的积累，整个社会的贫富差距越来越大，而且贫困的群体占社会总人口的大多数，富裕的群体只占社会总人口的一小部分。对于这一点，当时的许多思想家都有着清醒的认识。例如，在《1844年经济学哲学手稿》中，马克思指出，"物的世界的增值同人的世界的贬值成正比"[③]。与之类似，蒲鲁东在《贫困的哲学》中

---

① 《马克思恩格斯文集》第1卷，人民出版社2009年版，第429页。

② 参见郭家宏：《19世纪英国贫困与贫富差距问题研究》，社会科学文献出版社2016年版，第48—51页。

③ 《马克思恩格斯文集》第1卷，人民出版社2009年版，第156页。

也认为，"工业进化……不是驱除了贫困，反而带来了贫困"①。托克维尔也发现，英国的"其他人群……道德提高，品位也变得更高雅……穷人却仍旧没有改善，甚至还有些倒退"②。有学者据此把现代社会的贫困问题，规定为一种"悖论性贫困"③。因为，社会财富的急速积累，生产力的巨大进步，对于大部分人而言，收获的不是文明，而是野蛮；不是富裕，而是贫困；不是更崇高的追求，而是更低劣的放纵。贫困问题表明，整个社会的真实处境似乎与社会的发展趋势和启蒙运动以后人们的理想信念背道而驰。从这个意义上说，现代社会的贫困的确带有明显的"悖论性"色彩。黑格尔也毫不意外地发现了这种情况，他指出现代社会的"财富越是积累，贫困也就越多"④。沿着这个思路，黑格尔展开了他的思考。

二、黑格尔对贫困现象的反思

首先要指出的是，贫困概念不是黑格尔思想的核心范畴，贫困问题也不是黑格尔关注的核心问题。众所周知，黑格尔在《法哲学原理》中论及了贫困现象，不过《哲学全书》中几乎没有讨论过贫困问题，而是指出，"由于我在我的法〔哲学〕的原理中发挥了哲学的这一部分，所以我在这里比起对其他部分来可以说得更简略些"⑤。根据《黑格尔全集》

---

①　[法] 蒲鲁东：《贫困的哲学》下卷，余叔通、王雪华译，商务印书馆 1998 年版，第 734 页。

②　[瑞典] 理查德·斯威德伯格：《托克维尔的政治经济学》，李晋、马丽译，格致出版社 2011 年版，第 492 页。

③　王峰明：《悖论性贫困：无产阶级贫困的实质与根源》，《马克思主义研究》2016 年第 6 期。

④　G.W.F.Hegel,Gesammelte Werke, Band 26,2, Hamburg: Felix Meiner Verlag, 2015, p.994.

⑤　[德] 黑格尔：《精神哲学——哲学全书·第三部分》，杨祖陶译，人民出版社 2006 年版，第 316 页。

（历史考证版），这句话在 1817 年版《哲学全书》中并不存在，在那里，黑格尔只用了第 400 节和第 401 节两段，就引出了"法"的内容①。不过，在 1827 年版《哲学全书》中，黑格尔加上了这句话，并指出，"法［哲学］的原理"就是"（Berlin 1821）"②，即《法哲学原理》。1830 年版《哲学全书》则对此句进行了完整保留③。所以，黑格尔似乎认为，《法哲学原理》已经解决并消化了贫困问题，而且解决贫困问题也构不成"客观精神"的重要环节，所以之后无须赘述。实际上，在《法哲学原理》中，黑格尔只是从"警察和同业公会"阶段开始，才逐步涉及贫困问题，而且篇幅极为有限。至于"国家"，虽然也有提及，但贫困问题的"曝光率"还不如之前。这样的文本排布，确实能够给人留下了这样的印象，即：黑格尔没有构建系统的贫困理论。

但是即便如此，贫困问题对于黑格尔而言仍然十分重要。在《法哲学原理》中，黑格尔指出，"怎样解决贫困，是推动现代社会并使它感到苦恼的一个重要问题"④。"苦恼"在于贫困问题不易解决，这一点显而易见。至于"重要"，则在于，社会中日益严重的贫富分化，将使整个社会的普遍性与特殊性陷入相互分裂，作为特殊性的个体，将无法意识到自身的实体性本质；作为普遍性的实体，将由于缺乏个体特殊性的充分延伸而愈发空虚。《法哲学原理》和《哲学全书》都是黑格尔生前

---

① See G.W.F.Hegel, *Gesammelte Werke, Band 13*, Hamburg: Felix Meiner Verlag, 2000, p.224.

② G.W.F.Hegel, *Gesammelte Werke, Band 19*, Hamburg: Felix Meiner Verlag, 1989, p.354.

③ See G.W.F.Hegel, *Gesammelte Werke, Band 20*, Hamburg: Felix Meiner Verlag, 1992, p.481.

④ ［德］黑格尔：《法哲学原理》，范扬、张企泰译，商务印书馆 1961 年版，第245 页。

出版的著作，至于他生前未出版的《法哲学讲义》，其实包含着更多对贫困问题的精彩阐释，形成了丰富的贫困思想。所谓的《法哲学讲义》，是指 1817 年以后，黑格尔讲授法哲学课程时的讲义，不同年份内容很不相同，主要由他的学生整理记录。《法哲学原理》最初不过是黑格尔讲授法哲学课程时自己使用的讲稿①，真正上课时，黑格尔以此为基础进行了很多发挥。对一些贫困现象的扩展描写，及其背后根源的深入挖掘，甚至黑格尔贫困思想的变化，只能从不同年份的《法哲学讲义》而非《法哲学原理》中才能发现。

不过，《法哲学讲义》的大部分内容，直到 20 世纪 70 年代，才由伊尔廷（Karl-Heinz Ilting）系统出版，《黑格尔全集》（历史考证版）对这部分内容的编辑出版，也是到了 2015 年才逐步完成。伊尔廷曾指出，只有在《法哲学原理》与《法哲学讲义》相结合的基础上，才能全面理解黑格尔的法哲学。所以，《法哲学讲义》的编辑整理和出版工作，就显得十分重要。② 从这个意义上说，黑格尔贫困思想的全貌，在他逝世之后几乎被尘封了半个世纪。国内外学界或许是在最近几十年，甚至最近几年，才拥有认知和把握它的可能。毫无疑问，《黑格尔全集》（历史考证版）中《法哲学讲义》的出版，将在很大程度上为后人开拓黑格尔法哲学研究的新视野，甚至影响旧有的黑格尔法哲学研究思路。

---

① 参见邓安庆：《黑格尔〈法哲学〉版本考》，《北京大学学报（哲学社会科学版）》2015 年第 6 期。

② 参见 [德] 卡尔-海因茨·伊尔廷：《〈黑格尔法哲学讲演录（1818—1831）〉评论版"导论"》，载邓安庆主编：《黑格尔的正义论与后习俗理论》，上海教育出版社 2019 年版，第 17 页。

第二节 对"物质贫困 I"及其成因的认知

"物质贫困 I"是个体自然差异与社会分工体系共同作用的结果。在黑格尔看来，个体自然差异与社会分工体系在引起"物质贫困 I"的同时，也会塑造社会中的富裕群体，所以"物质贫困 I"也可以大致理解为与相对富裕伴生的相对贫困。

一、"物质贫困 I"根源于市民的自然差异

在分析黑格尔对贫困成因的认知之前，应先对他所理解的"现代社会"概念形成一个基本认知。在《法哲学原理》中，黑格尔说过这样的话，"怎样解决贫困，是推动现代社会并使它感到苦恼的一个重要问题"[1]。从前后文语境可以推断，黑格尔所说的"现代社会"，其实就是指"市民社会"。那么市民社会如何构成呢？黑格尔指出，在劳动所有权和等价交换的基础上，市民社会由两个原则构成，第一，"特殊性原则"，"具体的人作为特殊的人本身就是目的"[2]；第二，"形式普遍性原则"，"每一个特殊的人都是通过他人的中介，同时也无条件地通过普遍性的形式的中介，而肯定自己并得到满足"[3]。所以，个体都以满足自身需要为劳动目的，不过，这却要通过与他人劳动产品的等价交换才能实现。所以在黑格尔这里，市民社会本质上是一个"需要的体系"。

---

① ［德］黑格尔：《法哲学原理》，范扬、张企泰译，商务印书馆 1961 年版，第 245 页。

② ［德］黑格尔：《法哲学原理》，范扬、张企泰译，商务印书馆 1961 年版，第 197 页。

③ ［德］黑格尔：《法哲学原理》，范扬、张企泰译，商务印书馆 1961 年版，第 197 页。

实际上，早在"耶拿时期"，黑格尔就已经以这种方式对待现代社会。在《耶拿实在哲学Ⅱ》里，黑格尔指出，"(a) 在劳动中，我使自身成为事物，作为一种存在的形式；(b) 与此同时，我外化了我的存在，使它成为了异化于我自身的某种事物，并且把自己保存在它那里。而恰恰就在这个事物里，我看到我被承认、被知道。在前者中，我看到了直接的自我，在后者中，我看到了自为的自我，我的人格"①，这里所谓"自为的自我"是指在私有财产（个体劳动的产物）的条件下，意识到自身特殊需要的自我；"被承认"是指个体把自己的私有财产在与社会交换的过程中，得到了社会的承认与保护，而个体也随之实现了自身的"形式普遍性"。只不过，此时黑格尔还没有系统提出"需要的体系"一类的说法。

19世纪20年代，黑格尔对现代社会这种市民社会式的理解思路基本成型了。在《1817—1818年法哲学讲义》中，黑格尔指出，在劳动所有权的基础上，市民社会中的个体之间是相互依赖的，不过归根结底，市民社会也是为了每个人的特殊利益而存在和发展的。② 实际上，这也就是《法哲学原理》里指出的市民社会原则。从此往后，黑格尔对市民社会原则的基本论断从未发生改变。诺瓦科维奇（Andreja Novako-vic）这样概括，"黑格尔将这个世界区分为两个不同的社会方面，高尚的方面，追求荣誉、权力、承认；市民的部分，追求财富利润……黑格尔认为，利己主义的驱动创造财富，并以满足所有人的利益为终点，尽

---

① G.W.F.Hegel, *Hegel and the human spirit: a translation of the Jena lectures on the philosophy of spirit (1805-6) with commentary*. Wayne State University Press, 1983, p.123.

② See G.W.F.Hegel, *Gesammelte Werke, Band 26,1*, Hamburg: Felix Meiner Verlag, 2013, pp.88-89.

管个体在创造这种财富时对公众利益完全漠不关心。这样，整个社会，包括对更高程度的'教化'的渴求，也都最终受惠于这种'基础性'的经济活动"①。

在"特殊性"原则和"形式普遍性"原则的基础上，黑格尔认为，物质贫困 I 形成的第一个原因，是市民个体的自然差异。黑格尔指出，"在市民社会中不但不扬弃人的自然不平等（自然就是不平等的始基），它反而从精神中产生它，并把它提高在技能和财富上，甚至在理智教养和道德教养上的不平等"②。黑格尔的观点是容易理解的。市民社会原则，首先尊重每个人的劳动所有权，其次又通过等价交换原则，赋予个体平等交换的机会。这意味着，能从社会中换得多少属于自身的财富，取决于个人的劳动程度，而这又取决于个人自身的品性、信仰等精神因素，以及体质、技能等物质因素。这不是市民社会直接赋予的，而是个人与生俱来带入市民社会的。在《法哲学讲义》里，黑格尔的这一思想，没有发生过实质性改变，总体上被继承下来。在《1818—1819 年法哲学讲义》中，黑格尔指出，"这种多样性的发展为个人带来了无数种外来的随机环境，固有的不平等的自然生理和心理系统发展的多样性，技能和财富的不平等随之产生……财富的不平等是一种自然的和特殊性的权利，因为它是多样性的权利"③。本句中，"这种多样性"，实际就是指"固有的不平等的自然生理和心理系统"，它正是市民社会中，个体间财富多寡（"不平等"）的"权利"依据。"无数种外来的随机环境"指的

---

① Andreja Novakovic, *Hegel on Second Nature in Ethical Life*, Cambridge: Cambridge University Press, 2017, p.94.

② [德]黑格尔：《法哲学原理》，范扬、张企泰译，商务印书馆 1961 年版，第 211 页。

③ G.W.F.Hegel, *Gesammelte Werke, Band 26,1*, Hamburg: Felix Meiner Verlag, 2013, p.302.

就是个体自然差异在劳动的作用下，通过市民社会原则外化后的结果，在黑格尔这里，最核心的结果就是财富分配的差异及由之引发的物质贫困Ⅰ。在《1824—1825年法哲学讲义》中，黑格尔在论及市民财富差异的时候指出，"所有的人都是合乎理性的，这是最主要的，但他们却存在自然差异，这不是自然的不法，因为它关涉特殊性方面"①。在黑格尔看来，就人格的意义上而言，每个人都是合乎理性的，但是，由于个体的自然差异也同样是天经地义的（"不是自然的不法"），所以市民所得财富存在多寡，也同样是不可置疑的。

能够看出，从1818年到1825年，黑格尔的这一观点未曾改变过，这始终是黑格尔理解物质贫困Ⅰ成因的关键维度。有学者指出，黑格尔的这种观点，最早可以追溯到柏拉图，美国现代历史学家希默尔法布（Gertrude Himmelfarb）指出，"对于柏拉图而言，自然差异准确地说是分工的'原因'，而不是结果：分工反映了人与人之间的内在差异，允许本质上不同的人为了共同的利益而合作"②。这是作者在比较亚当·斯密与柏拉图观点时得出的结论，句中所说的"分工"，就是指市民社会中的分工，而这也是个体与社会进行物质交换以获得财富的方式。在作者看来，若按照柏拉图的观点，个体的自然差异必然会在市民社会分工的作用下，影响市民获得财富的数量，这与黑格尔关于物质贫困Ⅰ成因的观点不谋而合。

的确，作者并没有把黑格尔与柏拉图的观点进行直接对比，但是把亚当·斯密和柏拉图直接对比的行为，表明作者确实要把17、18世纪

---

① G.W.F.Hegel, *Gesammelte Werke, Band 26,3*, Hamburg: Felix Meiner Verlag, 2015, p.1329.

② Gertrude Himmelfarb, *The Idea of Poverty*, New York: Vintage Books, p.54.

思想家关于贫困成因的观点，与古希腊时代的柏拉图进行对接，试图为包括斯密在内的一系列现代思想家的贫困思想，找到一个理论渊源。不过这种做法的问题在于，斯密、黑格尔等人在发展自己的贫困思想时，是否真的借鉴了柏拉图的观点？柏拉图所处的奴隶社会与市民社会之间，存在着这么大的历史鸿沟，他的分工思想是否具有被斯密、黑格尔等人借鉴的可行性？很明显，这些问题目前都没有得到妥善回应。应当承认，柏拉图与现代思想家的观点存在相似性，但是以现代社会为基础的思想家，在探究贫困问题时所呈现出的理论倾向，或许更容易地直接被斯密、黑格尔等人批判或继承。或许，只有在与现代思想家的对比中，才能更清楚地给予黑格尔贫困思想一个科学的理论定位。

黑格尔在讲授"法哲学"课程时，除了专门批判某些理念时，很少见到他引述其他思想家的观点。不过即便如此，也不难发现他的一些想法，与同时代或稍早时候的思想家有着深刻的契合。

18 世纪苏格兰启蒙时期的重要思想家，亚当·弗格森（Adam Ferguson）相对较早在不同于政治国家的意义上，对市民社会进行探讨。他使用的术语"Civil Society"在国内更广泛地被翻译为"文明社会"，不过就其内容而言，"文明社会"包含着的其实是人的独特经济活动领域。所以，就现实层面而言，它与黑格尔的"市民社会"具有共同所指。弗格森同样关注了市民社会的贫困问题，指出，市民社会中的贫富差距，是"商业发展的结果和基础"[1]，并将之归因于"天赋与性情的差异"[2] 等

---

[1]　Ferguson, *An Essay on the History of Civil Society*, Cambridge: Cambridge University Press, 1995, p.179.

[2]　Ferguson, *An Essay on the History of Civil Society*, Cambridge: Cambridge University Press, 1995, p.175.

主观因素。很明显，黑格尔对贫困成因的探讨，与弗格森的观点颇为相似。其实，在启蒙时代，不仅黑格尔和弗格森，许多思想家，都从个人自然差异与市民社会原则相互作用的关系出发，理解现代社会中个体拥有财富数量的差异。物质贫困 I 形成的原因，也因此在很大程度上被归咎于市民个体自然条件的不同。

马克思在《1857—1858 年经济学手稿》中就曾针对这一理论思路予以明确概括，"如果一个人变穷了，另一个人变富了，那么这同他们的自由意志、他们的节省、勤劳、道德等等有关，而决不是由个人在流通中互相对立时发生的经济关系即交往关系本身造成的"①。由前后文判断，本句所说的"经济关系"，指称的是等价交换原则，而"自由意志""节省、勤劳、道德"等，则是市民与生俱来的自然条件。很明显，马克思一针见血地指出了黑格尔、弗格森之类的思想家，在对待物质贫困 I 成因时的共同理论倾向。

二、市民社会分工同样引发"物质贫困 I"

黑格尔对贫困成因的理解并没有止步于此，而是继续挖掘贫困得以产生的社会因素。在《法哲学原理》中，黑格尔指出，在市民社会中，"一切癖性、一切禀赋、一切有关出生和幸运的偶然性都自由地活跃着；又在这一基地上一切激情的巨浪，汹涌澎湃，它们仅仅受到向它们放射光芒的理性的节制"②。在本句中，黑格尔从特殊性方面，揭示出市民个性在市民社会原则的条件下充分张扬，又从形式普遍性方面，揭示出整

---

① 《马克思恩格斯全集》第 31 卷，人民出版社 1998 年版，第 361 页。
② ［德］黑格尔：《法哲学原理》，范扬、张企泰译，商务印书馆 1961 年版，第 197—198 页。

个市民社会生机勃勃、创造力迸发的活跃景象，其实也就是社会普遍财富的增加。这是黑格尔对市民社会积极方面认知的立论基础，在不同年份的《法哲学讲义》中，他都反复强调这一点。

在《1824—1825年法哲学讲义》中，黑格尔指出，"大自然是富饶的，但却是局限的，非常局限的，与之相比人类的手段是无限丰富的，劳动所生产的财富可以无限地倍增"①。在本句中，黑格尔总体想表达以下两个意思。

第一，就是在市民社会中，市民创造出的财富的类型丰富多样。市民社会原则充分尊重个体自然差异，在平等拥有从社会获取财富之机会的前提下，个体根据自身的特殊条件，被置于社会的不同分工环节中。亚当·斯密指出，"当初产生分工……有个善于制造弓矢的人，他往往以自己制成的弓矢，与他人交换家畜或兽肉，……于是他便成为一种武器制造者"②。这使得市民社会创造出的财富的类型，远远多于自然界最初给予人类的基本资源。当然，市民社会分工体系不是一成不变，而是不断细化的。因为，既有的分工体系，总是能为人们创造出更多更复杂的需要，早在《1817—1818年法哲学讲义》中，黑格尔就已经指出，在市民社会中，个体的需要"更加精确，它存在于它的分解及其每个单一部分与方面的差异，而按照这样的方式，它便成为不同的需要，更加详细。与此同时，人最初的具体需要，则愈发不具体、愈发抽象"③。个体

---

① G.W.F.Hegel, *Gesammelte Werke, Band 26,3*, Hamburg: Felix Meiner Verlag, 2015, p.1328

② [英]亚当·斯密:《国富论》，郭大力、王亚南译，商务印书馆1972年版，第14页。

③ G.W.F.Hegel, *Lectures on natural right and political science: the first philosophy of right: Heidelberg, 1817-1818, with additions from the lectures of 1818-1819.* University of California Press, 1995, p.167.

需要的抽象性，使得满足需要的手段，即具体劳动本身日益抽象，分工体系也就随之复杂，"为特异化了的需要服务的手段和满足这些需要的方法也细分而繁复起来了，……至于无穷"①。所以，市民社会创造出财富的类型，会随着生产活动的发展，越来越丰富。

第二，就是在市民社会中，市民创造出财富的量的普遍增加。这一点很好理解，因为，自然界虽然物产丰富，但是，自然界形成这些物产的手段却是非常有限的，而且并不会随着时间的推进而发生质的改变。不过在市民社会中，当劳动分工越来越细化，人类创造财富的手段越来越复杂时，由劳动所创造的财富的量，亦将随之无限丰富。仅就这一点而言，黑格尔与弗格森、亚当·斯密等人的观点并没有太大区别。例如，弗格森总体上强调，市民社会的充分发展，能够提高社会财富的总量，使整个社会更加文明，"通过技艺和专业的分工，财富的源泉被打开了，……每种商品都在最丰富的意义上被生产"②。马克思在《共产党宣言》中，也清晰地指出，现代社会"所创造的生产力，比过去一切世代创造的全部生产力还要多，还要大……过去哪一个世纪料想到在社会劳动里蕴藏有这样的生产力呢"③。所以，黑格尔之所以将现代社会描述为，"激情的巨浪，汹涌澎湃"，一方面当然是要逻辑地指出个体特殊性的充分张扬，同时也是从经验层面，看到了整个社会生产力的高速发展。

黑格尔虽然看到了市民社会的积极方面，但也看到了市民社会的消

---

① ［德］黑格尔：《法哲学原理》，范扬、张企泰译，商务印书馆1961年版，第206页。

② Ferguson, *An Essay on the History of Civil Society*, Cambridge: Cambridge University Press, 1995, p.173.

③ 《马克思恩格斯文集》第2卷，人民出版社2009年版，第36页。

极方面。因为，黑格尔坚持认为，市民社会在不断创造着财富的同时，也包含着使部分市民遭受严重物质匮乏，使自身走向分裂和对立的基因。这样的观点，使他与亚当·斯密等人的思路发生了不小的分歧。在《国富论》第一篇第一章中，亚当·斯密至少从两点出发，论证了现代社会能够解决贫困问题，并不存在真正意义上的消极方面。

第一，他认为，现代社会与前现代社会的生产方式根本不同。即便存在贫富差距，但是现代社会中最贫困的人，也要比前现代社会中最有权势、最富有的人，更加富有。"同富人的极度奢华相比，他的居住条件无疑是简单而平常的，然而这或许是真的，一个欧洲君主的居住条件并不总是超过一个勤劳节俭的农民，因为后者的居住条件要超过非洲的君王"①。这里所谓的"文明国家"，对应原文的"civilized country"②，直译为"文明化了的国家"，也就是黑格尔意义上的市民社会。已如前述，斯密认为，市民社会中的任何一个人，能且只能通过社会分工体系，来满足自身最日常不过的需要，而他的需要之所以能够被满足，是由于他得到了"成千上万的人的帮助和合作"③。的确，生产某一种日用品的"人的数目，是难以数计的"④，另外，现代社会存在难以计数的"商人和运输者"⑤，使社会中的每个人都拥有享受不同商品的可能性。所以，即便

① Adam Smith, *An Inquiry into the Nature and Causes of the Wealth of Nations, Volume I*, Indianapolis: Liberty Classics, 1976, pp.23-24.

② Adam Smith, *An Inquiry into the Nature and Causes of the Wealth of Nations, Volume I*, Indianapolis: Liberty Classics, 1976, p.23.

③ ［英］亚当·斯密：《国富论》，郭大力、王亚南译，商务印书馆1972年版，第12页。

④ ［英］亚当·斯密：《国富论》，郭大力、王亚南译，商务印书馆1972年版，第11页。

⑤ ［英］亚当·斯密：《国富论》，郭大力、王亚南译，商务印书馆1972年版，第11页。

是现代社会中的一个普通农民，他的"居住条件"，或者说生活资料，也都不是前现代社会式的自给自足，而是来自全社会的供给。这将使现代社会中每个人相比之前，拥有的财富类型更加丰富，拥有的财富数量更加庞大。按照这样的逻辑，斯密顺理成章地认为，即便市民社会中存在明显的贫富差距，但是相比于前现代社会，贫困者的生活水平已经随着现代社会生产力的发展大大提高了。

第二，亚当·斯密认为，社会财富的增加，会最终改善社会底层贫困者的生存境遇，现代社会也必将随着自身的发展，最终解决贫困问题①。"由于分工，所有不同行业的产量成倍增长，一个治理得很好的社会所出现的普遍的富裕扩展到了最底层的劳苦大众身上……于是，社会的所有阶层都变得普遍富裕起来"②。这种观念影响极为深远，也得到了不同形式的发展。在当代，它通常被称为"涓滴效应"③。也就是说，现代社会中的富裕群体即便不对底层贫困者有特殊的救济或关照，也能够通过提供就业、刺激消费等符合市民社会原则的方式，使社会底层贫困者拥有更多的物质财富，享受到现代社会发展的有益成果。

如果说，斯密对市民社会的前途是乐观的，那么黑格尔恰恰相反。斯密在市民社会分工中，看到了财富，黑格尔却看到了贫困。在《1822—1823 年法哲学讲义》中，黑格尔指出，"人们从事越抽象的劳动，他们就越被一种严格的纽带紧紧地束缚在一起，……开始，分工似乎从优势出发，即通过对具体的分解，劳动获得了普遍的形式，才智在

---

① 参见陈可：《亚当·斯密眼中的贫困》，《云南社会科学》2011 年第 1 期。

② ［英］亚当·斯密：《国富论》，唐日松等译，华夏出版社 2005 年版，第 11 页。

③ 刘儒、李超阳：《市场机制的收入分配效应与政府干预——基于对涓滴效应的考察》，《学海》2019 年第 3 期。

这种抽象中得以保存。但是，人的依赖性增强了，在这种片面性中的技能，对一个具体事物而言则是笨拙"①。的确，在市民社会中，个体只能通过分工的方式，从"普遍财富"中，取得属于自身的"特殊财富"②，而分工的不断细化，意味着劳动者所从事的劳动日益抽象，个体所拥有的满足自身需要的手段也就越来越匮乏，从社会中所换得的财富也越来越有限。如黑格尔所说，社会分工的细化是无止境的，那么劳动的抽象化程度也就是无止境的，个体通过劳动换得社会财富的匮乏程度，也就是无止境的。更为严重的问题是，一旦个体逐步陷入了极端抽象化的分工环节之中，他便很难从社会中获得足够多的财富，使他拥有获得其他劳动技能的能力，"个体对分工产生了永远的依赖性"③，难以逃脱社会分工赋予他的经济命运。所以，市民社会中的个体，会随着市民社会的发展，避无可避地陷入贫困。

黑格尔在《1819—1820 年法哲学讲义》中坦陈，"伴随着财富的积累，另一个极端，即贫困、匮乏与不幸产生了"④。在《法哲学原理》中，黑格尔也类似地指出，"特殊劳动的细分和局限性，从而束缚于这种劳动的阶级的依赖性和匮乏，也愈益增长"⑤。这里虽然没有明确使用"分工"一词，但所谓的"特殊劳动"，其实也就是分工环节中的某个具体劳动。

---

① G.W.F.Hegel, *Gesammelte Werke, Band 26,2*, Hamburg: Felix Meiner Verlag, 2015, p.961.

② ［德］黑格尔：《法哲学原理》，范扬、张企泰译，商务印书馆 1961 年版，第 211 页。

③ G.W.F.Hegel, *Gesammelte Werke, Band 26,1*, Hamburg: Felix Meiner Verlag, 2013, p.498.

④ G.W.F.Hegel, *Gesammelte Werke, Band 26,1*, Hamburg: Felix Meiner Verlag, 2013, p.497.

⑤ ［德］黑格尔：《法哲学原理》，范扬、张企泰译，商务印书馆 1961 年版，第 244 页。

其实，没有更多的证据显示，黑格尔明确反对前述亚当·斯密提出的两个观点。但是，通过黑格尔的论述可以推知，黑格尔并不认为，现代社会的生产力水平超越了前现代社会，就意味着现代社会不会受到贫困问题的困扰。另外，黑格尔似乎不会认为"涓滴效应"真实存在，而且无论如何，现代社会的贫富差距，都是逐渐加大的，而这构成了对现代社会的严重危害。

在黑格尔的论述中，有两点需要特殊说明。第一点，是关于黑格尔使用的"贫困"概念。在范扬、张企泰翻译的《法哲学原理》中，"Noth"被译为"匮乏"，"Armuth"被译为"贫困"，"Mangel"被译为"缺乏"或"匮乏"等。实际上，这三个词都有"不足""缺失""贫穷"之意。在黑格尔那里，"Noth"总体上指个体的能力、素质、情感、意志等主观因素的相对缺失，指称精神层面的贫困；"Armuth"包含"Noth"的内涵，并侧重指个体参与普遍财富分配后，私人所得的相对缺失，总体上指称物质层面的贫困；"Mangel"指更一般意义的"缺乏"。在德语中，"Elend"一词也表示"贫困"，应用得同样十分广泛。例如，德译本《哲学的贫困》一书标题中的"贫困"概念，对应的就是"Elend"，而且黑格尔确实使用过这一术语。在《1824—1825 年法哲学讲义》中，他指出，"根植于伦敦这个极度富裕的城市的，是匮乏、不幸和贫穷，其可怕的严重性，远超我们的想象"①，本句中"不幸"一词，正是译自"Elend"。能够发现，黑格尔确实在不同的意义上使用不同的词语讨论贫困问题，但是黑格尔的诸多贫困概念，关系密切，难以分割，而且在使用时，黑格尔也没有做出鲜明的区分。所以本书并不专门研究某一德语词汇对应

---

① G.W.F.Hegel, *Gesammelte Werke, Band 26,3*, Hamburg: Felix Meiner Verlag, 2015, p.1320.

的"贫困"概念，而是将其作为一个整体，宏观把握黑格尔的贫困思想。

第二点，是关于黑格尔对"阶级"概念的使用。从《法哲学原理》第 201 节开始，黑格尔认真分析了"等级"（Stand[①]）概念，并依据社会分工的结果，把市民置于不同的等级。在《法哲学原理》第 243 节和第 245 节，黑格尔又把市民置于两个"阶级"（"Klasse"[②]）之中，一个阶级极度贫困，被束缚于"特殊劳动"之上，其实也就是"工人阶级"；一个阶级极度富裕，"感受和享受更广泛的自由"[③]，即"富有者阶级"[④]。黑格尔对阶级概念的使用很广泛，不同年代的《法哲学讲义》，都基本遵循着《法哲学原理》对"阶级"的基本描述。例如，在《1817—1818年法哲学讲义》中，他指出，"现代国家让财富不受干扰地继续增长，并通过机构照顾下层阶级"[⑤]。在《1824—1825 年法哲学讲义》中，他指出，"工人阶级收入的不确定性增加了"[⑥]；救济贫困的问题"如果由富有者阶级直接负担起来"[⑦]；等等。不过，黑格尔对"阶级"概念的内涵，却没做过多的分析，没有清楚阐释市民依据何种条件被归入不同"阶

---

① See G.W.F.Hegel, *Grundlinien der Philosophie des Rechts*, Frankfurt am Main: Suhrkamp Verlag, 1970, p.354.

② See Hegel, *Grundlinien der Philosophie des Rechts*, Frankfurt am Main: Suhrkamp Verlag, 1970, p.389.

③ ［德］黑格尔：《法哲学原理》，范扬、张企泰译，商务印书馆 1961 年版，第244 页。

④ ［德］黑格尔：《法哲学原理》，范扬、张企泰译，商务印书馆 1961 年版，第245 页。

⑤ *G.W.F.Hegel, Gesammelte Werke, Band 26,1,* Hamburg: Felix Meiner Verlag, 2013, p.93.

⑥ *G.W.F.Hegel, Gesammelte Werke, Band 26,3,* Hamburg: Felix Meiner Verlag, 2015, p.1390.

⑦ *G.W.F.Hegel, Gesammelte Werke, Band 26,3,* Hamburg: Felix Meiner Verlag, 2015, p.1391.

级",没有在伦理篇的市民社会阶段,为"阶级"设置一个清晰的逻辑定位,只是突然间用"阶级"概念规定着社会的两个群体。这或许是因为,黑格尔认为"阶级"不是市民实现实体性规定的环节,而是市民社会彻底分裂,实体性走向瓦解的可能先兆。当然,具体原因不得而知,不过能够确定的是,随着不断地发展,市民社会逐渐从自身中形成两个贫富差距悬殊且互相对立的群体("阶级"),伊尔廷(Ilting)在编辑《法哲学讲义》时,直接将《法哲学原理》第 243 节、第 244 节,分别命名为"阶级对立"和"工人与资本家"①,十分清楚地概括并挖掘出了黑格尔此处的深意。

不难发现,相比于弗雷格,黑格尔认为市民社会贫困的成因,不仅归之于个人自然差异,也要归之于社会分工体系;相比于亚当·斯密,黑格尔则认为,使市民社会走向繁荣的分工机制,同时也在源源不断地制造社会贫困,如黑格尔在《1822—1823 年法哲学讲义》中指出的那样,"至于贫困,它将永远存在于社会之中,财富越是积累,贫困也就越多"②。菲威格(Klaus Vieweg)曾对黑格尔的这一认识给出了这样的概括,"贫穷这一情况并非突然闯进社会规划的良好秩序中,也不是某种黑格尔尚未认识到的情况,而是逻辑进程中的一个阶段;不是意外,不是事先未预见到的灾难,贫困化的风险始终是市民社会的构成要素。贫困和不幸不可避免地伴随着市民社会的产生过程"③。

---

① G.W.F.Hegel, *Vorlesungen über Rechtsphilosophie 1818-1831*, Band 2, Stuttgart-Bad Cannstatt: Friedrich Frommann Verlag, 1974, pp.682-683.

② G.W.F.Hegel, *Gesammelte Werke, Band 26,2*, Hamburg: Felix Meiner Verlag, 2015, p.994.

③ [德] 克劳斯·菲威格:《黑格尔论贫富鸿沟的加剧作为现代正义的最大难题》,载邓安庆主编:《黑格尔的正义论与后习俗伦理》,上海教育出版社 2019 年版,第 53 页。

恩格斯曾在《英国工人阶级状况》中，用一系列真实的数据与案例，为世人呈现了工人阶级的悲惨境遇。工人阶级"骨瘦如柴，毫无气力……或多或少地患着忧郁症……老得快，死得早"①。针对英国利物浦各阶级平均寿命情况的调查显示，"工人、短工和一般雇佣劳动者只有15岁"；曼彻斯特郊区"三等街，三等房屋：死亡率是1∶25"②。而且，"英国医生收费很高，工人是出不起这笔费用的。因此，他们只好根本不看病，或者不得不求助于收费低廉的江湖医生，服用那些长远看来弊大于利的假药"③。如果把这一事实拉回到黑格尔的思想语境，那么工人阶级的遭遇则是工人自身的自然要素以及社会分工共同造成的，并且这会使"财富更容易集中在少数人手中"④。蒲鲁东曾宣称，"从亚当·斯密以来，所有的经济学家都提到了分工规律的益处和害处，但是他们都过分强调了前者而忽视后者……什么是财富增长与劳动者熟练程度提高的首要原因呢？就是分工。造成精神衰退和文化贫乏的首要原因又是什么呢？……也是分工"⑤，并认为只有萨伊和自己认真对待了分工的消极因素，这显然低估了黑格尔的贫困思想。已如前文所述，在黑格尔这里，物质贫困 I 不仅是一个个人问题，也是一个社会问题，从这个意义上说，黑格尔的思想确实包含进步性，因为它在贫困成因的问题上，把人们引向对整个社会结构的反思，人与人之间虽然仅在人格的意义上是

---

① 《马克思恩格斯文集》第1卷，人民出版社2009年版，第418页。

② 《马克思恩格斯文集》第1卷，人民出版社2009年版，第420页。

③ 《马克思恩格斯文集》第1卷，人民出版社2009年版，第417页。

④ [德]黑格尔：《法哲学原理》，范扬、张企泰译，商务印书馆1961年版，第244页。

⑤ [法]蒲鲁东：《贫困的哲学》上卷，余叔通、王雪华译，商务印书馆1998年版，第114页。

平等的，但是贫困者并不天生就是贫困者，整个社会理应为贫困的产生负起相应的责任。如果把这一思想进行合理地延伸，恐怕会得出这样的结论：如果说，在"需要的体系"中，每个人都将他人视为满足自身需要的手段和工具，那么潜藏在"需要的体系"背后的，将是每个人都要为他人的不幸境遇负责，且这种负责并不是出于满足自身需要的利己主义考量。当然，黑格尔并没有沿着这样的思路继续前进。

第三节　对精神贫困与"物质贫困Ⅱ"及其成因的认知

"物质贫困Ⅱ"是"贱民"遭遇的物质贫困，即市民脱离社会分工体系后赤贫状态。对于黑格尔而言，贫困问题之所以重要，并不是出于他对底层贫困者境遇的同情，而是因为它将引发"贱民"问题，这是市民社会走向崩溃和瓦解的标志。哈德曼（Michael O. Hardimon）指出，"黑格尔发现最困扰他的是贫困的现代现象，即贫困能够导致一个群体的诞生，我们今天或许称它为底层阶级……黑格尔轻蔑地称之为贱民"①。

一、市民的"任性"引发精神贫困与"物质贫困Ⅱ"

在"抽象法"阶段中，黑格尔曾指出，"人们当然是平等的，但他们仅仅作为人，即在他们占有来源上，是平等的。从这意义上说，每个人必需拥有财产"②。的确，人格的实现需要以私有财产为中介，且以得

---

① Michael O. Hardimon, *Hegel's Social Philosophy: The Project of Reconciliation*, Cambridge: Cambridge University Press, 1994, p.237.

② ［德］黑格尔：《法哲学原理》，范扬、张企泰译，商务印书馆1961年版，第58页。

到市民社会的承认与肯定为重要标志，因为"市民社会是个人与群体的特殊性被承认的领域"①。要得到市民社会的承认，就要融入市民社会的分工体系，只要处于市民社会的分工体系，个体就得到了市民社会的承认。私有财产的意义是双方面的，一方面，社会通过给予个体财产的方式，认可了个体的劳动；另一方面，个体通过私有财产，使自身获得融入社会分工的劳动技能。"社会成员所必需"，其实就是个体作为市民，持续融入市民社会，所需要的最小财富值，也是市民社会分工体系，所能赋予个体的最小财富值。那么不言而喻，处于市民社会分工最底层的、最贫困那部分劳动者所得到的财富值，正是"社会成员所必需"。根据黑格尔这样的观点可知，"社会成员所必需"，不是个体可以通过"任性"得到的，不是个体依据自身诉求随意划定的，而是历史的结果，是社会分工不断发展、细化的结果。如果市民所拥有的财富，没有低于"社会成员所必需"，那么他就能够继续获得市民社会需要的劳动技能，融入市民社会，不过，如果市民拥有的财富值，低于"社会成员所必需"的水平，他就没有物质能力进行自我完善，没有能力继续具备市民社会需要的某种劳动技能，以融入社会的分工体系。在《法哲学原理》中，黑格尔认为，当"广大群众的生活降到一定水平——作为社会成员所必需的自然而然得到调整的水平——之下"②，"贫困贱民"③就会产生。

---

① Sybol Cook Anderon, *Hegel's Theory of Recognition: From Oppression to Ethical Liberal Modernity*, London-New York: Continuum, 2009, p.8.

② [德]黑格尔：《法哲学原理》，范扬、张企泰译，商务印书馆1961年版，第244页。

③ 《法哲学原理》原文中，黑格尔没有使用的概念是"贱民"，而非"贫困贱民"。不过，在不同年份的《法哲学讲义》中，黑格尔指出了"富裕贱民"的存在，而且有时也用"贱民"这一概念指称"富裕贱民"。为了区分"贱民"概念的不同内涵，本书此处使用"贫困贱民"这一说法。后文将讨论"富裕贱民"的问题。

美国人类学家刘易斯（Oscar Lewis）发现，贫困者"长期的失业和不充分就业导致了：低收入，缺乏财产所有权，没有储蓄，家里没有食物储备，并且长期缺乏现款。这些条件减少了他们有效参与到更大的经济体系的可能性"[1]，"失业和不充分就业"导致的结果，就是个体逐渐丧失融入市民社会所需要的最小财富值，他没办法继续使自身具备相当的劳动能力，以融入社会分工体系，没办法"有效参与到更大的经济体系的可能性"。刘易斯这里描述的现象，其实也就是黑格尔意义上的"贫困贱民"，二者所处的时代虽然相去甚远，但得出的结论却具有高度一致性。

黑格尔认为，"贫困贱民"具有双重内涵。首先，在物质层面，"贫困贱民"已经无法融入市民社会的分工体系了，没法为社会创造财富，遭遇着比"物质贫困Ⅰ"更为恶劣，而且没有稳定收入保障的"物质贫困Ⅱ"。其次，在精神层面，"贫困贱民"不尊重市民社会原则，不认为市民社会原则能够维护他们的利益，"轻佻放浪，害怕劳动……不以自食其力为荣，而以恳扰求乞为生并作为它的权利"[2]。在《法哲学讲义》中，黑格尔将"贫困贱民"的这种情感特点，称为"贱民精神"（Pöbelhaftigkei[3]）。在《法哲学原理》第244节"补充"中，黑格尔将之称为"Mangel"[4]，中文版将之译为"匮乏"[5]。已如前述，"Mangel"一

[1]　Oscar Lewis, "The Culture of Poverty", In *On Understanding of Poverty: Perspectives from the Social Sciences*, ed. Daniel P. Moynihan, New York: Basic Books, 1969, pp.189-190.

[2]　[德]黑格尔：《法哲学原理》，范扬、张企泰译，商务印书馆1961年版，第245页。

[3]　See G.W.F.Hegel, *Gesammelte Werke, Band 26,2*, Hamburg: Felix Meiner Verlag, 2015, p.994.

[4]　See G.W.F.Hegel, *Grundlinien der Philosophie des Rechts*, Frankfurt am Main: Suhrkamp Verlag, 1970, p.390.

[5]　参见 [德] 黑格尔：《法哲学原理》，范扬、张企泰译，商务印书馆1961年版，第245页。

词表达一般意义的匮乏、缺失、贫困等含义。在这里的文本语境中，指称的则是"精神贫困"。

"贱民精神"（精神贫困）对市民社会乃至整个"伦理"（Sittlichkeit）阶段的打击是毁灭性的。黑格尔的伦理终究要实现的是，"（1）我们作为自由的、有着自我意识的个体，要充分地发展和表达我们的人格和主观性；（2）充分地发展和表达我们的公民身份……；（3）按照艺术、宗教、科学和哲学……充分地培育和使用人类的智力"[①]，这要求个体在市民社会阶段，从特殊性领域向普遍性领域不断迈进。为此，市民社会原则必须始终成为个体满足自身特殊需要的中介，使个体逐渐意识到，自身利益与社会利益的内在同一性。只有这样，个体才能最终发现共同体（国家）才是自己的实体性本质，"伦理"才能从幕后走向台前，从抽象走向具体。但是，"贱民精神"的出现，意味着黑格尔试图通过市民社会整合个体特殊性的尝试失败了，"贱民精神"使人反叛市民社会原则，没办法意识到市民社会给他带来了利益，个体的"任性"将取代他对市民社会原则的尊重。阿维纳瑞（Avineri S.）一针见血地指出，在"贫困贱民"的影响下，黑格尔"对市民社会和国家所作的区分也就消失了，同时通过差异而走向融合的整个中介体系和辩证过程亦将坍塌"[②]。

那么，"贫困贱民"是如何产生的？或者具体而言，"物质贫困Ⅱ"和"精神贫困"是如何产生的？按照《法哲学原理》和《1824—1825年法哲学讲义》的行文表述，黑格尔在讨论市民社会原则引发物质贫困

---

① 希克斯：《黑格尔伦理思想中的个人主义、集团主义和普世主义》，载刘小枫主编：《黑格尔与普世秩序》，华夏出版社 2009 年版，第 33 页。

② ［以］阿维纳瑞：《黑格尔的现代国家理论》，朱学平、王兴赛译，知识产权出版社 2016 年版，第 191 页。

Ⅰ这一问题以后，直接把讨论聚焦在"贫困贱民"的产生上。《法哲学原理》的第 243 节讲述的是"特殊劳动的细分和局限性"（社会分工的发展），使底层劳动阶级日益贫困（物质贫困Ⅰ），第 244 节，马上阐述了广大群众贫困低于"一定水平"之下（物质贫困Ⅱ），到了"贫困贱民"的程度。①《1824—1825 年的法哲学讲义》与《法哲学原理》中这部分内容的表述方式基本一致，都是在论述物质贫困Ⅰ产生之后，紧接着讨论物质贫困Ⅱ的产生。② 这样的文本安排似乎表明，物质贫困Ⅱ是工人遭遇的物质贫困Ⅰ不断加剧的结果。至于精神贫困，即"贱民精神"，似乎就成了物质贫困Ⅱ的产物。因为，中译版《法哲学原理》中有这样一句话："当广大群众的生活降到一定水平……从而丧失了自食其力的这种正义、正直和自尊的感情时，就会产生贱民。"③

但是，这样的结论并不能成立。因为，在市民社会分工体系的条件下，市民社会中工人遭受的物质贫困Ⅰ不断加剧这一量变过程，无法引发物质贫困Ⅱ产生这一质变结果。在黑格尔看来，在贫富差距逐渐拉大的过程中，劳动所有权原则和等价交换原则在现实中并没有发生改变。遭受物质贫困Ⅰ的工人，始终是市民社会的一员，为市民社会贡献劳动，同时从市民社会中获得自身所需，市民社会与工人之间一直处于一种相互承认的状态。工人始终具有一定数量的财富，以满足他融入市民社会的需要。所以，即便由于分工的发展，"广大群众"（工人阶级）的

---

① 参见［德］黑格尔：《法哲学原理》，范扬、张企泰译，商务印书馆 1961 年版，第 244 页。

② See G.W.F.Hegel, *Gesammelte Werke, Band 26,3*, Hamburg: Felix Meiner Verlag, 2015, p.1390.

③ ［德］黑格尔：《法哲学原理》，范扬、张企泰译，商务印书馆 1961 年版，第 244 页。

私有财产越来越少，甚至突破了人的生理和心理底线，但这就是工人成为市民社会成员实际需要的最小值（"社会成员所必需"）。所以，单纯从市民社会分工体系出发，工人无法遭遇物质贫困Ⅱ，无法具备沦为"贫困贱民"的物质条件。

既然如此，如果从客观性出发理解"贫困贱民"成因的道路行不通，就只有从主观性出发了。黑格尔在论及物质贫困Ⅰ时指出，它使工人的精神世界发生了变化。因为，物质贫困Ⅰ发生以后，劳动者会生发出一种渴望"技能和财富"得到"平等"分配、"理智教养"和"道德教养"得到"平等"提升的情感。但是，劳动者的这种渴望无法得到满足，因为，市民社会"不但不扬弃人的自然不平等……反而从精神中产生它"①，贫困者的这种诉求，在黑格尔看来只是"任性的特殊性"，而且这种"任性"在持续蔓延。随着物质贫困Ⅰ程度的加剧，贫困者"或多或少地丧失了……受教育和学技能的一般机会，以及司法、保健，有时甚至于宗教的慰藉"②，这时，劳动者"任性"地认为，市民社会原则非但没有实现他们的特殊性诉求，反而与他们的个人利益相违背。于是，劳动者的情绪从渴望物质和精神财富分配的平等，逐渐转变为"嫌恶劳动"，即市民社会原则的精神反叛，与市民社会原则的精神对抗日趋尖锐（"贱民精神"）。更可怕的是，"贱民精神"现实化以后生了"其他罪恶"，即逃避劳动，不再通过劳动获得生活所需，正面与市民社会原则对抗。贫困者本来已经处于市民社会分工体系的边缘，当他"主动"

① [德] 黑格尔：《法哲学原理》，范扬、张企泰译，商务印书馆1961年版，第211页。

② [德] 黑格尔：《法哲学原理》，范扬、张企泰译，商务印书馆1961年版，第243页。

脱离市民社会分工体系，遭遇物质贫困Ⅱ以后，便无法从市民社会中获得生活所需，他便很难具备回归市民社会分工体系的必要财富，他的生活就更加得不到保障。"贫困贱民"也就这样产生了。

如黑格尔所言，"贫困自身并不使人成为贱民，贱民只是决定于跟贫困相结合的情绪"[①]，这一句中的两处"贫困"都是指物质贫困Ⅰ而非物质贫困Ⅱ，至于那种"对富人、对社会、对政府等等的内心反抗"情绪，在劳动者还是市民社会成员、面对物质贫困Ⅰ时，就已经内在地形成了，并一直延续到他成为"贫困贱民"之后。所以，"贫困贱民"形成的真实路径是：面对物质贫困Ⅰ时，劳动者由于"任性"地产生了"贱民精神"（精神贫困），于是脱离了社会分工体系，遭遇了物质贫困Ⅱ，沦为了"贫困贱民"。

二、社会分工不对贫困贱民的产生负责——对"damit"等误译的澄清

上述对"贫困贱民"成因的分析虽然正确，却也引发了新的理论问题。要知道，在中译版《法哲学原理》中，确实存在这样一句话，"当广大群众的生活降到一定水平……从而丧失了自食其力的这种正义、正直和自尊的感情时，就会产生贱民"[②]。似乎"贱民精神"就是物质贫困Ⅱ的产物。但是实际上，这是中文版《法哲学原理》的一处误译。

中文版《法哲学原理》第244节中这句话对应的原文是：

①　[德] 黑格尔：《法哲学原理》，范扬、张企泰译，商务印书馆1961年版，第244页。

②　[德] 黑格尔：《法哲学原理》，范扬、张企泰译，商务印书馆1961年版，第244页。

"Das Herabsinken einer großen Masse unter das Maß einer gewissen Subsistenzweise...und damit zum Verluste des Gefühls des Rechts, der Rechtlichkeit und der Ehre, durch eigene Tätigkeit und Arbeit zu bestehen——, bringt die Erzeugung des Pöbels bervor"①。中译本把原句中"damit"译为"从而"。在汉语中,"从而"表示前后文所指内容之间,存在明显的因果关联,与"所以"一词的含义类似。应当承认,"从而"对应的德语原词"damit"②确实有"从而、因此、因而"等意义,指称因果关系,但是,"damit"同样也可表示"与此同时",仅指前后两件事情同时存在。若照此理解,原文的意义应当是,劳动者脱离社会分工体系和"贱民精神"的存在,同为"贫困贱民"产生的条件。而这也符合黑格尔对贫困贱民基本内涵的理解。英译本《法哲学原理》把这句话译为:"When the standard of living of a large mass of people falls below a certain subsistence level...and when there is a consequent loss of the sense."③ 在这里,原文中的"damit"被译为"and",没有将"damit"的前后文内容规定为因果关系,并且在一定程度上,表达出了"与此同时"的含义,显然更符合黑格尔的本意。

黑格尔很清楚,物质贫困 I 不仅来自工人的先在自然条件,同时也来自社会分工的发展,社会分工及其背后的市民社会原则,应该对物质贫困 I 的产生负责。所以,工人确实有理由怪罪市民社会没有维护好他

---

① G.W.F.Hegel, *Grundlinien der Philosophie des Rechts*, Frankfurt am Main: Suhrkamp Verlag, 1970, p.389.

② G.W.F.Hegel, *Grundlinien der Philosophie des Rechts*, Frankfurt am Main: Suhrkamp Verlag, 1970, p.389.

③ G.W.F.Hegel, *Outlines of the Philosophy of Right*, translated by T. M. Knox, New York: Oxford University, 2008, p.221.

们的个人利益，没有真正实现他们的特殊性诉求，有理由形成"贱民精神"（精神贫困）。黑格尔也确实有过类似的表述，"这种不法是强加于这个或那个阶级的"①。不过即便如此，黑格尔也刻意回避了社会分工对"贱民精神"形成过程中产生的直接影响，而是始终强调"贱民精神"的形成，是由于工人无视市民社会原则对个体自然差异的尊重和张扬，始终强调"没有人能主张权利与自然相违背"②。

在中文版《法哲学原理》第 244 节补充中，"gegen die Natur"被译为"对自然界"，语法上的确无误，因为，"gegen"确实有"对""朝""逆"等含义，例如，"Gegenstand"一词由"gegen"衍生而来，就表示"对象"。不过，"gegen"一词同样有"违背""违反""反对"这一含义。依据《法哲学原理》第 200 节，也确实应该将"gegen die Natur"，译为"违背自然"，进而表达这样的思想：工人无视自然这个"不平等始基"（市民社会维护并发展了这个"不平等"），"任性"地提出了"平等"的诉求（违背自然），以致形成了"贱民精神"。英译版《法哲学原理》将"gegen die Natur"译为"against nature"，"against"表"违背""对抗"，整句话译为"No one can assert a right against nature"③，更符合黑格尔本意。

另外，《法哲学原理》第 241 节中的一句话是："Die allgemeine Macht übernimmt die Stelle der Familie bei den Armen, ebensosehr in Rücksicht ihres unmittelbaren Mangels als der gesinnung der Arbeitsscheu, Bösar-

① [德] 黑格尔：《法哲学原理》，范扬、张企泰译，商务印书馆 1961 年版，第 245 页。

② G.W.F.Hegel, *Grundlinien der Philosophie des Rechts*, Frankfurt am Main: Suhrkamp Verlag, 1970, p.390.

③ G.W.F.Hegel, *Elements of the Philosophy of Right*, ed. Allen W. Wood, trans. H.B.Nisbet, Cambridge: Cambridge University Press, 1991, p.266.

tigkeit und der weiteren Laster, die aus solcher Lage und dem Gefühl ihres Unrechts entspringen。"其中，"ihres Unrechts"① 被中译版《法哲学原理》译为"他们所遭受的不法待遇"②，这是一处不小的错误。因为若按此理解，黑格尔似乎认为社会分工成为了一种"不法"，"贱民精神"的形成反而具有了合法性，社会分工似乎要对贫困者的"贱民精神"负责。这恰恰与黑格尔的原意背道而驰。在原句中，"ihres"（"他们的"）是"sie"（"他们"）的第二格物主冠词，说明其后修饰的中性名词"Unrechts"与"ihres"之前的"Gefühf"（"感情"）过程所属关系。而"ihres"指代的正是本句中的复数名词"Armen"。所以，"Gefühl ihres Unrechts"的正确翻译应当是"他们（穷人们）的不法的感情"，而非"他们所遭受的不法待遇"。英译版《法哲学原理》将"Gefühl ihres Unrechts"译为"sense of wrong"，整句话译为"For the poor...but also to the disposition of laziness, viciousness, and the other vices to which their predicament and sense of wrong give rise"，"ihres Unrechts"指"wrong"，即贫困者的"不法"，省略了"他们的"（ihres）这个词，整句逻辑通顺自洽，更符合黑格尔本意。③

　　黑格尔的贫困思想似乎呈现出了一种矛盾，但这又是可以理解的。如果社会分工及其背后的市民社会原则要对贱民精神的产生负责，那么，市民社会原则在逻辑层面就包含着走向崩溃的必然性，在市民社会

①　G.W.F.Hegel, *Grundlinien der Philosophie des Rechts*, Frankfurt am Main: Suhrkamp Verlag, 1970, pp.387-388.

②　[德] 黑格尔:《法哲学原理》，范扬、张企泰译，商务印书馆 1961 年版，第 243 页。

③　See G.W.F.Hegel, *Elements of the Philosophy of Right*, ed. Allen W. Wood, trans. H.B.Nisbet, Cambridge: Cambridge University Press, 1991, p.265.

中消灭贱民精神就是不可能的，伦理实体的实现也随之是不可能的。如果把贱民精神的产生归咎于市民个体的"任性"，那么，在市民社会中消灭贱民精神就是可能的，因为问题就只是在于通过市民社会原则，对产生"贱民精神"的个别市民进行教化，使之在精神和物质层面，重新融入社会分工体系，伦理实体最终也能够随之实现。

黑格尔这种想法的负面意义也十分明显，那就是，他在逻辑层面忽视了社会分工摧残工人这一客观事实。在《1821—1822年法哲学讲义》中，黑格尔指出，社会成员"不可或缺的"要素，"可以在医院中找到。……如果大量群体低于这一尺度，贱民就会产生"①。黑格尔或许认为他已经把"社会成员所必需"这一标准降得很低。不过亦如他所言，分工的发展是没有界限的，"社会成员所必需"在持续降低的过程中势必要低于医院所能给予的财富值。遭受生理、心理等层面的长期摧残，劳动者形成贱民精神其实具有历史的必然性。维尔埃克（Wilfried Ver Eecke）认为，黑格尔其实已经看到了，贱民精神的存在"来自个体能掌控范围之外的偶然现象"②。但是很遗憾，黑格尔并没有在这一点上继续反思。

总体而言，黑格尔并没有真正超出弗格森等人对贫困问题的理解方式。弗格森认为，"在每一个商业国，尽管人人都要求得到平等权利，但是，抬举了少数人肯定会压制多数人"，而贫困者"是很无知的。对于尚未得手的财富的向往成了嫉妒或奴性之源。……实现贪欲而犯下的

---

① G.W.F.Hegel, *Gesammelte Werke, Band 26,2*, Hamburg: Felix Meiner Verlag, 2015, pp.753-754.

② Wilfried Ver Eecke, *Ethical Dimensions of the Economy*, Berlin Heidelberg: Springer Verlag, 2008, p.172.

罪孽都不是无知的例证，而是堕落和卑鄙的例证"①。弗格森虽然没有明确区分"物质贫困Ⅰ"与"物质贫困Ⅱ"，但是，他在很大程度上把"罪孽""堕落"（精神贫困与物质贫困Ⅱ）等劳动者的不幸境遇，归因于"嫉妒""奴性"等贫困者的主观"任性"。黑格尔其实呈现出了与之非常接近的思路。

如果把这种思想推向极端，那么马尔萨斯的人口理论必然产生。马尔萨斯认为，"第一，食物为人类生存所必需。第二，两性间的情欲是必然的。……这两条法则……一直是有关人类本性的固定法则"②。另外，"人口若不受到抑制，会按几何比率增加，而人类所需的生活资料则是按算数比率增加的"③。所以，物质财富的供给将逐渐小于对它的需求，贫困及由之引发的"苦难与罪恶"必然产生。这时，理性"出面加以干预，向他提出这样的问题，即若无力供养子女，是否可以不生育"④。亨利·乔治曾在《进步与贫困》中这样概括，"这个学说公开认为罪恶与苦难是大自然天性（它与最纯洁和最温柔的感情相联系）的必然后果"⑤，人类的爱情及由之引发的情欲需要，是自然界的产物，是大自然不断发展进化的结果——"大自然天性"。马尔萨斯确如乔治所言，把它当成了"罪恶与苦难"的根源，应当在考虑社会现实的基础上，予以

---

① ［英］弗格森：《文明社会史论》，林本椿、王绍祥译，辽宁教育出版社1990年版，第203页。

② ［英］马尔萨斯：《人口原理》，朱泱、胡企林、朱和中译，商务印书馆1992年版，第6—7页。

③ ［英］马尔萨斯：《人口原理》，朱泱、胡企林、朱和中译，商务印书馆1992年版，第10页。

④ ［英］马尔萨斯：《人口原理》，朱泱、胡企林、朱和中译，商务印书馆1992年版，第13页。

⑤ ［美］亨利·乔治：《进步与贫困》，吴良健、王翼龙译，商务印书馆2010年版，第93页。

"合理"地禁止，甚至连人最基本的生理需求，即繁衍，都成了一种需要被限制的"任性"。实际上，马尔萨斯对现代社会贫困成因的判断是错误的。亨利·乔治基于《人口原理》自身的逻辑，指出，《人口原理》"援引的全部事例几乎调查了整个世界……但没有一个事例中的罪恶和贫困是由于人口数量的实际增加超出赡养者供给食物的能力引起的"①。与之相比，蒲鲁东则基于法国社会发展的现实，针对《人口原理》指出，"50 年来，法国的国民财富增长了五倍，而人口却只增加不到一半……可是，为什么贫困并没有成正比地下降，却反而增长了呢"②，黑格尔也认为，"尽管财富过剩，市民社会总是不够富足的……用来防止过分贫困和贱民的产生，总是不够的"③。所以，黑格尔与乔治、蒲鲁东等人一样，不会同意马尔萨斯的想法，但不可否认的是，他与马尔萨斯理解贫困成因的思路有着高度契合。因为，那些随着历史发展，人类基于其自然本性而必然产生的情感诉求，例如"贱民精神""情欲"，都成了黑格尔意义上的"任性"，都应当予以消灭。

第四节　"物质贫困Ⅰ"不可被消灭

如何摆脱"物质贫困Ⅰ"？按照一些平等主义者的观念，提出这一问题是很正常的，因为"物质贫困Ⅰ"的存在，似乎意味着现代社会中

---

① ［美］亨利·乔治：《进步与贫困》，吴良健、王翼龙译，商务印书馆 2010 年版，第 102 页。

② ［法］蒲鲁东：《贫困的哲学》下卷，余叔通、王雪华译，商务印书馆 1998 年版，第 741 页。

③ ［德］黑格尔：《法哲学原理》，范扬、张企泰译，商务印书馆 1961 年版，第 245 页。

存在着严重的不平等问题。但是，通过研读黑格尔的《法哲学原理》及其诸多讲义，必然会发现，黑格尔没有探讨过摆脱"物质贫困Ⅰ"的路径。其实，道理很简单。正如前文已经阐明的那样，黑格尔认为，市民社会的劳动所有权和等价交换原则，已经遵循了平等的原则。因为，市民社会的原则，在充分尊重了个体的自然差异的基础上，通过经济领域具体的生产和交换活动，平等地赋予个体彰显自身个性的机遇和平台。至于市民社会中的贫富差距甚至阶级分化，即"物质贫困Ⅰ"的形成，在黑格尔看来，已经深刻地决定于个体的自然基因之中了。因此，摆脱"物质贫困Ⅰ"的尝试，非但不是维护社会的平等，反而是破坏社会的平等。如果真有什么是不平等的，那只能是人的自然特点。如哈德曼（Michael O. Hardimon）指出的那样，"黑格尔并不为这种社会不平等困扰。相反，黑格尔认为，为表达天赋、技能和努力的不平等提供场所，是市民社会的适当职能之一"①。对此，有学者认为，黑格尔继承了自然法理论的某些观点，强调"'社会性'是'自然人性'的展开"②。这种观点确实颇具启发性，也确实形象地解释了"物质贫困Ⅰ"的形成机制及其在逻辑上不可被扬弃的原因。

黑格尔对"物质贫困Ⅰ"的态度，带有明显的宿命论特点。按照黑格尔的这种逻辑，现代社会必然要存在阶级对立与贫富分化。其实，黑格尔的这种观点在西方世界有着深刻的思想传统。弗莱施哈克尔（Fleis-chacker, S.）根据细致的分析指出，"直到十八世纪末期，多数基督徒仍

---

① Michael O. Hardimon, *Hegel's Social Philosophy: The Project of Reconciliation*, Cambridge: Cambridge University Press, 1994, p.237.

② 邓安庆：《国家与正义——兼评霍耐特黑格尔法哲学"再现实化"路径》，《中国社会科学》2018 年第 10 期。

相信上帝创造了一个等级差别的社会结构"①。在黑格尔这里，现代社会的贫富差异来自人的自然差别，而站在基督教的传统中，黑格尔的这种逻辑还可以继续向前追溯，那就是个体间的自然差别归根结底来自上帝。于是，其实是上帝，这样一个全知、全能、全善因而无可被质疑的权威，先在地决定了人类社会的分层。高贵的、高尚的人，处于社会的顶层，低下的、卑贱的人，处于社会的底层。这也随之引发的现代社会存在的"物质贫困Ⅰ"。所以，在当时基督教的语境中，相比于黑格尔，"物质贫困Ⅰ"非但不可被质疑，非但体现了社会结构的公平正义，更加体现了上帝对人和人类社会的恩典，所以是绝对不可被人为改变的。正像丹尼尔·鲍（Daniel A. Baugh）总结的那样，"在一切时代，伟大的上帝已经在他的旨意中智慧地注定，人类中应当存在富人和穷人"②。应该说，黑格尔的这种思想，或许受到了许多间接的影响，不一定是直接来自基督教的历史传统。因为，黑格尔没有把自己关于"物质贫困Ⅰ"的成因及其不可消除的思想，如丹尼尔·鲍所言，置于"一切时代"之中，而是只把它置于现代市民社会，即现代经济社会及其深层结构。

更有可能的是，黑格尔的上述思想，直接地来自国民经济学。关于黑格尔和国民经济学的理论关联，是一项十分复杂的议题。里德尔曾经做出过这样的概括，"在当时德国观念论哲学中，黑格尔对从詹姆斯·斯图亚特到亚当·斯密和……大卫·李嘉图这些英国经典作家的最

---

① [美]塞缪尔·弗莱施哈克尔：《分配正义简史》，吴万伟译，译林出版社 2010 年版，第 89 页。

② Daniel A. Baugh, "Poverty, Protestantism, and Political Economy: English Attitudes toward the Poor, 1660-1800". In *England's Rise to Greatness 1660-1763*, edited by Stephen B. Baxter, Berkeley: University of California Press, 1983, p.80.

先进的国民经济学理论的接受是绝无仅有的"①。的确，仅仅从黑格尔对劳动所有权和等价交换原则的认知来看，就能够发现这一点。马克思在《资本论》中曾概括国民经济学家对"物质贫困Ⅰ"的态度。马克思指出："在很久很久以前有两种人，一种是勤劳的，聪明的，而且首先是节俭的精英，另一种是懒惰的……甚至耗费过了头的无赖汉……于是出现了这样的局面：第一种人积累财富，而第二种人最后除了自己的皮以外没有可出卖的东西。大多数人的贫穷和少数人的富有就是从这种原罪开始的"②。首先要肯定，马克思的概括是准确的，至于马克思对此种观点的态度，留待后文论述。在这里，国民经济学家意义上的"原罪"，其实也就是黑格尔意义上的个体的"自然差异"。"原罪"与"自然差异"一样，都是不可更改与生俱来的，所以现实社会中的阶级对立与贫富分化，因而也自然拥有天然的合理性而不可以也不能够被改变。在这里，马克思使用基督教的术语"原罪"并不是偶然，很重要的一个原因是，国民经济学关于"物质贫困Ⅰ"的观念，确实与基督教的观念颇为相关。在这里，马克思其实是把国民经济学背后反映出的思想传统，通过"原罪"概念表达了出来。

黑格尔与包括亚当·斯密、李嘉图等在内的国民经济学家，都深受启蒙运动的影响。根据黑格尔的上述观点，以及国民经济学家对"物质贫困Ⅰ"持有的基本立场，似乎可以大概做出这样的判断：启蒙运动的任务，是要在政治领域消灭不平等，但是对经济领域的阶级分化及其对立是允许的。在黑格尔等人看来，阶级的分化非但不是启蒙精神没有得

---

① ［德］曼弗雷德·里德尔：《在传统与革命之间：黑格尔法哲学研究》，朱学平、黄钰洲译，商务印书馆 2020 年版，第 134—135 页。

② 《马克思恩格斯文集》第 5 卷，人民出版社 2009 年版，第 820—821 页。

到彻底贯彻的体现，反而是启蒙精神在经济领域的延续。

第五节 "精神贫困"与"物质贫困Ⅱ"的消灭方式

已如前文所述，"物质贫困Ⅱ"是"精神贫困"，即底层劳动者"贱民精神"外化的直接产物。所以，陷入了精神贫困，就等于陷入了"物质贫困Ⅱ"；摆脱了"精神贫困"，也就等于解决了"物质贫困Ⅱ"。摆脱"精神贫困"，就成为解决现代社会贫困问题的关键。已如前述，"精神贫困"在黑格尔看来是市民社会崩溃的标志，是实现国家阶段的逻辑障碍，无论如何也要被消除。那么，如何消除精神贫困，从而消除物质贫困Ⅱ呢？黑格尔至少提出了五种方案。

一、私人慈善

黑格尔设计的第一种方案是，"富有者阶级直接负担起来"①，鼓励私人慈善，由社会中的富人把财富直接给予身处"物质贫困Ⅱ"的贱民，"把走向贫困的群众维持在他们通常生活方式的水平上"②，使他们拥有回归社会分工体系的物质基础。应该说，这种方案在当时受贫困问题困扰的西方国家，特别是英国，确实广泛存在，而且这种思想有着深刻的宗教传统。丹尼尔（Daniel A. Baugh）指出，"这种观点源于基督教伦理观念：对待贫民以善良和同情，在他们不幸时施以援手，是富人

---

① ［德］黑格尔：《法哲学原理》，范扬、张企泰译，商务印书馆1961年版，第245页。

② ［德］黑格尔：《法哲学原理》，范扬、张企泰译，商务印书馆1961年版，第245页。

的责任。这种仁慈的态度并没有为政策的制定提供适当的依据；相反，它提醒了人们的良知，提醒人们这样一个事实：那些衣衫褴褛、污秽不堪，往往被上流人士看不起的劳动群众，他们同样是上帝的创造物，基督徒的共同体既不能排斥也不能忽视他们"①。的确，这里所谓"富人的责任"并不直接地来自人间的法律，也不会对人间的法律来带强制性的影响。它来自神法，是对上帝观念和意志的践行。基督教认为，人是上帝的造物，虽然存在自然意义上的差异，正如黑格尔认为的那样，但是在人格的意义上，个体间是平等的。另外，人也部分地分有了上帝的高贵品质，比如"爱""同情""怜悯"等。因此，作为上帝的子民，个人理应在一定程度上打破阶层、阶级的界限，建立起彼此间互敬互爱的现实关联。而且，在基督教看来，现世的人都带有原罪，在现世中按照上帝的意志给予别人同情和关爱，将会使自身原始的罪孽得到更大程度的救赎。所以，无论如何，富人都应当自主地救济穷人。

另外，黑格尔提出的私人慈善，不仅符合基督教的传统，同时也与一些思想家的贫困思想产生了共鸣。19世纪30年代，托克维尔曾经到英国考察，目睹了英国社会严重的贫富差距与尖锐的阶级对立。为了消解阶级矛盾，解决贫困问题，托克维尔提出，应当鼓励私人慈善活动。在缓解阶级矛盾方面，"个人救助和赠予建立了穷人和富人之间宝贵的纽带……使他们彼此分离的两个阶级……因此而欣然和解"②。在解决贫困问题方面，"私人性的慈善……致力于解决最为悲惨的处境，寻找那

---

① Daniel A. Baugh, "Poverty, Protestantism, and Political Economy: English Attitudes toward the Poor, 1660-1800". In *England's Rise to Greatness 1660-1763*, edited by Stephen B. Baxter, Berkeley: University of California Press, 1983, p.83.

② [法] 托克维尔：《济贫法报告》，李晋译，载 [瑞典] 理查德·斯威德伯格：《托克维尔的政治经济学》，李晋、马丽译，格致出版社2011年版，第490页。

些被公众忽视的不幸，它默默而自发地去修补这些损害"①。很明显，托克维尔把私人慈善视为解决贫困问题的万能解药。不过，托克维尔的论证其实并不十分充分。首先应当肯定的是，私人慈善确实可以在一定程度上改善底层贱民甚至底层劳动者的生活境遇，这是不容怀疑的。但是，私人慈善能缓解阶级矛盾吗？或者说，它能够使穷人不再憎恨富人乃至整个社会，进而摆脱"贱民精神"吗？黑格尔认为，这是不可能实现的。因为，接受富人的施舍，意味着在没有付出相应劳动的情况下，底层贱民就得到了劳动的产物，这恰恰是对"自食其力感情"的否定，是对市民社会原则的消解。这种做法，非但无助于底层贱民克服"精神贫困"，不再仇视富人、社会，摆脱"物质贫困Ⅱ"，反而会助长他们的"精神贫困"。黑格尔指出，私人慈善"与市民社会的原则以及社会上个人对他独立自尊的感情是相违背的"②。

二、社会救济

黑格尔设计的第二种方案是，"直接运用其他公共财产（富足的医院、财团、寺院）中的资金"③，进行组织化、制度化的社会救济。在私人慈善中，施舍的一方是富人，施舍行为的基础是富人的主观诉求，行为本身带有自愿性和随机性。与之相对，在社会救济中，虽然施舍的劳动产品根本上属于富人或者富人团体（名义上属于国家），但施舍行为

---

① [法] 托克维尔：《济贫法报告》，李晋译，载 [瑞典] 理查德·斯威德伯格：《托克维尔的政治经济学》，李晋、马丽译，格致出版社 2011 年版，第 497 页。

② [德] 黑格尔：《法哲学原理》，范扬、张企泰译，商务印书馆 1961 年版，第245 页。

③ [德] 黑格尔：《法哲学原理》，范扬、张企泰译，商务印书馆 1961 年版，第245 页。

的推动者是政府，行为本身有着制度性、规范性，施舍的对象、施舍的多少，是有法可依而非任意而为的。很明显，私人慈善与社会救济其实很不相同。不过，二者的目的却基本相同，那就是改善底层贱民甚至底层劳动者的生活境遇，使身处"物质贫困Ⅱ"的贱民逐渐把生活水平提高至社会最低水平之上，拥有融入社会分工体系的物质基础，进而重新"自食其力"。在那个时代，最典型、影响最深远的社会救济行为，当属英国的"济贫法"。随着圈地运动的不断深入，英国社会出现大量失去土地的无业人口，这部分群体极为贫困，并且流动性很强，给社会带来了许多不安定因素。一方面为了救济穷人，另一方面为了维护社会秩序，英国把这部分人口管控起来。1601 年，英国王室通过了"济贫法案"。这一法案经过了数次修订，最终于 20 世纪中叶逐渐丧失作用，被新的社会制度与社会福利法案取代。

英国的济贫法颁布之初，要求区分"值得救济"和"不值得救济"的群体。对于前者，即由于某种客观原因失去或部分地失去劳动能力的群体，应当给予必要的生活所需；对于后者，即虽然具备劳动能力却由于主观原因不愿劳动的群体，应当要求他们必须从事惩戒性劳动。后来，英国济贫法制度也要求对所谓"不值得救济"的群体，提供经济层面的帮助。另外，具体的救济方式也在不断地发展变化，不仅是金钱救济，医疗、住房、衣物等实物救济也被纳入具体的救济方式之中。进入18 世纪，英国救济法案规定，除了需要被救济的贫困者本人，他们的家人也要被纳入到救济对象之中。① 其中争议最大的制度，就是"斯品汉姆兰法令"，即 1795 年，英国伯克郡的法官们在斯品汉姆兰颁布的救

---

① 参见丁建定：《试论英国济贫法制度的功能》，《学海》2013 年第 1 期。

济法令。卡尔·波兰尼（Karl Polanyi）在《大转型：我们时代的政治与经济起源》中，直接以"斯品汉姆兰，1795"为第七章的大标题，对它进行细致的介绍。根据波兰尼的描述，"斯品汉姆兰法令"要求，"工资之外的津贴应当通过与面包价格挂钩的方式予以确定，以便保证穷人能够得到一个最低收入，而不论他们实际挣得的钱有多少……当……一加仑面包价格为 1 先令时……为维持他的妻子和其他家庭成员的需要，则每增加一人，需增加 1 先令 6 便士"①。很明显，"斯品汉姆兰法令"的初衷是，改善底层劳动者的生活境遇，使他们避免堕入精神贫困，进而遭遇难以忍受的"物质贫困Ⅱ"。至于他们的家人，从市民社会原则的角度看，虽然不能判定他们已经具有"贱民精神"，但事实是，他们没有融入社会分工体系，只是劳动者的附属物，没有通过劳动为社会提供财富。可即便如此，"斯品汉姆兰法令"认为，他们也应当受到救济。

在黑格尔贫困思想趋于成熟的时代，即 19 世纪 20—30 年代，西方思想界正掀起一场对英国"济贫法"及其背后的社会救济理念的批判潮流。李嘉图在其著作《政治经济学及赋税原理》论及工资问题时，曾专门指出，"济贫法的趋势是使富强变为贫弱……使一切智力上的差别混淆不清……直到最后使一切阶级染上普遍贫困的瘟疫为止"②。因为，它不但无助于底层贱民摆脱"贱民精神"，反而助长底层劳动者和底层贱民的"贱民精神"。最终使他们堕入更深重的物质贫困中。所以，站在接受救济者的角度而言，社会救济对他们的投入，其实是一个永无止境

---

① ［英］卡尔·波兰尼：《大转型：我们时代的政治与经济起源》，冯钢、刘阳译，浙江人民出版社 2007 年版，第 68 页。

② ［英］彼罗·斯拉法主编：《李嘉图著作和通信集》第 1 卷，郭大力、王亚南译，商务印书馆 1962 年版，第 91 页。

的"无底洞"。进行社会救济，必然要消耗社会财富，而这又主要来源于"富有者阶级"。所以，这样的"无底洞"最终会把整个社会的财富消耗殆尽，使社会的一切阶级在普遍的物质与精神贫困中不能自拔。

黑格尔认同李嘉图的上述观点，虽然没有使用李嘉图式的激进话语，但是他也认为，社会救济的结果与私人慈善是一样的，根本无助于解决"精神贫困"和"物质贫困Ⅱ"。在《1824—1825年法哲学讲义》中，黑格尔清楚地指出，"一个人想通过这样的方式努力帮助身处贫困中的人们，即给予他们需要的，例如通过济贫税。但是，他们的生活资料不是通过自己的劳动得到，这使这些人失去了荣誉。这种情况发生在英国"①。所谓"荣誉"，其实也就是市民社会对劳动者遵守市民社会原则的认可，它以劳动者对市民社会原则的践行为前提。英国的济贫法案，恰恰使底层劳动者和底层贱民失去了这种荣誉，违背了它为自身规定的初衷，失去了历史的合理性。与黑格尔的思想类似，托克维尔干脆把英国的济贫法比喻为"附着于健康、充满活力的躯体之上的丑恶而巨大的溃疡"②。因为，这种社会救济会催生底层劳动者的懒惰，使之丧失自食其力的情感意志，深陷精神贫困，因而也无助于改变底层贱民的思想观念、生活方式与物质境遇。用托克维尔的话说，就是"产生出无所事事而懒惰的阶级……泯灭了通常伴随道德和宗教的那种高贵理想"③。当然，无论如何，十分清楚的是，当时的许多思想家都在批判济贫法及

---

① G.W.F.Hegel, *Gesammelte Werke, Band 26,3*, Hamburg: Felix Meiner Verlag, 2015, p.1392.

② [法] 托克维尔：《济贫法报告》，李晋译，载 [瑞典] 理查德·斯威德伯格：《托克维尔的政治经济学》，李晋、马丽译，格致出版社2011年版，第493页。

③ [法] 托克维尔：《济贫法报告》，李晋译，载 [瑞典] 理查德·斯威德伯格：《托克维尔的政治经济学》，李晋、马丽译，格致出版社2011年版，第489页。

其背后的社会救济观念。这对 1834 年"斯品汉姆兰法令"的废除，起到了很大的助推作用。

三、扩大就业——对"Bößartigkeit"语义的说明

黑格尔设计的第三种方案是，提供就业机会，扩大社会生产，"生活资料通过劳动（通过给予劳动机会）而获得，生产量就会因之而增长"[①]，增加社会财富，使工人阶级拥有更多的获得感，主动放弃"贱民精神"。这种思路的依据是，既然底层劳动者由于形成了"贱民精神"而脱离了社会分工体系，陷入了"物质贫困Ⅱ"，那么，最直接的方式，就是给予他们工作机会，让他们在劳动中，自食其力，有所收获，逐渐脱离"物质贫困Ⅱ"，重新在思想认知领域，树立对市民社会原则的尊重。黑格尔这种思想的形成，其实早于《法哲学原理》的出版。在《1817—1818 年法哲学讲义》中，黑格尔指出，"市民社会必须督促穷人保持劳动，这样，自食其力的感情才能觉醒，这是对邪僻乖戾最大的抵制"[②]。

本书把这句话中的"Bößartigkeit"（或写作"Bösartigkeit"）一词译为"邪僻乖戾"出于以下考虑。在黑格尔的著作中，Bößartigkeit 一词出现频率不高，《法哲学原理》的第 241 节里有这个概念。商务版《法哲学原理》将之译为"邪僻乖戾"，英文版《法哲学原理》将之译为"viciousness"[③]，表意为"恶毒"，两种译法并没有明显的语义冲突。

---

① ［德］黑格尔：《法哲学原理》，范扬、张企泰译，商务印书馆 1961 年版，第 245 页。

② G.W.F.Hegel, *Gesammelte Werke, Band 26,1*, Hamburg: Felix Meiner Verlag, 2013, p.139.

③ G.W.F.Hegel, *Elements of the Philosophy of Right*, ed. Allen W. Wood, trans. H.B.Nisbet, Cambridge: Cambridge University Press, 1991, p.265.

另外，英文版的《1817—1818年法哲学讲义》把"Bößartigkeit"译为"malevolence"①，表意为"怨恨、恶意、邪恶"，与中译版和英译版《法哲学原理》的译法也没有语义冲突。因此，本书遵照商务版《法哲学原理》的译法，将之译为"邪僻乖戾"。不过，无论是"恶毒"抑或本书使用的"邪僻乖戾"，都不足以直接而准确地表达"Bößartigkeit"在黑格尔思想中的内涵。"Bößartigkeit"这个德语词，其实由两部分组成。它的核心部分是阴性名词"Artigkeit"，表意为"规矩的、听话的、彬彬有礼的"，指称行为习惯或思想观念合乎某种规则规范，因而显得有礼得体，是一种善的，因而是褒义词。它的前缀"Böß"（或写作"Bös"）本身是形容词"bös"，表意为"坏的、不好的、恶的"，指称一种否定性。因此，"Bößartigkeit"一词的根本含义是"不遵守规则"或者"对规矩的否定"，是名词。黑格尔也正是在这种意义上，使用"Bößartigkeit"一词。在这里，所谓的"规矩"，正是市民社会原则，表现在劳动者思想中，就是"自食其力的感情"。"对规矩的否定"，其实也就是黑格尔一直批判的"贱民精神"本身，具体而言，就是底层劳动者（"穷人"）"懒惰懈怠、不愿工作"②。这样，黑格尔的意思就非常清楚了。

要想使社会底层的贱民重新工作，的确可以通过一些强制性手段实现，这也并不复杂，但是重新返回分工体系的这部分人，能否得到自己被"贱民精神"占据时更多的物质实惠吗？或者说，黑格尔的这种方式，

---

① G.W.F.Hegel, *Lectures on natural right and political science: the first philosophy of right: Heidelberg, 1817-1818, with additions from the lectures of 1818-1819.* University of California Press, 1995, p.210.

② G.W.F.Hegel, *Gesammelte Werke, Band 26,1*, Hamburg: Felix Meiner Verlag, 2013, p.139.

能否让社会底层的贱民感受到"自食其力"的好处，进而重新尊重并认可市民社会原则呢？黑格尔遗憾地发现，答案是否定的。这部分群体返回社会的分工体系之后，确实增加了社会的总财富。但是，正如黑格尔在《法哲学原理》中指出的那样，"祸害又恰恰在于生产过多，而同时缺乏相应比数的消费者——他们本身是生产者"[1]。所以，底层贱民虽然回到了社会分工体系，付出了艰辛的劳动，但是他们生产的实际是这个社会无法消费的过剩财富，他们只是白白地付出了更多的辛苦，无法劳有所得。因而对于他们来说，"自食其力的感情"难以通过回到社会分工体系的方式建立起来。

黑格尔的这种思想，不是他的原创，同样来自国民经济学家。马尔萨斯在《人口原理》的第十六章对亚当·斯密的观点进行了批评。已如前述，亚当·斯密认为，在现代社会中，随着社会财富的增加，社会中所有阶层的福利都会得到逐步的改善。为了说明这一点，他还特意对比了现代社会中最底层与前现代社会中最顶层人群的生活境遇。但是，问题在于，现代社会比前现代社会的整体进步，是否能够说明现代社会内部的财富生产与分配问题？马尔萨斯认为，答案是否定的。他指出，"一般说来，有助于增加一国财富的因素，也有助于增加下层阶级的幸福。但是，亚当·斯密博士……未注意到另外一些情况，即有时社会财富……的增加，丝毫无助于增加劳动阶级的幸福"[2]。马尔萨斯以英国为例，继续指出，"我国的商业，无论是国内的还是国外的，在上个世纪确实发展得很快……但供养劳动者的实际基金却增加得很慢……几乎没

---

① [德] 黑格尔：《法哲学原理》，范扬、张企泰译，商务印书馆1961年版，第245页。

② [英] 马尔萨斯：《人口原理》，朱泱等译，商务印书馆1992年版，第117页。

有或丝毫没有改善穷苦劳动者的生活境况"①。所谓"供养劳动者的实际基金"，其实就是指整个劳动者阶层通过劳动交换而来的实际物质所得。它没有增长，意味着底层劳动者拥有的财富量，非但没有与社会财富的增长保持同比例的积累，反而按一定比例处于下降的趋势。这样，底层劳动者虽然是社会财富的直接生产者，但不具备享受这些物质财富的实际购买力。黑格尔持有的正是这样的观点。消灭精神贫困，摆脱物质贫困Ⅱ的第三种方案也宣告失败。

四、对外殖民

黑格尔设计的第四种方案是，"市民社会的辩证法……向外方的其他民族去寻求消费者，从而寻求必需的生活资料"②。这种方案实际是对第三种方案的补充。已如前述，第三种方案失败的症结在于，底层劳动者无力购买自己生产出的商品，以至于它没法转变为底层劳动者的生活资料，变成了过剩的商品。反过来，过剩商品的形成，意味着这部分商品没有销路，不被社会需要，因而劳动者的劳动本身就是失去了存在的意义，劳动者也只能回归到失业的状态。为了说明这一点，在《1824—1825年法哲学讲义》中，黑格尔特意举了一个例子，"在一个山区的1200个编织工家庭中，消费减少，因此总共有200个家庭没有工作，如果使他们就业，他们全都从事生产，更确切地说，多达1200个家庭都在从事生产，但是，仅1000个家庭生产的产品是要被消费的，结果是有其他200个家庭失业。这里唯一的区别是，这200个家庭得到帮助，

---

① [英]马尔萨斯：《人口原理》，朱泱等译，商务印书馆1992年版，第120页。
② [德]黑格尔：《法哲学原理》，范扬、张企泰译，商务印书馆1961年版，第246页。

那 200 个家庭去行乞"①。

不难发现，那 200 个家庭去乞讨，脱离社会分工体系，是因为特定市民社会较低的需求水平和消费能力，使他们无法通过劳动与社会进行物质交换，是特定地区的市民社会缺乏广阔消费市场导致的，是市民社会空间局限性的体现。黑格尔把这个例子限定在"山区"这一空间概念下，就是为了形象地说明这一点。现在，如果这部分过剩商品在其他的国家、民族或社会中，找到了消费者，那么，作为这种商品的生产者，底层劳动者的劳动就拥有了意义，他就有必要融入市民社会的分工体系，也有机会从这种商品的出售中，获得物质回报，进而积累更多的生活资料，改善自身的生存环境，更好地融入市民社会的分工体系，逐渐克服贱民精神，摆脱精神贫困。因此，市民社会必须打破陆地与海洋的天然界限，向外寻求自己的市场，进行对外殖民，在殖民地，建立起市民社会原则，塑造"自食其力的感情"。伊尔廷（Karl—Heinz Ilting）将《1822—1823 年法哲学讲义》的第 246—248 节，分别命名为"作为出路的出口""作为经济和社会因素的陆地与海洋""作为出路的殖民"②，非常精准地概括了黑格尔对"市民社会辩证法"本质的理解。

但是，黑格尔的论证思路是否成立呢？答案是否定的。首先，那 200 个乞讨的家庭，不是由于遭遇市民社会的"物质贫困Ⅰ"，以致心怀不满，放弃融入分工体系，而是由于客观上特定市民社会的空间局限性，使他们无法融入社会分工体系。也就是说，他们或许不存在"精神

---

① G.W.F.Hegel, *Gesammelte Werke, Band 26,3*, Hamburg: Felix Meiner Verlag, 2015, p.1392.

② G.W.F.Hegel, *Vorlesungen über Rechtsphilosophie 1818-1831, Band 3*, Stuttgart-Bad Cannstatt: Friedrich Frommann Verlag, 1974, pp.704-705.

贫困"问题。当社会提供给他们就业机会，要求他们从事劳动时，他们或许在主观上是愿意"自食其力"的。于是，他们遭遇的物质贫困问题也就迎刃而解。但是，黑格尔面对的贫困问题的核心，是消灭精神贫困，是社会分工体系不断发展的结果，是底层贱民对市民社会原则的痛恨。当社会提供给底层贱民就业机会时，他们未必愿意投入到工作之中。另一方面，即便由于某些强制性措施，底层贱民重新回到了社会分工体系，并且在"市民社会辩证法"的作用下，通过商品的出售得到了相应的生活资料。但是，这对于他而言，不外乎就是从"精神贫困"和"物质贫困Ⅱ"的状态，返回到了"物质贫困Ⅰ"的状态。要知道，他就是在"物质贫困Ⅰ"的状态下，逐渐堕入"精神贫困"和"物质贫困Ⅱ"的。当然，应当承认的是，在一定历史阶段，海外殖民的一个重要意义在于，使特定行业、地域内的底层劳动者，比以往赚取了更多的收入。这或许有助于他们重新树立"自食其力的感情"。但是按照黑格尔的逻辑，市民社会的分工体系仍在不断细化，社会的贫富差距仍在不断加大。底层劳动者最终仍旧会不满于这种日益加重的相对落差和不断窘迫的生活境遇，以致堕入"精神贫困"和"物质贫困Ⅱ"。因此，正如沃尔顿（A.S.Walton）所言，"殖民"，只不过是一种"权宜之计"①。菲威格（Klaus Vieweg）一针见血地指出，"凭借全球扩张及与之相伴的殖民化并不能解决市民社会的根本困难。原则上市民社会被迫超越自身，但并不是变成另外一种秩序"②。

---

① A.S.Walton, Economy, utility and community in Hegel's theory of civil society. In *The State and Civil Society: Studies in Hegel's Political Philosophy*, edited by Z.A.Pelczynski, Cambridge: Cambridge University Press, 1984, p.254.

② [德] 克劳斯·菲威格：《黑格尔论贫富鸿沟的加剧作为现代正义的最大难题》，载邓安庆主编：《黑格尔的正义论与后习俗伦理》，上海教育出版社 2019 年版，第 60 页。

其实，这里存在一个很奇怪的现象。到目前为止，黑格尔为了消灭"贱民精神"已经尝试了四种方式。在提出前三种方式之后，黑格尔马上指出了它们的不足之处。可是，对于"市民社会的辩证法"，黑格尔却显得格外宽容。要知道，在消灭"贱民精神"问题上，"海外殖民"方式的局限性是如此显而易见的。黑格尔一方面指出，底层劳动者的任性具有必然性，也就是说，贱民精神会随着社会分工体系的发展必然地产生；另一方面，黑格尔也清楚，在殖民地确立起来的不是其他什么社会原则，而就是市民社会原则本身。也就是说，"贱民精神"还会由于诸多原因必然地产生。但是即便如此，黑格尔始终对"市民社会的辩证法"赞赏有加。这或许是出于以下原因：第一，对于宗主国而言，"海外殖民"确实使宗主国内部相当数量人口实现了就业，缓解了社会中的精神贫困问题；第二，更重要的是，对于世界而言，"海外殖民"为世界各地带去的是市民社会原则及其向纵深的扩展。要知道，市民社会原则在黑格尔这里被视为通往国家阶段，实现伦理本质的关键环节。所以，在黑格尔看来，"市民社会的辩证法"是使整个人类社会最终实现自由的重要一步。不过，黑格尔也逐渐认识到，"市民社会的辩证法"无法真正解决贫困问题，无法真正挽救市民社会原则面对的危机。所以，黑格尔最终在"市民社会的辩证法"这一逻辑环节之前，增加了一种解决贫困问题的方案，以期市民社会原则可以毫无后顾之忧地开始其征战全球的历史进程。

五、要求行乞

黑格尔设计的第五种方案，"就是让贫困者屈从于他的命运，并要求他们行乞。依托慈善的捐助，人们不会感到胆怯，他们做有权利做的事，在与管理者交谈时也不感到羞愧。与之相对，行乞则吓退了大部分爱好劳动的人，在得到帮助之前，他们就会寻找生计"①。黑格尔在《1824—1825 年法哲学讲义》中，清楚地将之称为解决贫困问题的"最佳方案"②。这种方案同样不是黑格尔的原创，它也是直接地来自国民经济学家。

已如前述，既然私人慈善或社会救济等帮扶行为，只能使贫困贱民变得更加懒惰、更加厌恶劳动、更加成为这个社会的负担，那么就只能放弃帮扶，转而通过惩戒的方式，让他们不得不勤于生产、独立自主、自谋生计，自觉摆脱"贱民精神"。黑格尔的惩戒，使他们惧怕沦为乞丐之后，在精神上遭到更严重的侮辱，在肉体上遭受更严重的饥饿，使他们不得不通过劳动融入社会的分工体系，避免更加不幸的后果。与之类似，马尔萨斯也认为，应该"把没有自立能力而陷于贫困看作是一种耻辱……对于促进全人类的幸福来说，这种刺激似乎是绝对必需的"③。李嘉图则明确指出，帮扶更容易使底层劳动者和底层贱民产生对社会的依赖心理，更容易催生懒惰、挥霍等不当行为。只有"逐渐缩小济贫法的范围"，才能使他们逐渐意识到，"决不可指靠惯常或临时的施舍，而只可依靠自己的努力维持生活，使他们认识谨慎和远虑决非不必要或无益的品德"④。李嘉图的惩戒，也是通过"饥饿"实现的。停止了社会

① G.W.F.Hegel, Gesammel*te Werke, Band 26,3*, Hamburg: Felix Meiner Verlag, 2015, p.1393.

② G.W.F.Hegel, *Gesammelte Werke, Band 26,3*, Hamburg: Felix Meiner Verlag, 2015, p.1393.

③ [英] 马尔萨斯：《人口原理》，朱泱等译，商务印书馆 1992 年版，第 34 页。

④ 《李嘉图著作和通信集》第 1 卷，郭大力、王亚南译，商务印书馆 1962 年版，第 89—90 页。

救助和私人慈善，底层劳动者和底层贱民更加没有生活保障，更加地饥饿。在这种条件下，摆脱饥饿的强烈生理欲望，使他们只能拼命通过不断劳动的方式，满足自身物质的需要。

波兰尼（Karl Polanyi）在评析《济贫法研究》时指出，汤森"从动物性的角度来看人类的社群……他把一个新的法则观念引入人类的思想中，这个法则就是自然的法则"①。所谓"从动物性的角度来看人类的社群"，就要停止一切形式的社会救济，转而采取"优胜劣汰、适者生存"的自然法则，以惩戒的态度对待工人阶级生发出的"贱民精神"。凡是不能适应社会需要的工人，只能自生自灭、与人无尤；凡是能够通过劳动为社会服务，改变自身处境的工人，才有资格存活下去。这与黑格尔的想法如出一辙。能够发现，波兰尼一语道破了"惩戒"的本质。当然，不论如何，黑格尔至少在逻辑上，找到了一种摆脱贫困的方式。

---

① ［英］卡尔·波兰尼：《巨变：当代政治与经济的起源》，黄树民译，社会科学文献出版社 2017 年版，第 178 页。

第二章　黑格尔贫困思想的困境与马克思的初步反思

——从《德法年鉴》到《巴黎手稿》

　　黑格尔贫困思想的整体逻辑已经较为清晰地呈现出来，同样清晰的是，这种思想逻辑本身存在的理论和现实困境。这也成为马克思重思现代社会贫困问题，寻求超越黑格尔贫困思想路径，建构独具特色的贫困思想的重要起点。本章将呈现黑格尔贫困思想的困境，以及马克思对它的初步反思。

第一节　黑格尔贫困成因思想的困境

　　黑格尔贫困成因思想困境的核心，在于其思想对现实中的诸多贫困问题严重缺乏解释力，不符合现代社会贫困成因问题的实际情况。这使得他的贫困成因思想即便看上去自洽程度很高，但仍旧存在严重缺陷。

一、物质贫困成因思想的困境

根据前文论述可知，黑格尔对物质贫困 I 成因的论述，在逻辑层面总体上是自洽的。不过，黑格尔这一思想对现实贫困问题的解释力却明显不够，这使黑格尔的贫困成因思想陷入了深深的困境。

19 世纪的许多思想家，发现现代社会中出现一个极端富裕的阶级，约翰·布雷指出，资本家把市民社会原则"置之度外"，不从事劳动却与工人进行着"以无换有"的交换，"寄生在生产阶级身上"[①]。布雷对阶级的描述，与黑格尔对阶级的理解大不相同。在黑格尔那里，虽然整个市民社会不可避免地分化成"工人阶级"与"富有者阶级"，虽然前者的人数远远多于后者，前者拥有的财富远远少于后者，但二者仍旧是市民，仍旧遵循市民社会原则，通过劳动为社会服务，等价换得自身所需。与之相比，布雷也承认，现代社会分成"资本家与生产者"[②]两个阶级，一个极度富裕，一个极度贫困，不过，"后者是靠他们的劳动过活的，前者是靠从那种劳动来的利润发财的"[③]。这意味着，"资本家"与"生产者"不存在等价交换关系，二者都已经脱离了市民社会原则，"生产者"的劳动成果，被"资本家"无偿占有；"资本家"不通过劳动，就可以获得生活所需。资本家与生产者之间，不再是平等的市民关系，而是压迫与被压迫的关系。工人遭遇的物质贫困也因此直接地来自这种

---

① [英] 约翰·勃雷：《对劳动的迫害及其救治方案》，袁贤能译，商务印书馆 1959 年版，第 53—54 页。

② [英] 约翰·勃雷：《对劳动的迫害及其救治方案》，袁贤能译，商务印书馆 1959 年版，第 54 页。

③ [英] 约翰·勃雷：《对劳动的迫害及其救治方案》，袁贤能译，商务印书馆 1959 年版，第 54 页。

压迫。

布雷与黑格尔几乎是同时代的思想家，都对欧洲社会的现实境遇有着深入的观察，黑格尔其实也发现了布雷所说的社会现象，并且给予了一定的解释，这就涉及了黑格尔的"富裕贱民"（reichen Pöbel）思想。"富裕贱民"本质上是黑格尔对"富有者阶级"的反思和批判。

在《法哲学原理》中，黑格尔没有阐释过"富裕贱民"，只有一处，较为隐晦地表达过对市民社会中"富有者阶级"批判的意味，"在对工商业阶级的奢侈浪费……提起控诉时，不应忽视，除了其他原因之外……这种现象还有伦理上的根据"①。很明显，"奢侈浪费"不是什么褒义词，它虽然会激发底层劳动者对富人乃至整个市民社会原则的反叛情绪，在《法哲学原理》中却并没有其他文本证据显示，它明确违背了市民社会原则。所以，这里黑格尔所说的"工商业阶级"并不属于"富裕贱民"的范畴。至于《哲学全书》的"客观精神"部分，黑格尔甚至没有提及"贫困"和"贱民"等问题。不过，这并不妨碍"富裕贱民"在黑格尔思想体系中的重要位置。

在《1821—1822 年法哲学讲义》中，黑格尔指出，"富裕贱民同样存在"②。当大部分劳动者随着分工发展愈发严重地陷入物质贫困 I 时，整个社会的"普遍财富"便会更多地向"少数人"聚集，贫困者（工人）与富人（资本家）的阶级分化逐步形成。资本家分得的"特殊财富"与整个社会创造的"普遍财富"在量上越来越接近。于是，他狂妄地认为，他的"特殊财富"就是"普遍财富"，工人所应得的"特殊财富"成了

---

① [德]黑格尔：《法哲学原理》，范扬、张企泰译，商务印书馆 1961 年版，第 250 页。

② G.W.F.Hegel, *Gesammelte Werke, Band 26,2*, Hamburg: Felix Meiner Verlag, 2015, p.754.

他的给予。因此，资本家"视大部分人的生活资料为它的掌中之物，将自身视为他们的匮乏及其诸多权利的主人"①，认为自身是"凌驾于法之上的……通过这种情绪的存在……在自身中随即采取了一种无法无天的状态……人们亦可将之称为堕落，即富人认为一切都是被允许的"②。当这种情绪外化以后，资本家必然会在没有交换对等劳动产品的基础上，剥夺工人的"特殊财富"，破坏以劳动所有权和等价交换为基础的市民社会原则。

在稍早的《1819—1820年法哲学讲义》中，黑格尔指出，"贱民精神的情绪同样存在于富有者的一方……主人知道自身就是权力，奴隶知道自身就是自由和理念的实现。当主人认为自身是另一方自由的主人之时，情绪的实体性消失了"③。在这里，对"富裕贱民"的理解与《1821—1822年法哲学讲义》的观念并没有太大的出入，总体而言，"贱民"本质上是一种精神规定，是对市民社会原则反叛的情绪，无论贫困者或是富有者，都有可能形成"贱民精神"。鲁达（Frank Ruda）认为，贫困贱民的形成"取决于他是否使自己成为贫困贱民"，不过，"如果制度之外存在财富的偶然性力量，那么富裕贱民不得不产生"④。可是，根据黑格尔的论述可知，财富具有"偶然性力量"，恰恰是资本家"任性"的结果，而非相反。鲁达在判断"富裕贱民"的形成根据时倒果为因了。

---

① G.W.F.Hegel, *Gesammelte Werke, Band 26,2*, Hamburg: Felix Meiner Verlag, 2015, p.754.

② G.W.F.Hegel, *Gesammelte Werke, Band 26,2*, Hamburg: Felix Meiner Verlag, 2015, p.754.

③ G.W.F.Hegel, *Gesammelte Werke, Band 26,1*, Hamburg: Felix Meiner Verlag, 2013, p.500.

④ Frank Ruda, *Hegel's Rabble: an Investigation into Hegel's Philosophy of Right*, London-New York: Continuum, 2011, p.54.

其实，若按照黑格尔既有的逻辑推理下去，可以知道"富裕贱民"的产生同样不可避免，因为社会分工体系的细化是无限的，"富有者阶级"所分得的"特殊财富"的量也是无限的，贫富差距的扩大程度同样是无限的。在这样的情况下，富人很难不产生违背市民社会原则的"贱民精神"，继而无偿掠夺大多数贫困者的私有财产，迫使底层劳动者通过劳动供养着"富裕贱民"，最终形成了两个阶级之间的不平等交换。

看上去，黑格尔似乎解释了前述社会现象，毕竟黑格尔用"主人"和"奴隶"这一对术语，直观规定了"富裕贱民"及贫困者之间压迫与被压迫的关系。另外，似乎也找到了现代社会中不平等交换得以产生的根源，即"富有者阶级"随着社会发展而逐步形成的"贱民精神"。但事实并非如此。因为，如果资本家与工人进行不对等交换，工人所得的"特殊财富"将少于他维持自身工人身份所需的财富值。因为，工人本身已经处于市民社会的边缘，资本家的掠夺将使工人的财富低于"社会成员所必需"，工人将随之失去融入市民社会分工体系的客观条件，沦为"贫困贱民"。资本家的"任性"掠夺，带来的不会是以阶级压迫为基础的市民社会的"有序"生产，而是整个社会的混乱无序。虽然黑格尔对此没有过多说明，但能够从他的整体思路中得出上述结论。

很明显，"富裕贱民"的出现，对黑格尔的市民社会思想带来不小的打击，它使市民社会很难过渡到国家阶段，使普遍性很难与特殊性实现真正的统一，使市民社会很容易陷入难以弥合的分裂与对抗之中，这或许是黑格尔每每提及"富裕贱民"而又不做过多说明的原因之一。当然，无论如何，不能否认的事实是，现代社会中的阶级压迫及其引发的物质贫困问题，已经远远超出了黑格尔对物质贫困Ⅰ成因的理解。这使黑格尔对现实中工人物质贫困的成因问题束手无策了。

二、精神贫困成因的思想困境

黑格尔对精神贫困及其产物（物质贫困Ⅱ）成因的认知，首先在逻辑上就存在问题。这是黑格尔精神贫困成因思想遭遇的第一个困境。前文已经说明，黑格尔认为，"贱民精神"来自于市民的"任性"。"任性的含义指内容不是通过我的意志的本性而是通过偶然性被规定成为我的；因此我也就依赖这个内容"①，这是一段颇为抽象且晦涩的语句，其实就是个体在希求自由时，"为所欲为……对于什么是绝对自由的意志、法、伦理、等等，毫无所知"②，"法、伦理"是普遍必然的，是理性的，"偶然性"的内容是出于感性的。所谓的"任性"，其实也就是指个体不理解社会运行发展规律，对自身行为的任意取舍。要知道，"主体只有认识并选择理性内容作为自身的对象，才能称为自由的体现"③，才不是"任性"的，而"理性内容"本质上是普遍性的、实体性的，社会的、伦理的。黑格尔意义上的"贱民精神"之所以是"任性"，在于它不理解市民社会原则对个体自然属性的平等维护与发展，不理解市民社会是走向普遍性的关键环节。但是，根据黑格尔自己的论证，又可得知，市民社会原则这个普遍性实现的必经环节，随着不断发展，必然会使个体陷入"贱民精神"。此时，"任性"似乎就不再是任性，因为它就是对实体自身环节的真实呈现。很明显，黑格尔没能真正理解精神贫困的成因。

---

① 　[德]黑格尔：《法哲学原理》，范扬、张企泰译，商务印书馆1961年版，第27页。

② 　[德] 黑格尔：《法哲学原理》，范扬、张企泰译，商务印书馆1961年版，第25—26页。

③ 　陈浩：《任性为什么不是自由的体现？——对黑格尔式自由观的一种微考察》，《复旦学报（社会科学版）》2016年第3期。

另外，黑格尔对精神贫困及其产物（物质贫困Ⅱ）成因的理解，对现实社会中的阶级压迫现象，也不具有充分的解释力。这是黑格尔精神贫困成因思想的第二个，也是最核心的困境。已如前述，黑格尔理解的精神贫困，是"贱民精神"，即工人没有认识到市民社会维护了他的个人利益与诉求，进而生发出对市民社会原则乃至富有者阶级的精神反叛。黑格尔的做法是，将之归咎于工人的任性。如果现代社会的确由市民社会原则主导，那么黑格尔的想法尚且有一定的合理性。但是，如果现代社会中存在着阶级压迫，并且是精神贫困和物质贫困Ⅱ的成因。那么，精神贫困就毫无疑问地存在着历史合理性。事实上，现代社会正是奠基于阶级压迫，布雷等已经观察到了这样的社会事实。当然，这也已经超出了黑格尔的理解范围，黑格尔对此也无力给出令人信服的理论阐释。这一点留待后文详述。

第二节　黑格尔摆脱贫困思想的困境

黑格尔摆脱贫困思想在逻辑层面的困境是显而易见的，就是黑格尔解决贫困问题的诸多方案，包括第五种方案，都没能消灭"精神贫困"，没能阻止市民社会的分裂和瓦解。即便身处"物质贫困Ⅱ"的"贱民"出于恐惧感试图回归市民社会，但社会的不管不顾，也使他很难克服极度贫困的阻碍，重拾回归市民社会的劳动技能。要知道，此时的"贱民"群体已经不在社会的分工体系之中，而是在市民社会之外，也就是说，他们拥有的物质财富，低于社会成员必需的最低水平。而这个最低水平，正是保证市民存活下去，并使自己拥有一定劳动技能的最小物质基础。现在，被抛出市民社会之外的"贱民"，恰恰不具备这样的财富量。

因而即便主观情感上想回归市民社会，但客观上并不具备重返社会分工体系的物质能力。所以，在市民社会的"警察"阶段，精神贫困没有被消除，贫困问题没有被解决。于是，只能把解决贫困问题的希望，寄托在"同业公会"阶段了。

不过，同业公会虽然发挥着防止贱民精神产生的作用，却不是摆脱贱民精神的方式。在同业公会中，每个人及其家人的生产生活都将得到物质上的帮扶，以防"贱民精神"的产生，而这也不会催生个人好逸恶劳的感情。因为，进入同业公会本身，就标志着个人已经经过了市民社会分工体系的陶冶，牢固地形成了"自食其力的感情"，并已经得到了整个同业公会的认可，物质帮扶也不会改变这一点。用黑格尔的话说，"在同业公会中，对贫困的救济丧失了它的偶然性，同时也不会使人感到不当的耻辱"①。但是，与之前提到的所有摆脱贱民精神方式不同，同业公会不施加于处在"物质贫困Ⅱ"状态的"贱民"，而是施加于"市民"。黑格尔指出，"市民社会的劳动组织，按照它特殊性的本性，得分为各种不同部门……市民社会的成员则依据他的特殊技能成为同业公会的成员"②。同业公会中的个体，在作为其成员前，必须首先是市民，这样才存在进入同业公会的可能性。处于"物质贫困Ⅱ"的"贱民"要想得到"同业公会"的照顾，必须在"警察"阶段成为市民，但这又是不可能的。所以，黑格尔终究没能消灭贱民精神，没能解决贫困问题。

黑格尔"同业公会"思想的初衷，或许是要以共同体的力量，通过

---

① ［德］黑格尔：《法哲学原理》，范扬、张企泰译，商务印书馆1961年版，第250页。

② ［德］黑格尔：《法哲学原理》，范扬、张企泰译，商务印书馆1961年版，第248页。

税收等方式，依据一定原则，实现社会财富的重新分配，确保社会中的个人得到最低生活和工作标准的物质保障。应该说，这种解决贫困问题的思路在当时一些哲学家的头脑中也是存在的。费希特是思想史上最早探究分配正义问题的思想家之一，他受到了康德的影响，又直接影响着黑格尔，是德国古典哲学的重要代表性人物。在《自然法权基础》中，费希特指出，"一旦某人不能靠自己的劳动生活下去……一切人都必须……并根据公民契约，从自己的财产中分出一部分给这个人，直到他能够生活下去"①。费希特的理论建构之所以具有现实性，是因为救济贫困的行为从一开始，就以原则的形式包含在"公民契约"之中。相比之下，黑格尔的市民社会原则根本上是为了维护私人利益，彰显私人诉求，非但不包含救济贫困者的意蕴，反而拒斥让贫困者不劳而获的理念。所以，黑格尔设定的同业公会要想真的具有现实性，必须从一开始就放弃市民社会原则，不以市民社会原则理解现代社会的基本构成，而这又是不可能的。所以，阿维纳瑞（Avineri, S.）认为，贫困问题是黑格尔"唯一一次提出了一个问题并任其悬而未决的地方"②。与之类似，鲁达（Frank Ruda）也声称，"尽管黑格尔讨论了一系列解决贫困问题的方法，他也清楚地指认，没有一种方法可以克服这个问题"③。

当然，黑格尔摆脱贫困思想的困境，根本上还是来自现实。因为，

---

① ［德］费希特：《自然法权基础》，谢地坤、程志民译，商务印书馆 2004 年版，第214 页。

② ［以］阿维纳瑞：《黑格尔的现代国家理论》，朱学平、王兴赛译，知识产权出版社 2016 年版，第 195 页。

③ Frank Ruda, That Which Makes Itself: Hegel, Rabble and Consequences. In, *Hegel's Elements of the Philosophy of Right: A Critical Guide*, edited by David James, Cambridge: Cambridge University Press, 2017, p.162.

黑格尔没有认真考虑过阶级压迫的问题，因此也就没能抓住贫困问题的核心。他理解的"精神贫困"及其形成路径，实际上也不是贫困问题的核心。当然，这也都已超出了黑格尔的认知范围。

第三节　马克思对黑格尔贫困成因思想困境的初步反思

根据前文所述，不难发现，黑格尔贫困思想的困境，既来自逻辑层面，也来自现实层面。前者使黑格尔贫困思想的自洽度相对较低，后者使黑格尔的贫困思想缺乏生命力，难以解释和应用于现实。马克思从现实出发，基于对黑格尔贫困思想的反思，逐步开启了超越黑格尔，形成自身独特贫困思想的理论历程。

马克思总体上熟悉黑格尔的法哲学思想，并对《法哲学原理》有过细致的研读，不过，马克思并未尝试研读黑格尔的诸多《法哲学讲义》，毕竟黑格尔《法哲学讲义》的整体成书出版，是 20 世纪后半叶在伊尔廷（Ilting）的努力下才最终实现的。这导致马克思很难了解黑格尔贫困思想的全貌。但是马克思仍旧深刻把握了黑格尔贫困思想的精髓，黑格尔贫困思想对马克思思想的形成、发展、成熟仍然发挥着重要作用，黑格尔贫困思想仍然是马克思思想不断丰富过程中的重要理论参照。仅从这样的事实中，我们就能理解这一点。首先，马克思早期确实专门批判黑格尔的法哲学思想，并在《德法年鉴》时期，完成了"从国家到市民社会"的理论转向①，但是至少在《巴黎手稿》中，他仍然在很大程度上，通过黑格尔的市民社会视角审视现代社会的运行方式。其次，马

---

① 参见韩立新：《从国家到市民社会：马克思思想的重要转变——以马克思〈黑格尔法哲学批判〉为研究中心》，《河北学刊》2009 年第 1 期。

克思虽然没有直接对黑格尔的贫困思想进行细致的批判，但是马克思批判的对象与黑格尔有着很高程度的思想契合，这使得在马克思和黑格尔之间建立起沟通比对的桥梁具有理论可能性和必要性。最后，黑格尔贫困成因思想遭遇的困境，其实是当时许多思想家共同面临的，只不过黑格尔以独有的理论逻辑将它们呈现出来，马克思在解释和解决现代社会的贫困问题时，无论自觉与否，都必须要超越黑格尔贫困思想的局限性，否则就不可能找到摆脱贫困的现实出路。

一、重释物质与精神贫困的内涵及其生成基础

黑格尔贫困成因思想的困境，表明市民社会原则不足以解释现实社会的内在构成方式，因为它无法对正在发生的阶级压迫现象之成因，给出合乎自身逻辑的解释。于是，要想真正理解现代社会贫困问题的成因，马克思必须首先重新规定正在主导着现实社会的深层结构性原则。

在《黑格尔法哲学批判》中，马克思指出，"丧失财产的人们和直接劳动的即具体劳动的等级……是市民社会各集团赖以安身和活动的基础"①。"丧失财产的人们""具体劳动的等级"，指的就是工人阶级。与之类似，在《〈黑格尔法哲学批判〉导言》中，马克思有一段非常经典的话，可以概述黑格尔贫困成因思想的第二个困境，即从市民社会中，形成"一个并非市民社会阶级的市民社会阶级……形成一个由于自己遭受普遍苦难而具有普遍性质的领域……它表明人的完全丧失……社会解体的这个结果，就是无产阶级这个特殊等级"②。马克思的这句话其实较为晦涩，既然工人阶级"并非市民社会阶级"，那为什么还是"市民社

---

① 《马克思恩格斯全集》第 3 卷，人民出版社 2002 年版，第 100—101 页。
② 《马克思恩格斯文集》第 1 卷，人民出版社 2009 年版，第 16—17 页。

会阶级"呢？既然工人阶级仍然属于市民社会阶级，为何它的出现就标志着市民社会的解体呢？单纯从表述方面看，这里似乎充满着矛盾。不过，与黑格尔贫困思想的第二个困境联系起来考虑，这句话就变得清晰易懂。"工人阶级"首先是市民社会阶级，因为工人仍然尝试通过劳动获得自身所需，就精神层面而言，他们并非"好逸恶劳、贪图享乐"的"贱民"，仍是"辛勤劳动、自力更生"的市民。不过，"工人阶级"也不是市民社会阶级，因为工人通过自身劳动获得所需的同时，还在通过自身劳动无偿供养着整个市民社会，其实也就是"富有者阶级"，在这里，工人阶级虽然付出了劳动，但却没有从社会那里获得等价的回报，其中相当一部分劳动成果被无偿地剥夺了，市民社会原则遭到了破坏。所以，马克思会认为，工人阶级的出现，即标志着市民社会的"解体"。这里的"解体"，并不是指现代社会的消亡，而是指市民社会原则不再成为现代社会的主导性原则，现代社会的生产活动与人的交往关系，在这个意义上，处于混乱无序的状态。很明显，马克思沿着黑格尔的逻辑，说出了黑格尔没有说出或者不敢说出的话。

不过，马克思此时已经不再是单纯重复或延续黑格尔的逻辑了。如前所述，黑格尔在经验层面发现了"工人阶级"。但是，黑格尔意义上的"工人阶级"指仍被市民社会原则统摄着的市民，马克思意义上的"工人阶级"则是指供养着整个社会的底层劳动者，更接近黑格尔在《1819—1820年法哲学讲义》中所说的"奴隶"。所以，马克思才认为，工人阶级彻底站在了市民社会原则的反面，遭受的不是偶然的不幸，而是"普遍苦难"。很明显，马克思更关心的是黑格尔或许已经发现，却避而不谈的问题，即市民社会原则崩溃以后，现代社会的构成原则，与这种语境下，贫困形成的现实路径。已如前述，黑格尔通过"富裕贱民"给出的思路，至多解释市民社会原则如何瓦解，而且在黑格尔那里，"富有者阶级"对"工人阶级"的压迫只能是一次性的，而现实是，市民社会原则瓦解了，"富有者阶级"对"工人阶级"的压迫是持续性的。这说明，"阶级压迫"是正在统摄着现代社会的现实原则。那么，它究竟从何而来？毕竟，只有理解了它的生成路径，才能真正解释现代社会贫困的历史成因。对于这一系列问题，马克思没有给出过多说明，例如，在《〈黑格尔法哲学批判〉导言》中，马克思继续指出，"组成无产阶级的不是自然形成的而是人为造成的贫民"①，这句话在很大程度上，是对现代社会中阶级压迫现状的强调和重申，而不是解释阶级压迫的历史来源，在这句话之后，马克思转而阐释摆脱贫困的路径了。所以，在《德法年鉴》阶段，马克思留下了不少的理论难题有待解决，这也成为《巴黎手稿》的理论核心。

在《巴黎手稿》中，马克思曾这样概括他此前指出的阶级压迫问题，"对工人来说，劳动的外在性表现在：这种劳动不是他自己的，而是别人的；劳动不属于他；他在劳动中也不属于他自己，而是属于别人"②，马克思用"异化劳动"这一术语指称这样的现象。同时，马克思也指出了当"异化劳动"作为现代社会运行的原则时，工人阶级的悲惨境遇，即"劳动的这种现实化表现为工人的非现实化，对象化表现为对象的丧失和被对象奴役，占有表现为异化、外化"③。所以，马克思理解的物质贫困，与黑格尔理解的物质贫困Ⅰ和物质贫困Ⅱ根本不同。它是阶级压迫的直接结果，而不是劳动所有权和等价交换原则对人自然属

① 《马克思恩格斯文集》第1卷，人民出版社2009年版，第17页。
② 《马克思恩格斯文集》第1卷，人民出版社2009年版，第160页。
③ 《马克思恩格斯文集》第1卷，人民出版社2009年版，第157页。

性的张扬。

马克思对精神贫困的理解与黑格尔也很不一样。首先，精神贫困与物质贫困一样，都是异化劳动的产物。在《巴黎手稿》的"笔记本Ⅲ"中，马克思说到"私有财产及其富有和贫困——或物质的和精神的富有和贫困——的运动"①。所谓"私有财产"其实也就是"异化劳动"依赖的所有制基础。那么，"精神贫困"的内涵是什么呢？马克思指出，"私有制使我们变得如此愚蠢而片面，以致一个对象……当它对我们来说作为资本而存在……在它被我们使用的时候，才是我们的……一切肉体的和精神的感觉都被这一切感觉的单纯异化即拥有的感觉所代替"②。马克思认为，精神贫困是社会中一切人共有的，而且它的本质是，人在本质意义上拥有的感性能力的缺失，以致仅剩下一种对物的拥有的渴望。的确，"工人不幸而成为一种活的、因而是贫困的资本……只要一瞬间不劳动便……失去自己的生存条件"③。在异化劳动的作用下，工人必然无限地渴望拥有物，因为这是它活下去的必要条件。至于资本家，马克思指出，"在私有制的统治下，积累就是资本在少数人手中的积聚……而资本的这种自然使命恰恰是通过竞争来为自己开辟自由的道路的"④。如果，某个资本家在与其他资本家的竞争中成功了，那么他就能够得到更多的资本，获得更高额的利润，在现代社会中成功地生存下去。如果竞争失败，那他只能被其他资本家压垮而破产。所以，资本家同样也必然要把精力都用在拥有更多的物上面。在《巴黎手稿》中，马克思把资本

---

① 《马克思恩格斯文集》第1卷，人民出版社2009年版，第192页。
② 《马克思恩格斯文集》第1卷，人民出版社2009年版，第189—190页。
③ 《马克思恩格斯文集》第1卷，人民出版社2009年版，第170页。
④ 《马克思恩格斯文集》第1卷，人民出版社2009年版，第134页。

家和工人的这种精神贫困，概括为"利己主义"①。

此时，马克思与黑格尔精神贫困思想的区别也已经十分明显了。在黑格尔那里，社会成员渴望物，或仅仅渴望对物的拥有，是必然要被鼓励的。因为，这恰恰是特殊性个体实现个人追求和利益需要的直接体现。而且在市民社会原则的作用下，对物的强烈渴望恰恰会促进整个社会和自身财富的积累。但是，马克思与黑格尔恰恰相反。他认为，对物的强烈渴望与人感性能力的丰富性相违背，不利于个人和整个社会的发展。所以，被黑格尔视为值得提倡的精神贫困，反而被马克思视为一种精神贫困。而且这种精神贫困不仅是工人阶级，而是社会中一切人共有的。

那么，"异化劳动"，或者说现代社会的阶级压迫是如何产生的呢？也就是说，作为一个历史阶段，前"异化劳动"状态是什么，它又如何发展到"异化劳动"阶段？只有回答了这个问题，才能真正在历史的层面理解物质和精神贫困的形成路径。

目前为止，学界总体上把"异化劳动"理解为价值判断，认为马克思此时受到了费尔巴哈"类本质"学说的影响。而人的"类本质"是一种价值预设，并非一个具体的历史阶段，"异化劳动"则是马克思对现代社会阶级压迫现状进行道德批判的理论工具。这种观点，由阿尔都塞的思想发展而来。在《保卫马克思》中，阿尔都塞认为，马克思在1842—1845年，持一种费尔巴哈"共同体的"人道主义思想，以至于在马克思看来，"历史……是真正的人在异化的人中的异化和产生……这一异化意味着有一种先于人而存在的确定本质"②。这句话呈现出的世

---

① ［德］马克思：《1844 年经济学哲学手稿》，人民出版社 2000 年版，第 86 页。

② ［法］阿尔都塞：《保卫马克思》，顾良译，商务印书馆 1984 年版，第 195 页。

界观是，在人类历史真正展开之前，先于人的历史存在方式，存在着一种人的本质，它是通过"异化"的方式予以展开的，因而整个历史，其实也就是人的异化的历史。不过，人的本质的异化，并没有消灭人的本质，人的本质以异化的形式呈现出来，也就是所谓的"商品、国家、宗教"①，等等。所以，人的本质与现实的人（异化的人），形成了尖锐的冲突和对立。人必须使从自身中异化了的本质复归自身，才能最终实现人的解放。必须承认的是，费尔巴哈对青年马克思确实产生了重要的影响，阿尔都塞的上述判断，或许确实在某种程度上符合马克思 1844 年前后的思想特征。所以，确实也有理由认为，"笔记本 I"中"异化劳动"暗指的前"异化"状态，指向超验的人的"类本质"。若是如此，马克思其实还是没有解释"异化劳动"如何产生，也就是贫困如何产生的问题，因为，这毕竟需要对现代社会的形成与发展，进行历史层面的判断。

二、探寻现代社会物质与精神贫困的历史来源

本书在此想说明的是，"前异化"状态不一定直接指向人的类本质，它或许直接指向的是黑格尔意义上的市民社会，而根据马克思的文本，这种判断同样具有自洽性。1843 年前后，马克思刚刚通过黑格尔的法哲学，完成了从国家向市民社会的理论转向，对经济社会的运行方式，已经逐步开始了研究，不过，他终究还没有形成阶级史观，暂时还不能成熟地从阶级斗争视角出发，看待人类社会的运行与发展。根据《詹姆斯·穆勒〈政治经济学原理〉一书摘要》可知，马克思仍然通过黑格尔

---

① ［法］阿尔都塞：《保卫马克思》，顾良译，商务印书馆 1984 年版，第 195 页。

式的市民社会原则，理解现代社会基本构成。

马克思在《穆勒评注》中认为，"人的本质是人的真正的社会联系，所以人在积极实现自己本质的过程中创造、生产人的社会联系、社会本质"①，那么人"创造"这种"社会联系"的直接表现形式是什么呢？马克思认为是"交换"，因为"不论是生产本身中人的活动的交换，还是人的产品的交换，……它们的现实的、有意识的、真正的存在是社会的活动和社会的享受"②。这说明，"交换"的本质意义（"真正的存在"）在于，使单个人的活动变成具有社会意义的活动，使单个人的产品能够满足社会整体的需要。单个人随之具有了"社会本质"，且"社会本质不是同单个人相对立的抽象的一般的力量，而是每一个单个人的本质"③。不过即便如此，单个人的"社会本质"仍旧只是形式的而非实质的普遍性。因为，"交换"的前提在于个体拥有可支配的私有财产，而一旦存在私有财产，正如马克思在《论犹太人问题》中指明的那样，社会则"建立在人与人相分隔的基础上。……每个人都同样被看成那种独立自在的单子"④，马克思也随即坦陈，"上面提到的真正的社会联系……是由于有了个人的需要和利己主义才实现的"⑤。很明显，马克思已经总体上继承了黑格尔的市民社会原则，即"特殊性"原则（"利己主义"）和"形式普遍性"原则（"社会本质"）及二者之间的互动关系（出于"利己主义"的动因，在与社会的"交换"中，单个人具有了"社会本质"）。以至于有学者据此直接认为，马克思在《穆勒评注》中"几乎跟黑格尔

① [德] 马克思：《1844年经济学哲学手稿》，人民出版社2000年版，第170页。
② [德] 马克思：《1844年经济学哲学手稿》，人民出版社2000年版，第170页。
③ [德] 马克思：《1844年经济学哲学手稿》，人民出版社2000年版，第170—171页。
④ 《马克思恩格斯文集》第1卷，人民出版社2009年版，第41页。
⑤ [德] 马克思：《1844年经济学哲学手稿》，人民出版社2000年版，第171页。

一样把市民社会理解为'需要的体系'"①。

对《穆勒评注》的分析表明，作为在逻辑和时间上处于《德法年鉴》和《穆勒评注》之间的文本，"笔记本Ⅰ"必定已然蕴含着黑格尔的市民社会观。这体现在，马克思认为"真正的生产"是人进入市民社会进而超越动物的关键。马克思在"笔记本Ⅰ"中认为，人与动物不同，人是"类存在物"；那么，人如何证明自己是类存在物？通过"创造对象世界，改造无机界"；那如何理解这种"实践"活动？在马克思看来它是人特有的"真正的生产"；而何为"真正的生产"？马克思认为，"动物只生产它自己或它的幼仔所直接需要的东西；动物的生产是片面的"②，而只有在不受肉体直接需要的影响下进行的"全面的"生产，才是"真正的生产"③；那么这种"真正的生产"在何种条件下才能发生？马克思对此并没有直接给出结论，不过根据前文论述，本书推测"真正的生产"实际相当于使人进入市民社会并超越动物的"抽象化"劳动，这正是黑格尔对市民社会原则积极意义的一个重要判断。

黑格尔认为，在市民社会的条件下，个体的"需要"呈现出"抽象化"趋势。为了解释人的这种特点，黑格尔在人与动物之间做了一个对比。在黑格尔看来，动物的需要及其满足的手段都具有天然的局限，因为动物始终受制于"自然直接性"。与之相比，人的情况则大不相同。首要承认的是，人也是动物，正如黑格尔所说，人同样受到"自然直接性"的限制。但是，在市民社会的条件下，人可以对"自

---

① 韩立新：《〈穆勒评注〉中的交往异化：马克思的转折点——马克思〈詹姆斯·穆勒《政治经济学原理》一书摘要〉研究》，《现代哲学》2007年第5期。

② 《马克思恩格斯文集》第1卷，人民出版社2009年版，第162页。

③ 《马克思恩格斯文集》第1卷，人民出版社2009年版，第163页。

然直接性加以破坏"①，进而创造出更为抽象的需要。黑格尔为此举例："人有居住和穿衣的需要，他不再生吃食物，而必然加以烹调"②。如果说，食欲是动物的自然需要，食用自然中固有的食物是动物满足食欲的直接手段，而在市民社会中，烹调是人所创造出的更为抽象的需要。因为，烹调过程"分解"出的任何一个实际需要，也就是说为了完成烹调所必需的每个环节，都不能单独作为人的食欲本身，相比于人的食欲，它始终是抽象的；同理，保证烹调过程中不同环节得以实现的不同手段，也都无法单独满足人的食欲，相对于烹调出的食物，它同样是抽象的。在稍早的《海德堡讲义》里，黑格尔对此有更为清晰的阐释。他认为，"动物有一个确定而不变的需要的范围"，不过，人的具体需要却不断地"剧增"，变得"更加精确，它存在于它的分解及其每个单一部分与方面的差异，而按照这样的方式，它便成为不同的需要，更加详细。与此同时，人最初的具体需要，则愈发不具体、愈发抽象"③。

看上去，黑格尔仅在需要能否抽象化的角度区分人与动物的，但实际也并非如此简单。在《1817—1818 年法哲学讲义》中，黑格尔认为，在对自然的"依赖性"方面，"人类证明他们对动物的超越以及他们的普遍性。……动物是被自然照顾的，人类则超越他们生长的土壤，并能

---

① ［德］黑格尔:《法哲学原理》，范扬、张企泰译，商务印书馆 1961 年版，第206 页。

② ［德］黑格尔:《法哲学原理》，范扬、张企泰译，商务印书馆 1961 年版，第206 页。

③ G.W.F.Hegel, *Lectures on natural right and political science: the first philosophy of right: Heidelberg, 1817-1818, with additions from the lectures of 1818-1819*. University of California Press, 1995, p.167.

够在世界上的任何地方生活"①。在《法哲学原理》第 190 节中，黑格尔论述市民社会"需要的体系"时，坚持并发展了这一想法，黑格尔继续强调，动物"动物用一套局限的手段和方法来满足它的同样局限的需要。……跟人的生存范围比较起来总是有某种限制的"②。首先可以断定的是，仅立足于需要"抽象化"这一前提，无法得出人具有比动物远为广泛的生活范围这一结论。因为，需要的"抽象化"对于人本身而言，归根结底是人主观世界的特点，它本身不和人外在的"生存范围"发生直接关系。不过，黑格尔对二者的表述又是紧密衔接在一起的，所以，可以自然而言地做出如下推论：第一，人固然是动物，但是在市民社会的条件下，人却主要通过社会中的他人而非大自然来直接满足自身的抽象需要，这样，自然无法成为限制人生存范围的必要条件；第二，既然市民社会本身是满足个体自身需要的手段，那么，这极有可能促使个体为了生活在某一具体的社会中，而离开自然直接赋予的生存范围。当然，正如前文说明的那样，这二者成立的前提必须是个体使自身的劳动抽象化。只有这样，他才可以必然地融入市民社会的分工体系，为社会创造普遍财富，否则他将不被社会接受而被排除至社会之外，如动物一样受自然直接性的支配。的确，在《法哲学原理》第 191 节中，黑格尔马上开始讲述满足人类需要的手段及其劳动的细分，在人类主观日益抽象的需要与生活范围不受自然界约束之间，建立起紧密的逻辑关系，进一步完善了市民社会视域下，黑格尔关于人超越动物的思想。

---

①　G.W.F.Hegel, *Lectures on natural right and political science: the first philosophy of right: Heidelberg, 1817-1818, with additions from the lectures of 1818-1819.* University of California Press, 1995, p.167.

②　[德] 黑格尔:《法哲学原理》，范扬、张企泰译，商务印书馆 1961 年版，第 205—206 页。

马克思总体上继承了黑格尔的上述思想，把黑格尔意义上的劳动抽象化，概述为"真正的生产"，这种理解也的确符合马克思"笔记本 I"的总体逻辑。在市民社会中，个人当然不再像动物那样"只生产它自己或它的幼仔所直接需要的东西"①，而是一方面，"有意识"地把满足"自身的类"即整个市民社会的需要，视为自己劳动的直接目的；另一方面，"有意识"地将"他物的类"②即满足社会需要的诸多特殊产品，当作自己劳动的具体"尺度"③。因为，个体非常清楚，这是市民社会条件下满足自身特殊需要的根本方式。从这个意义上说，"真正的生产"的确使个体不再像动物一般受制于"自然直接性"，而在市民社会的"形式普遍性"中享有更高程度的"自由"。所以，马克思会指出，人区别于动物的独有"类特性"，即"真正的生产"，是人"自由的有意识的活动"④，这也即《穆勒评注》中所谓的"社会本质"。当然，马克思意义上的"真正的生产"，是建立在市民社会成员拥有自己劳动产物的基础上的。可是现代社会却建立在"对他人劳动产品的私有权"⑤基础上，而且工人阶级的劳动，呈现出"片面""抽象"的特点。"国民经济学把无产者即既无资本又无地租，全靠劳动而且是靠片面的、抽象的劳动为生的人，仅仅当做工人来考察"⑥，在马克思看来，国民经济学家，没有真正地考虑过现代社会所有制的变化，仍旧只是从工人劳动活动本身的特点出发（"抽象、片面"），考察工人的贫困境遇及其成因，这显然是肤浅的。所

---

① 《马克思恩格斯文集》第 1 卷，人民出版社 2009 年版，第 162 页。
② 《马克思恩格斯文集》第 1 卷，人民出版社 2009 年版，第 161 页。
③ 《马克思恩格斯文集》第 1 卷，人民出版社 2009 年版，第 163 页。
④ 《马克思恩格斯文集》第 1 卷，人民出版社 2009 年版，第 162 页。
⑤ 《马克思恩格斯文集》第 1 卷，人民出版社 2009 年版，第 129 页。
⑥ 《马克思恩格斯文集》第 1 卷，人民出版社 2009 年版，第 124 页。

以，单纯的"劳动抽象化"概念，不足以描述现代社会工人阶级的真实劳动方式，这才使马克思通过"异化劳动"概念，概述现代社会的阶级压迫问题和工人阶级的不幸境遇，它既说明，劳动具有"片面、抽象"的特点，同时又在更深层次指出现代社会的所有制变化。

阿尔都塞在《保卫马克思》中对异化问题的分析，与其说是对马克思哲学观的概括，不如说是对费尔巴哈哲学观的阐释。总体而言，费尔巴哈的理论主题是探析宗教的人的本质，在费尔巴哈那里，宗教首先是人的本质力量的外化，同时宗教又统治压迫着人，阻碍人对现实世界美好生活的追求。① 首先，费尔巴哈认为，"人的绝对本质、上帝，其实就是他自己的本质。……感性的对象的威力，就是感情的威力；理性的对象的威力，就是理性本身的威力；意志的对象的威力，就是意志的威力"②。费尔巴哈的逻辑不难理解，人始终要通过自身的本质而非其他中介，与对象发生关系，所以，一个事物在多大意义上成为了人的对象，它也就在多大的意义上符合了人的本质，"对象是他的公开的本质，是他的真正的、客观的'我'"③。其次，费尔巴哈指出，基督教的上帝，其实也是人的对象，而且不是经验世界中任意的对象，而是内在于人的对象，也就是人的本质（"理性、意志、心"），"上帝是人之公开的内心，是人之坦白的自我"④。人总是通过自身，也只能通过自身，来规定、描述、体悟上帝，除此之外，人很难设想除自身所能描述到的上帝形象之外，自在的上帝形象究竟如何。费尔巴哈认为，"自在的上帝"与"为

---

① 参见俞吾金：《意识形态论（修订版）》，人民出版社 2009 年版，第 39—40 页。
② ［德］费尔巴哈：《基督教的本质》，荣震华译，商务印书馆 1984 年版，第 34 页。
③ ［德］费尔巴哈：《基督教的本质》，荣震华译，商务印书馆 1984 年版，第 33 页。
④ ［德］费尔巴哈：《基督教的本质》，荣震华译，商务印书馆 1984 年版，第 43 页。

我的上帝"之间并不存在区别，认为存在一种超越于人本质之上的自在上帝的存在，只是一种"幻觉"①，人所感受到的上帝，其实也就是自身，"你相信上帝实存着，相信他是主体或本质……因为你自己生存着，你自己是本质"②。的确，很难想象人可以超越自身的界限而设想到这之外的什么。当然，费尔巴哈的思想中，真正打动了马克思的，不仅在于此，更在于他接下来对宗教异化问题的批判。

费尔巴哈在这里提出一个非常重要的表述，"属人的东西只有在属神存在者的直观或规定之下才是积极的、本质的东西，故而，人……的直观就仅仅只能是消极的、与人为敌的直观"③。对于人而言，上帝与其他任何人的对象不同，上帝被人赋予了绝对的超验性和权威性，因而，对于人而言，只有上帝，有权力和能力，赋予人"属人的东西"，这时，除了上帝以外的一切人的对象，也都被统摄在上帝的观照之下，成为了上帝对人的赐予。看上去，上帝似乎成为了人与"属人的东西"的中介，以至于，人若想获得"属人的东西"，必须通过上帝。什么叫"通过上帝"呢？就是让上帝变得丰富，变得愈发拥有"理性、意志和爱"，因为只有上帝变得丰富了、完美了，似乎才能让人类变得相对的丰富和完美。如何让上帝变得丰富完美呢？要通过人对上帝的"献祭"，因为，只有"献祭"，才能"迎合神意"，使上帝愿意赐予人以人的对象。如何"迎合神意"呢？只有"迎合人意"，才能"迎合神意"④，因为人确实无法超越自身的自然界限，只能用揣摩自身的方式揣摩上帝，所以最能"迎

---

① ［德］费尔巴哈：《基督教的本质》，荣震华译，商务印书馆 1984 年版，第 47 页。

② ［德］费尔巴哈：《基督教的本质》，荣震华译，商务印书馆 1984 年版，第 49 页。

③ ［德］费尔巴哈：《基督教的本质》，荣震华译，商务印书馆 1984 年版，第 58 页。

④ 参见 ［德］费尔巴哈：《基督教的本质》，荣震华译，商务印书馆 1984 年版，第 59 页。

合神意"的东西，其实也就是人能够设想到的最"迎合人意"的东西。什么是最"迎合神意"的呢？就是人的本质，这是人所能想到的最珍贵的事物——"理性、意志、心"，也就是前文提到的"知识、自由、爱"。那么，当人真的向上帝献出了人的本质，以至于自身愈发愚钝、愈发失去自由、愈发失去人与人之间的珍爱时，人变得更加智慧、自由和博爱了吗？在费尔巴哈看来，没有。所以，"感性的东西愈是被否定，上帝——人们用感性的东西来向他献祭——就愈是感性"①。对此，这一现象的逻辑根源究竟是什么呢？费尔巴哈曾清楚地概括，"人使他自己的本质对象化，然后，又使自己成为这个对象化了的、转化成为主体、人格的本质的对象"②。很明显，费尔巴哈显然没有把上帝视为人与人之对象的中介，而是指出上帝是人的本质在人头脑中的精神投射，上帝其实是"与人为敌"的。当然，"与人为敌"这一术语，看上去是一种价值批判，因其带有明显的情感色彩，不过根据上下文的语境，它更主要的是表达人沦为上帝概念的宾词这一本体论判断。

到此，费尔巴哈分析宗教问题基本思路的轮廓，已经得到了大概呈现。很明显，与黑格尔不同，费尔巴哈认为人的本质不在人之外的绝对精神，而在人自身之中，人与外部世界的关系，也就呈现出了人的本质，于是，人可以直接通过外部世界对自身的本质实现确证，对于人而言，人的对象与本质力量是同一的，如费尔巴哈所言，"只有作为属人的存在者，你才是存在者"③。费尔巴哈在《未来哲学原理》中认为，"近代哲学的任务，是将上帝现实化和人化，就是说：将神学转变为人

---

① ［德］费尔巴哈：《基督教的本质》，荣震华译，商务印书馆1984年版，第59页。
② ［德］费尔巴哈：《基督教的本质》，荣震华译，商务印书馆1984年版，第63页。
③ ［德］费尔巴哈：《基督教的本质》，荣震华译，商务印书馆1984年版，第50页。

本学，将神学溶解为人本学"①。这里的"人本学"，从本体论意义而言，就是要实现从客观唯心主义到主观唯心主义的转变。否则，人作为真正意义上的主体，只能是从属性的，只能是绝对精神展开的一个环节，只能是某一主词的宾词，属人的东西只能经由外在的设定才能真正属人，而在费尔巴哈看来，这为宗教对人进行统治提供了本体论基础。所以，马克思在《巴黎手稿》中清醒地指出，"费尔巴哈的伟大功绩在于……证明哲学……不过是人的本质的异化的另一种形式和存在方式；因此哲学同样应当受到谴责"②。马克思在本句中所说的"哲学"，指"神学"意义上的"哲学"，在《未来哲学原理》中，费尔巴哈指出，"思辨哲学是真实的，彻底的，理性的神学"③，马克思总体上也是从这种思路出发理解"哲学"概念，批判的矛头则指向了黑格尔。

总体而言，根据《巴黎手稿》的论述，阿尔都塞的判断基本准确的，马克思确实在一般意义上，认可了费尔巴哈的人本学，声称费尔巴哈"创立了真正的唯物主义和实在的科学"④。马克思这里讲的"唯物主义"，也就是前文所述中，费尔巴哈对黑格尔哲学的本体论批判。所以，确实能够想象，马克思此处的异化思想继承了费尔巴哈的哲学框架，也从人的本质出发，探究人本质的异化形态，寻求扬弃异化的路径。那么，现在的问题是，马克思究竟是在何种意义上理解人的本质？只有搞清楚这个问题，才能理解人的本质的异化及其扬弃。在《巴黎手稿》的"笔记本Ⅲ"中，马克思指出，"劳动只是人的活动在外化范围内的表现，只

---

① ［德］费尔巴哈:《未来哲学原理》，洪谦译，三联书店 1955 年版，第 3 页。

② ［德］马克思:《1844 年经济学哲学手稿》，人民出版社 2000 年版，第 92—93 页。

③ ［德］费尔巴哈:《未来哲学原理》，洪谦译，三联书店 1955 年版，第 4 页。

④ 《马克思恩格斯全集》第 3 卷，人民出版社 2002 年版，第 314 页。

是作为生命外化的生命表现，所以分工也无非是人的活动作为真正类活动或作为类存在物的人的活动的异化的、外化的设定"①。很明显，马克思虽然确如费尔巴哈一样，也承认存在一个人的本质，不过与费尔巴哈的观点非常不同，马克思理解的人并不是纯粹感性认识论意义上的人，而是从事着经济活动的人。马克思这里所谓的"劳动""分工"，都不是没有历史语境限定的泛泛而谈，而是对国民经济学家观点的分析与批判。这意味着，马克思所理解的作为人本质的经济活动，是指现代社会的经济活动，是现代社会中的"劳动"与"分工"。其实，费尔巴哈关心的人，必定也是费尔巴哈视野中的现代社会的人，这是由他身处的社会历史条件和理论构建的价值追求共同决定的。但是，他毕竟没有像马克思一样，把人放到经济学语境中去认知和把握，没有把现代社会中的"劳动""分工"理解为人的本质"外化"。所以，费尔巴哈的人本质思想，很难客观理解现代社会中人的真实处境与形成原因。

那么，作为人本质外化的"劳动"和"分工"究竟以怎样的所有制为基础呢？同样是在"笔记本Ⅲ"中，马克思指出，"私有财产的意义——撇开私有财产的异化——就在于本质的对象——既作为享受的对象，又作为活动的对象——对人的存在"②。马克思在这里进行了一个非常重要的区分，就是"私有财产"和"私有财产的异化"。这里"私有财产"其实是指以劳动者拥有自己的劳动产物，即以劳动所有权为基础的所有制，也就是黑格尔视野中市民社会的所有制，因为，只有当劳动者拥有自己的劳动产物时，劳动产物才能被称为劳动的对象化，才能"作为享受的对象"和"活动的对象"，才能是"对人的存在"，才能成为黑格

---

① 《马克思恩格斯全集》第 3 卷，人民出版社 2002 年版，第 353 页。
② 《马克思恩格斯全集》第 3 卷，人民出版社 2002 年版，第 359 页。

尔在《哲学全书》中所谓的"人……的自由的那个定在"①。而"私有财产的异化",其实就是"笔记本Ⅰ"中"异化劳动"所依赖的所有制基础,劳动者的劳动产物,不归劳动者所有,它将导致劳动者的"非现实化"②。不难发现,当马克思把"劳动"和"分工"视为人本质的外化时,其实是把它们建立在"私有财产"而非"私有财产的异化"基础上。在"笔记本Ⅰ"中,马克思在术语使用上不特殊区分"私有财产"与"私有财产的异化",这使得"私有财产"与"异化劳动"仿佛是互相生成,形成了循环论证的关系。③ 不过实际上,马克思在"笔记本Ⅰ"中要表达的是,作为"外化"的"劳动"和"分工"("私有财产")历史地发展到了作为"异化"的"劳动"和"分工"("私有财产的异化")。

到此,费尔巴哈与马克思的差异已经较为明显了。马克思和费尔巴哈一样,都声称存在一个超验的人本质,这一点是确定无疑的。不过,费尔巴哈看似重视人的感性活动,但是这种感性活动其实没有建立在具体的社会历史条件上,所以费尔巴哈对人的理解其实仍旧是抽象的,缺乏现实性。与之相比,马克思则始终把对人本质的描述,放在一个确定的历史语境中,这使得他总体上描绘出了一个:"私有财产"(市民社会)→"私有财产的异化"(现实社会),现代社会随之被马克思分成了两个环节。在这之后,是"私有财产异化的扬弃"(未来社会)。这样,人的本质就拥有了一种基于"异化史观"的展开过程。

---

① 〔德〕黑格尔:《哲学全书》,人民出版社 2006 年版,第 316 页。

② 《马克思恩格斯全集》第 3 卷,人民出版社 2002 年版,第 303 页。

③ 学界围绕这一问题产生过激烈争论。具体可参见韩立新:《马克思的异化劳动理论究竟是不是循环论证》,《学术月刊》2012 年第 3 期。

第四节　马克思对黑格尔摆脱贫困思想困境的初步反思

已如前述，黑格尔摆脱贫困思想的困境有两个层次。第一，就是一切摆脱贫困的方式，都无助于消灭"贱民精神"。第二，最根本的，就是"贱民精神"未必属于精神贫困的表现，他提出的消灭贱民精神的思路，未必真的有助于解决现实中的贫困问题。现在，已经很清楚的是，马克思对物质与精神贫困及其成因的认知，与黑格尔存在很大差异。所以，超越黑格尔的摆脱贫困思想，对于马克思而言，其实也就是在新的理论起点上，找到能够切实解决贫困问题的具体方法。

一、将阶级压迫置于异化框架之下——评马尔库塞的误判

在《历史唯物主义的基础》一文中，马尔库塞（Herbert Marcuse）立足"异化史观"，分析了马克思贫困思想的基本理论内涵，认为它能够给马克思提供一条解决贫困问题的具体路径。

马尔库塞认为，通过"异化史观"可以发现，"人性几乎丧失殆尽，人沉沦为丧失了人的存在的现实性的抽象的劳动者，他们和自己劳动的对象相分离，被迫把自己当做商品出售……所有这些情形，常常是用'外化'、'异化'、'物化'的名称加以阐述的"①。于是，马尔库塞势必得出这样的结论，"异化（指主人和奴隶两者在其中发现自己的一种状态……）的扬弃……建立在对其历史和社会状况中的对象化的活动加以实践的洞察的基础之上……主人作为非劳动者，是不可能达到这种

---

① ［美］马尔库塞：《历史唯物主义的基础》，载上海社会科学院哲学研究所编：《法兰克福学派论述选辑》上卷，商务印书馆1998年版，第297—298页。

洞察的……劳动者是真正的变革者"①。用马尔库塞的话说,这使"政治经济学的概念完全变了:它成了一种关于共产主义革命的必要条件的科学。……它意味着人的全部历史的革命,人这一存在物的定义的革命"②。很明显,马尔库塞认为,马克思的"异化史观",把资产阶级与无产阶级之间对立关系,视为现实社会的根本性原则,抓住了贫困问题的本质,并指出了二者发生尖锐斗争的逻辑必然性。因此,马克思的"异化史观",为工人阶级发动阶级革命,消灭"异化劳动",克服贫困问题,实现共产主义,提供了充分的论证。它超越了黑格尔和国民经济学概念话语的理论与现实局限性,开辟了政治经济学发展的新方向与新思路。

马尔库塞对马克思"异化史观"及其整个贫困思想的认知是有误的。因为,"异化史观"并没有把资产阶级对无产阶级的压迫,当做现实社会的主导性原则。因此,在逻辑上,它也就不可能把通过阶级斗争消灭阶级压迫,视为扬弃现代社会,进而解决贫困问题的依据。马尔库塞的说法,其实过分拔高了《巴黎手稿》的真实水平,把马克思成熟了的贫困思想,误判为《巴黎手稿》的理论成果。

已如前述,所谓"异化",其实也就是人的造物成了人的统治者。"异化史观"描述的归根结底是人类社会历史发展的二元结构,即"人与物"的关系,按照广松涉的说法,这是一种"近代哲学式的'主体—客体'的图式"③。按照"笔记本Ⅰ"和《穆勒评注》的观点,在市民社

---

① [美]马尔库塞:《历史唯物主义的基础》,载上海社会科学院哲学研究所编:《法兰克福学派论述选辑》上卷,商务印书馆1998年版,第333页。

② [美]马尔库塞:《历史唯物主义的基础》,载上海社会科学院哲学研究所编:《法兰克福学派论著选辑》上卷,商务印书馆1998年版,第297页。

③ [日]广松涉:《物象化论的构图》,彭曦、庄倩译,南京大学出版社2002年版,第48页。

会阶段，个体从事的是"真正的生产"。社会中的每个人，无论处于分工的何种环节，只要付出了较多的劳动，就能够获得较多的回报，"多劳多得、少劳少得"。个人的财富得到一定积累时，可以为自己创造更多的闲暇时间，发展除劳动以外的其他爱好，实现自身的全面发展。这样，个人不必逃避劳动，因为劳动给劳动者带来的不是痛苦和折磨，而是实实在在的福利；同时，个人也不必疲于追求财富的积累，因为只要个体具备劳动能力，并为社会作出贡献，就不会被社会中的其他成员压垮甚至破产。所以，人是物的主人，人有能力自主选择劳动的时间和强度，可以掌握自己的劳动产物，进而决定自身的发展方式。只是在异化的状态下，情况完全变了，对象成了人的主导，人被迫围着对象转。

按照马克思在《巴黎手稿》中的观点，资本的积累是资本内在的趋势，因此竞争非但不可避免，反而是越来越残酷。在这场弱肉强食、你死我活的激烈斗争中，资本家唯一关心的只能是资本的增殖。资本家对事物的理解和判断，都只能是对象在何种意义上，能够满足资本增殖，进而维持我阶级身份之所需。与之相对，"工人的贫困日益加剧……贫困具有错综复杂的形式……贫困持续不变"①。所以，工人也无时无刻不在为了获得更多的生活资料而辛苦忙碌。这导致，社会中个体无法自主决定自身的五官感觉、思想观念与实践活动，他们都为不停地拥有劳动的产物，即"工资"和"资本"而服务。毕竟，这对于工人和资本家而言，是关系生死存亡的大事。资本家和工人都被劳动的产物统治

---

① 《马克思恩格斯文集》第 1 卷，人民出版社 2009 年版，第 122 页。马克思在《资本论》及其手稿中，也使用过"物质贫困Ⅱ"的说法，但是它在那里表达的含义，与马克思《巴黎手稿》中的"绝对的贫困"概念存在很大差别。另外，与舒尔茨一样，马克思也使用过"物质贫困Ⅰ"这一范畴，但是二者差别很大。这些问题容后探讨。

着。正如马克思所言，"忧心忡忡的、贫穷的人对最美丽的景色都没有什么感觉；经营矿物的商人只看到矿物的商业价值，而看不到矿物的美和独特性"①。

很明显，现代社会异化问题的受害者不仅是工人，也包括资本家。这就与《共产党宣言》《哲学的贫困》等著作中，马克思对资本家现实境遇的描述思路很不相同。资本家与工人的阶级差别及其对立，在很大程度上被消弭于异化史观主客二元关系的主体一方，不仅工人遭受着异化，资本家同样遭受着异化。

马尔库塞思想的症结在于，把"异化"转变成工人贫困境遇的代名词，不承认"异化"本质上是描述一切社会成员与劳动对象之间主客关系的理论模型。"异化"成为资产阶级压迫无产阶级的历史产物，"前异化状态"则理所应当地表示为工人阶级尚未遭受资产阶级压迫，也就是还不存在工人阶级的社会，"异化的扬弃"就成了工人阶级推翻资产阶级统治，使自身摆脱贫困的社会阶段。"前异化状态——异化——异化的扬弃"，描述的仅是工人不幸境遇的形成与扬弃。阶级史观，而非异化史观的逻辑被大大凸显出来。难怪马尔库塞会把《巴黎手稿》的地位抬得很高②。如果真的非要借用黑格尔《精神现象学》中主奴辩证法说法描述异化问题，那么，真正能称得上"主人"的，只能是劳动产品，而非资本家，真正应该成为"奴隶"的，应该是社会中的全体人员，而非工人。

不过，应该指出，马尔库塞对马克思《巴黎手稿》中的贫困思想存在这样的误解，确实情有可原。在"笔记本Ⅰ"开篇，马克思直言，"工

---

① 《马克思恩格斯文集》第 1 卷，人民出版社 2009 年版，第 192 页。
② 田书为：《马克思对黑格尔劳动思想的继承与发展——基于〈巴黎手稿〉的市民社会批判视角》，《马克思主义与现实》2018 年第 3 期。

资决定于资本家和工人之间的敌对的斗争。胜利必定属于资本家。资本家没有工人能比工人没有资本家活得长久"①，把资本家与工人之间的阶级斗争关系一语挑明。稍后，马克思又对工人劳动的异化问题展开了论述，这也成为长期以来国内外学界关注的焦点。与之相对，马克思对资本家在私有财产条件下的异化遭遇却描述有限。已如前述，除了"笔记本Ⅰ—资本的利润"一节中的个别段落，其余文本中较为集中的部分恐怕主要在"笔记本Ⅲ"中。马克思这种论述方式的确会使人们认为，异化描述的虽然是人与对象之间的关系，但是真正被异化问题困扰的只有工人阶级。

马克思把现代社会中一切人遭遇的异化状态，其实也就是"精神贫困"，统称为"绝对的贫困"②。需要注意的是，马克思曾在《巴黎手稿》中引述舒尔茨的"绝对的贫困"概念，但是这二者的内涵却存在很大差别。

在《生产运动：从历史统计学方面论国家和社会的一种新科学的基础的建立》中，舒尔茨认为，随着现代社会的发展，特别是工业的进步，社会的财富加速积累，工人的工资得到了提高，生活境遇得到了改善。不过，在舒尔茨看来，工业的进步虽然带来了生产效率的提高，可这非但没有带来劳动力的节约，反而大大延长了单个工人的劳动时间。例如，英国棉纺织业"工人的劳动时间已由于企业主追逐暴利而增加到每日12到16小时"③。另外，虽然一些工人的工资提高了，购买力与以往

---

① 《马克思恩格斯文集》第1卷，人民出版社2009年版，第115页。

② 《马克思恩格斯文集》第1卷，人民出版社2009年版，第190页。

③ ［德］弗里德里希·威廉·舒尔茨：《生产运动：从历史统计学方面论国家和社会的一种新科学的基础的建立》，李乾坤译，南京大学出版社2019年版，第66页。

相比有了提升，但是大部分工人的工资水平没有变化，甚至"随着竞争的加剧而降低并且不得不降低"①。这使大部分工人根本无法适应生活必需品物价的上涨。同时，现代社会的发展建立在"自由竞争的无政府状态下"②，工人的工资待遇极不稳定，根本不能满足工人长期的生存与发展需要。所以，在舒尔茨看来，现代社会在创造财富积累的同时，也创造着日益严重的贫困，并得出结论说，相比于前现代社会那种"欲望和要求"较少的时代，在现代社会中，"绝对的贫困减少，而相对的贫困可能增加"③。舒尔茨意义上的"绝对的贫困"，是指生产力极不发达时，整个社会普遍的物质匮乏与需求的有限，而"相对的贫困"，是指现代社会中日益加大的贫富差距与阶级对立。

马克思在《巴黎手稿》中引述了舒尔茨的上述原文，并在很大程度上接受了舒尔茨"相对的贫困"概念背后的想法，指出"社会的最富裕状态……对工人来说却是持续不变的贫困"④。至于舒尔茨的"绝对的贫困"，马克思则在《德意志意识形态》，而非《巴黎手稿》中，曾形成过与之类似的观念。马克思指出，"生产力的这种发展……之所以是绝对必需的实际前提，还因为如果没有这种发展，那就只会有贫穷的普遍化……极端贫困"⑤。这里所谓的"贫穷的普遍化""极端贫困"，与舒尔茨的"绝对的贫困"概念大概描述着一种贫困现象。

---

① [德]弗里德里希·威廉·舒尔茨：《生产运动：从历史统计学方面论国家和社会的一种新科学的基础的建立》，李乾坤译，南京大学出版社 2019 年版，第 65 页。

② [德]弗里德里希·威廉·舒尔茨：《生产运动：从历史统计学方面论国家和社会的一种新科学的基础的建立》，李乾坤译，南京大学出版社 2019 年版，第 65 页。

③ [德]弗里德里希·威廉·舒尔茨：《生产运动：从历史统计学方面论国家和社会的一种新科学的基础的建立》，李乾坤译，南京大学出版社 2019 年版，第 66 页。

④ 《马克思恩格斯文集》第 1 卷，人民出版社 2009 年版，第 124 页。

⑤ 《马克思恩格斯全集》第 3 卷，人民出版社 1960 年版，第 39 页。

二、异化框架对摆脱贫困的理论意义

如前所述，物质贫困是工人特有的，精神贫困则同时属于工人和资本家，并且都是由"异化劳动"这一所有制基础决定。现在的问题是，应当如何消灭"异化劳动"，进而克服贫困问题？很遗憾，马克思在《巴黎手稿》中没有给出答案。

这一点或许难以理解，因为，在《〈黑格尔法哲学批判〉导言》中，马克思明明已经提出了工人阶级通过革命，进而摆脱压迫，消灭贫困的想法。马克思指出，"彻底的德国不从根本上进行革命，就不可能完成革命……这个解放的头脑是哲学，它的心脏是无产阶级……无产阶级不把哲学变成现实，就不可能消灭自身"[1]。从这句中，可以清晰地看出，马克思认为，工人阶级需要以一定的思想为引领，通过革命，消灭压迫在自身上的"彻底的锁链"[2]，进而实现解放，摆脱贫困。但是，马克思的这一论证并不成功，或许连马克思本人都认识到了这一点。已如前述，在《〈黑格尔法哲学批判〉导言》中，马克思首先指出，工人阶级的状态是彻底的"非人"的，并不享有市民社会中的任何权利，遭受着"普遍的不公正"。而造成这种"普遍不公正"的，是"一切社会领域[3]。也就是说，"彻底的锁链"不仅指资本家和现实社会的所有制基础，更指称现代社会相比于前现代社会所取得的物质和精神成果。这时，工人阶级摧毁身上的"锁链"，也就是要彻底否定现代社会的一切。所以，按照《〈黑格尔法哲学批判〉导言》的逻辑，工人阶级的革命，实际是

---

[1]　《马克思恩格斯文集》第 1 卷，人民出版社 2009 年版，第 18 页。

[2]　《马克思恩格斯文集》第 1 卷，人民出版社 2009 年版，第 16 页。

[3]　《马克思恩格斯文集》第 1 卷，人民出版社 2009 年版，第 17 页。

一种盲目的否定性。在现实中，类似的情况确实发生过。例如，工人认为，资本家使用机器代替人力，将会使工人失去工作机会。于是，工人试图通过捣毁机器的方式改变自身境遇。殊不知，即便在未来社会，机器也是要根据生产力水平而被广泛使用的。工人的行为，实际上是正在摧毁现代社会的积极成果。所以，在这种情况下，工人阶级的革命不可能起到使自身摆脱贫困的作用，只能使整个人类社会重归普遍的贫困。

在《巴黎手稿》中，马克思一方面看到了资本家对工人的压迫，同时在理论上，也承认整个社会对工人的压迫。在《穆勒评注》中，马克思指出，"工人的使命决定于社会需要，但是社会需要对他来说是异己的，是一种强制……他是社会需要的奴隶"①。很明显，马克思这里对"社会"的理解方式，在很大程度上直接来源于黑格尔的"需要的体系"。此时，个人之间在逻辑上处于平等的地位，不存在彼此间的压迫。真正的矛盾，只能发生在个人需要与社会需要之间。当然，这并不是说马克思否定了自己提出的阶级压迫观点，只不过这种表述方式，大大削弱了阶级压迫对于现代社会构成原则的主导性地位。若按照这个逻辑继续推演下去，压迫工人阶级的就不再是社会中的某个阶级，而是整个社会。这就又回到了《〈黑格尔法哲学批判〉导言》的逻辑中去了。虽然，这种理念在《巴黎手稿》中并不多见，但它确实充满矛盾色彩地与阶级压迫思想同时存在于马克思的头脑之中。这使马克思对工人阶级革命保持着相对谨慎的态度。

不过，马克思终究要找到一种方法，在消灭"异化劳动"的同时，继承现代社会积累下来的物质和文明成果，真正意义上地摆脱贫困，而

---

① ［德］马克思：《1844年经济学哲学手稿》，人民出版社2000年版，第175页。

不是使整个社会堕入普遍的无差别的贫困。也正是在这一点上，"异化"框架发挥了极为重要的作用。众所周知，根据"异化史观"，异化阶段是对前异化阶段的否定，异化的扬弃是对异化阶段的否定。用马克思的话说，"自我异化的扬弃同自我异化走的是同一条道路"①。而异化的扬弃并不是对异化状态的全面否定，而是批判继承。也就是说，异化阶段的积极因素，将在否定之否定的过程中，被保存继承下来。把这种较为抽象的理论话语对应于现实中，就是在扬弃"异化劳动"这种所有制的同时，把现代社会的积极成果保留下来，彻底解决物质贫困和精神贫困。当然，在《巴黎手稿》中，马克思并没有，也无力具体解释这种对异化的扬弃到底以怎样的历史形式展开，致使摆脱贫困的路径只能是流于空洞的抽象。

不过，即便如此，马克思对黑格尔贫困思想困境的初步反思，也取得了不小的成绩。第一，马克思超出了黑格尔对贫困内涵的理解，重新规定了"物质贫困"与"精神贫困"这一对基本范畴。使自己对贫困的理解更符合现实情况，为之后贫困思想的展开，奠定了重要基础。第二，深入到经济学领域，从所有制角度出发，把物质贫困与精神贫困的形成归因于"私有制"，即"异化劳动"。这为马克思贫困思想的深入发展指明了正确的方向。第三，基于异化史观，有意识地找寻在继承现代社会文明成果的基础上解决贫困问题的具体路径，这为他形成高度自洽且能应用于现实的贫困思想，进而最终克服黑格尔的理论困境，做出了必要准备。

---

① 《马克思恩格斯文集》第 1 卷，人民出版社 2009 年版，第 182 页。

第三章　马克思贫困思想的成熟及其对黑格尔的批判

——从《神圣家族》到《德意志意识形态》

在《德法年鉴》和《巴黎手稿》阶段，马克思只是反思了黑格尔的思想困境，但是远没有真正地克服它。因为，在很多理论环节，马克思仍旧囿于黑格尔思想的基本理念，尚未真正找到贫困的真实成因与摆脱贫困的具体方式。本章将说明，马克思没有止步于此，而是继续展开理论探索，在批判黑格尔的同时，逐步形成了较为成熟的贫困思想，将自己对贫困问题的认知提升到了一个新的阶段。

第一节　对物质贫困成因的认知

目前，马克思已经立足于现代社会的所有制现状，把物质贫困的形成归因于现实的异化劳动，又指出异化劳动历史地来自黑格尔的市民社会。但是，这并不符合现代社会形成与发展的真实历史路径。只有继续批判黑格尔，彻底放弃他的市民社会原则，马克思才能理解异化劳动的真实历史来源，形成完整而自洽的贫困成因思想。

一、异化框架无法解释阶级压迫的历史来源——评塞耶斯的误判

"异化"其实是一个比较抽象的术语，若放到现实语境中，马克思要回答现代社会的贫困如何产生，已如前述，其实也就要把"异化"的过程具体地展现在历史中，回答"私有财产"在市民社会条件下，如何发展成了"私有财产的异化"。在市民社会的语境下，黑格尔其实给出了可能导致"异化"的思路，那就是"富裕贱民"的产生。当富裕者具备"贱民精神"时，富裕者阶级（资本家）会对底层劳动者（工人）进行掠夺，破坏市民社会的所有制基础。要知道，市民社会原则的核心是"特殊性原则"，所以"异化"归根结底必然是市民个体"任性"的结果。不可能指望的是，底层劳动者"任性"地把劳动产品无偿送给富裕者阶级，黑格尔和马克思也确实没有这样的设想，那能指望的，就只能是富裕者阶级"任性"地对底层劳动者劳动成果的无偿占有。但是，黑格尔已经表明：在这样的前提下，资本家掠夺工人合法所得，只能使工人失去维持其阶级身份的必要财富。所以，工人虽然主观上要维持生存，但客观上不具备继续成为工人的能力，以"异化劳动"为基础的阶级压迫的社会根本无法存在。所以，马克思在《巴黎手稿》中没有具体给出这种"异化"产生的具体思路，无法找到现实社会物质贫困产生的原因。

马克思还曾特意直接用黑格尔的市民社会原则框架，分析异化劳动的历史生成，但只能是失败的。在《巴黎手稿》中，马克思虽然也指出了资本家与工人的斗争，也的确是在这个意义上论述"私有财产"的内

涵，但有时，也强调压迫工人的是整个社会，而不是某个阶级。例如，在《穆勒评注》中，马克思指出，"工人的使命决定于社会需要，但是社会需要对他来说是异己的，是一种强制……他是社会需要的奴隶"①。在这里，马克思分析工人境遇时，还在很大程度上依托黑格尔市民社会"需要的体系"的基本模型。依托这种模型时，意味着默认整个社会的基本矛盾不是阶级矛盾，而是个体需要与社会需要的矛盾。而且这相当于强调了，作为阶级压迫方式的"异化劳动"，它也历史地来自黑格尔式的市民社会阶段。从这个意义上说，在《巴黎手稿》的"笔记本Ⅰ"和《穆勒评注》中，马克思虽然做出了不小的努力和尝试，在黑格尔的市民社会思想中，引入了费尔巴哈的元素，但并没有真正超越《德法年鉴》时期得出的结论，更没有找到现实社会中阶级压迫的来源。不过，《巴黎手稿》之中其实包含着超越"异化史观"困境的元素，包含着找到阶级压迫历史来源的可能。

如前所述，在《巴黎手稿》的"笔记本Ⅰ"和《穆勒评注》中，马克思实际上认为现代社会分为两个部分，一个是以"真正的生产"为基础的市民社会部分，另一个是以"异化劳动"为基础的现实社会部分。后者是由前者转化而来。不过也就是在同一个文本，即《巴黎手稿》的"笔记本Ⅱ"，马克思却得出了与之完全不同的结论。

在"笔记本Ⅱ"中，马克思指出，"工业对它的对立面的支配立即表现在作为一种真正工业的农业的产生上……奴隶转化为自由工人即雇佣工人，地主本身便实际上转化为工厂主、资本家"②。这里所谓的"奴隶"，并不是指原始社会意义上的奴隶，不是"会说话的工具"，而是在

---

① ［德］马克思：《1844 年经济学哲学手稿》，人民出版社 2000 年版，第 175 页。

② 《马克思恩格斯文集》第 1 卷，人民出版社 2009 年版，第 173 页。

封建土地所有制的背景下，在一定范围的土地上，为土地所有者工作的
农民。马克思这里之所以用"奴隶"概念形容农民，主要是为了把他们
与现代社会中雇佣工人的相对人身自由进行对比。的确，为地主工作的
农民，被牢牢地束缚于某一块具体的土地上，与某一个地主有着较为严
格的人身依附关系。从这个意义上说，农民在很大程度上直接地属于某
个地主。与之相对，从契约签订的意义上，雇佣工人有权选择为哪个资
本家，甚至哪个劳动部门，出卖自己的劳动力，有权与社会中的任何人
进行交换。工人不直接属于某个资本家，享有比封建时代的农民更高的
人身自由。正如马克思在《1857—1858 年经济学手稿》中指出的，在
前现代社会，"人的生产能力只是在狭小的范围内和孤立的地点上发展
着"，现代社会"才形成普遍的社会物质变换、全面的关系、多方面的
需要"①。当然，在这里，马克思更主要地想表达，农民向雇佣工人的转
化，与土地所有者向资本家、工厂主的转化，是封建社会向现代社会的
历史性转变。农民与地主的关系，本质上标识着封建社会，根据"笔记
本 I"，雇佣工人与资本家的关系本质上标志着以"异化劳动"为基础
的现代社会。那么，现在的问题是，以黑格尔式市民社会为本质特征的
现代社会到哪里去了？根据马克思自己的表述，封建社会与以"异化劳
动"为基础的现代社会是历史地链接在一起的，这中间并不存在一个名
为"市民社会"的现代社会阶段。这一点对异化史观的冲击无疑是巨大
的。因为，异化史观的基本框架，要求在异化阶段之前，必须存在一个
前异化状态。

　　塞耶斯（Sean Sayers）十分敏锐地注意到了这个问题。在接受访谈

---

① 《马克思恩格斯文集》第 8 卷，人民出版社 2009 年版，第 52 页。

时，他指出，"马克思从历史的角度去理解异化，将异化视作从封建主义向资本主义过渡的一种积极发展。相对于奴隶或农奴的劳动，异化劳动或雇佣劳动是一种进步"①。其实，塞耶斯的观点颇具启发意义。因为，相比于通常情况下，人们把异化理解为一种对现代社会的道德批判②，塞耶斯更强调异化作为一种史观的理论意义。在《马克思主义与人性》中，塞耶斯强调，马克思是"黑格尔以来的历史主义哲学家……认为……人性必然存在于特定社会的历史条件中……总是由各种人性形式历史地决定的"③。于是，前异化状态，作为人的类本质的直接体现，也不应该仅仅是逻辑的抽象或价值的预设，而应当落实到具体的社会历史阶段中，而这个历史阶段对应着的就是"笔记本Ⅱ"中指出的封建社会。

应该说，塞耶斯的整体思路是值得肯定的。很明显，他在努力缝合马克思前后时期的逻辑矛盾，特别是《巴黎手稿》与《1857—1858年经济学手稿》中异化思想的理论差异。但是，同样明显的是，塞耶斯的想法将面临一个无法解决的问题，那就是：封建社会中劳动者的劳动，为何体现了"真正的生产"？根据历史事实，封建社会中不存在发达的商品经济，马克思在《1857—1858年经济学手稿》中清楚地指出，"古代世界中商业民族……正是由农业民族占优势这种情况本身决定的"④，

---

① 李义天、张霄：《传承与坐标：马克思主义伦理思想访谈录》，中央编译出版社2020年版，第138页。

② 参见俞吾金：《从"道德评价优先"到"历史评价优先"——马克思异化理论发展中的视角转换》，《中国社会科学》2003年第2期。

③ ［英］肖恩·塞耶斯：《马克思主义与人性》，冯颜利译，东方出版社2008年版，第193页。

④ 《马克思恩格斯文集》第8卷，人民出版社2009年版，第32页。

"少数商业民族"只能生活在"古代世界的缝隙中"①。在任何一个奉行封建主义的国家和民族中，以等级制为基础的农业生产而非商业活动，长期占据主导地位。在整个社会中，地主阶级是不从事劳动的，农民阶级则从事繁重的劳动，供养着自己和地主阶级。农民及其与地主之间，并不存在商品的等价交换。在这样的情况下，很难想象农民阶级是劳动及其产物的主人，整个社会也并不是"人人为我，我为人人"的共同体，"真正的生产"也根本无从实现。所以，塞耶斯对"前异化状态"的判断，不符合马克思对人"类本质"实现方式的描述。他的判断是错误的。

塞耶斯遇到的困难，其实反映出马克思真实遭遇的理论困境。要知道，前异化状态的存在，是异化史观成立的历史前提，而马克思在"笔记本Ⅱ"中的论述，无疑否定了自己提出的这个前提。这种矛盾，最终导致马克思在《巴黎手稿》中一直没能真正把"笔记本Ⅱ"的想法继承下来，清楚解释前异化阶段向异化阶段转变的真实历史进程。所以，马克思现在必须进行一次重要的理论选择，究竟是坚持黑格尔式的市民社会原则，还是尊重历史，从阶级关系出发，把作为物质贫困成因的阶级压迫，妥善安置于人类社会发展的历史之中。

二、澄清了阶级压迫的历史来源

从马克思自己的理论发展历程来看，马克思坚持了《对黑格尔的辩证法和整个哲学的批判》奠定的哲学基础，继续从劳动、所有权、阶级关系的视角出发，探究工人阶级遭遇贫困的成因，而没有受限于黑格尔的市民社会原则徘徊不前。这一点，在《神圣家族》得到了体现。麦克

---

① 《马克思恩格斯文集》第8卷，人民出版社2009年版，第137页。

莱伦（David Mclellan）曾经这样评价《神圣家族》，"《神圣家族》出版之时几乎没有人阅读它，当然，它也不是马克思的主要著作"①。无论这句话准确与否，都与人们一直以来对它的关注程度相符合。当然，也有学者指出，应当把《神圣家族》"置于马克思思想和马克思主义思想发展的长河中，看其在中间起过什么作用"②。相比之下，后者的态度更显理性，因为《神圣家族》的确在马克思贫困思想走向成熟的过程中，扮演了重要角色，至少它对工人阶级物质贫困境遇的分析，相比于《巴黎手稿》更加深刻，并且为马克思贫困成因思想的初步确立，奠定了重要基础。

《神圣家族》仍旧坚持着"异化史观"总体理论框架，不过更加强调阶级矛盾是现实社会的主导性原则。马克思指出，"有产阶级和无产阶级同样表现了人的自我异化"③。很明显，这是延续《巴黎手稿》的思路，指出无论是资本家还是工人，都遭受着异化，"异化史观"的大框架，仍旧统摄着马克思对现实社会贫困产生原因的认知。不过，相比于《巴黎手稿》，马克思此时更加强调阶级的对立和压迫，是这种"自我异化"产生的原因。马克思指出，"私有财产……作为财富，不得不保持自身的存在，因而也不得不保持自己的对立面——无产阶级的存在"④。在这里，马克思已经非常清晰地把资产阶级和工人阶级视为矛盾的双方，它们被统一在"私有财产"这种社会关系之中。应该说，这既是对《巴黎手稿》基本思路的继承，也是对它的发展。继承之处在于，马克

---

① ［英］戴维·麦克莱伦：《卡尔·马克思传》，王珍译，中国人民大学出版社 2005 年版，第 118 页。

② 刘秀萍：《思想的剥离与锻造:〈神圣家族〉文本释读》，中国人民大学出版社 2018 年版，第 3 页。

③ 《马克思恩格斯文集》第 1 卷，人民出版社 2009 年版，第 261 页。

④ 《马克思恩格斯文集》第 1 卷，人民出版社 2009 年版，第 260 页。

思此时尚没有抛弃"异化史观",他仍强调无产阶级和资产阶级都遭遇着异化,即物对人的统治。所以,黑格尔意义上的市民社会仍旧前置于现实社会的异化状态,马克思依旧默认现代社会经历了"物质贫困Ⅰ"的阶段。超越之处在于,相比于《巴黎手稿》,马克思直截了当地把资产阶级与无产阶级的对立,阐述为现实社会的主要矛盾,并把它当做工人阶级遭受贫困的直接原因,进一步削弱了异化史观对马克思理解工人贫困成因的影响。

在这样的思想主导下,有一个针对文本概念的翻译问题,需要进一步澄清。中文第一版全集的《神圣家族》第四章,马克思撰写的"蒲鲁东"部分的"批判性的评注2"里,译者把原文一些语句中出现的"Privateigentum"概念译为"私有制"。不过,在《马克思恩格斯文集》中,又将之改译为"私有财产"。例如,原文中的这句话,"Das Privateigentum als Privateigentum, als Reichtum, ist gezwungen, sich selbst"①。在中文一版中被译为,"私有制,作为私有制来说,作为富有来说,不能不保持自身的存在"②,在《马克思恩格斯文集》中,则被译为,"私有财产作为私有财产,作为财富,不得不保持自身的存在"③。这样的例子还有很多。从字面上看,这种改译似乎无关紧要,因为它仿佛不影响读者对马克思思想的理解,但其实不然,《马克思恩格斯文集》的译法更符合马克思的本意。首先要说明的是,"Privateigentum"确实有"私有制"和"私有财产"这两种含义。但是,在马克思的认知中,"私有制"总体上表达着人与人、人与所有物的普遍关系,"私有财产"则总体上表达实

---

① *Karl Marx Friedrich Engels Werke Band 2*, Berlin: Dietz Verlag, 1962, p.37.
② 《马克思恩格斯全集》第 2 卷, 人民出版社 1957 年版, 第 43 页。
③ 《马克思恩格斯文集》第 1 卷, 人民出版社 2009 年版, 第 260 页。

体性的事物，"私有制是对私有财产的法的认可，是私有财产现象普遍化的结果"①。所以，"私有制"与"私有财产"概念的表义区别其实很大。在《巴黎手稿》和《神圣家族》阶段，马克思总体上仍旧在异化史观的框架下展开对贫困问题的分析，劳动者与作为实体的劳动产物的关系，仍旧是他分析贫困成因的基本视角。于是，在马克思的视野中，这里作为"财富"的"Privateigentum"，应当更主要地被翻译为"私有财产"，表达一种可观可感的物质实体，并以此为前提，表达它与工人和资本家之间的异化关系。当然，并不是说应把《巴黎手稿》和《神圣家族》中出现的全部"Privateigentum"都译为"私有财产"，这要视上下文语境而定。这里强调的是，中译者对上述引文及与之相关段落的改动是科学而准确的。

不过，与此前文本不同的是，马克思在《神圣家族》中沿着《巴黎手稿》"笔记本Ⅱ"的思路，清楚地指出，封建社会"被革命的巨锤打得粉碎"②之后，人类就进入了以"私有制"为基础的"现代资产阶级社会"，这之间并不存在黑格尔意义上的"市民社会"阶段。此时，马克思已经不再像《德法年鉴》和《巴黎手稿》时期那样，用黑格尔的"市民社会"概念描述现代社会，而用"现代资产阶级社会"概念规定现代社会。而且，在整个《神圣家族》的行文论述中，也看不到《穆勒评注》式的工人阶级物质贫困成因思想。所以，能够十分肯定的是，马克思已经在头脑中，勾勒出了一个从前现代社会向现代资产阶级社会转变的历史途径，它已经能够为"异化劳动"的产生，找到

① 魏小萍：《"所有制"与"财产"：关系概念与实体概念的不同——马克思和恩格斯原文本阅读带来的初步释疑》，《哲学动态》2007年第10期。

② 《马克思恩格斯文集》第1卷，人民出版社2009年版，第325页。

可靠的历史根基。

三、否定了黑格尔市民社会原则的现实性

马克思的这一观点，在《德意志意识形态》中被继承下来。不过，在进入对《德意志意识形态》的思想分析之前，有必要先对它进行一个基本的文献学梳理。因为，在1845—1846年的一些代表马克思唯物史观思想的文献中，《德意志意识形态》显得较为特殊，它是马克思恩格斯生前做过大量修改，却未曾出版的。这给后人研读《德意志意识形态》带来了不小的困扰。

2017年11月，《马克思恩格斯全集》历史考证版第二版（MEGA^2）的《德意志意识形态》正式出版。仅就《德意志意识形态·费尔巴哈》而言，包括这一版本在内，MEGA^2 的几代编辑就提供给世人关于它的三个不同版本，而且它们各自遵循的编辑方式也不完全相同。[1] 可想而知，《德意志意识形态》的整体编辑工作有多么的复杂烦琐。另外，随着研究的不断深入，针对马克思恩格斯写作《德意志意识形态》具体时间、逻辑顺序、根本目的等问题，学界也都提出了不同的看法。[2] 不过，对于本书而言，最棘手的问题是，马克思与恩格斯写作《德意志意识形态》时的"分担问题"。因为，马克思的贫困思想是本书的主要研究对象，而"《德意志意识形态》的写作是由两人共同完成的……那么马克思和恩格斯在写作过程中各自究竟发挥了什么作用这一问题就显得尤为

---

[1] 参见王旭东：《MEGA^{2}I/5〈德意志意识形态·费尔巴哈〉章编辑原则研究》，《山东社会科学》2018年第12期。

[2] 参见王贵贤、孙碧云：《〈德意志意识形态·费尔巴哈〉的"原始论题"——基于MEGA^2 第I部门第5卷及相关文献的分析》，《北京行政学院学报》2018年第6期。

重要"①。而且，这一问题虽然经过了学界的长期争论，但却也始终没有得到明确的答案。

本书不准备也无力过多介入对这一问题的研究。但是，为了符合马克思贫困思想的本意，本书尽可能以日本学者望月清司分析马克思与恩格斯"分担问题"的几点原则为基本参考，尽可能把马克思贫困思想的原貌呈现出来。望月清司的原则是，"（1）以马克思的笔记写成的比较长的栏外注记可判定为马克思本人的思想……（2）其次，当这些栏外注记所注释的正文和该正文部分前后的相关叙述与栏外注记的逻辑相吻合时，我们可以断定正文中的特定部分属于马克思本人的思想……（3）第三，栏外注记和补充可以分为两种情况：（a）试图更准确地规定或者强调相应正文的叙述内容……（b）……对正文记述作的批判性补充……特别是后者（b）的正文，我们可以推断是恩格斯的思想……（4）由于恩格斯是书写者，所以很少作栏外注记以及旁注……但如果追记文字太长则很难判断，因为这有可能是恩格斯对马克思口述内容的记录……（5）最后，很多短的名词居多的旁注也很难成为独立的根据"②。不过，即便如此，望月清司的原则对于判断马克思与恩格斯写作分担，在归根结底的意义上也只能是推测。因为，并不像《神圣家族》那种公开出版的著作，马克思和恩格斯清楚地把自己撰写的部分署上了名字。另外，恩格斯是《德意志意识形态》的誊稿人，他记述的既可能是自己独有的思想，也可能是马克思独有的思想，还有可能是二者

---

① ［日］岩佐茂、小林一穗、渡边宪正编著：《〈德意志意识形态〉的世界》，梁海峰、王广义译，北京师范大学出版社 2014 年版，第 11—12 页。

② ［日］望月清司：《马克思历史理论的研究》，韩立新译，北京师范大学出版社 2009 年版，第 154—155 页。

已经形成共识的思想。所以，最终很难真的保证在同一笔迹的基础上，判定某一部分文字的思想究竟属于谁。所以，望月清司的原则虽然看上去符合逻辑，但也只能是一种可能性较大、自洽度较高的猜测。因此，本书对它的借用，最终只能是参考性的。

在文献使用上，本书以日本学者广松涉版的《德意志意识形态·费尔巴哈》一书为底本。广松涉对《德意志意识形态·费尔巴哈章》的编辑方式，有他的独特之处。在手稿的编辑顺序上，广松涉就与其他几个版本很不相同。根据比对可知，《德意志意识形态·费尔巴哈章》的"新德文版""MEGA^{2}版（1972年）""涩谷版（1998年）"总体上把小束手稿统一置于大束手稿之前，不过"广松版"则将"小束手稿"与"大束手稿"穿插在一起。例如，恩格斯标号为 {3}、{4} 的小束手稿，就被置于大束手稿 {20}~{21} 和 {84}~{92} 之间。与这种做法类似的版本，还有"（小林补译）文库版（2000年）"。"梁赞诺夫版"也穿插编辑了小束手稿与大束手稿，手稿 {3}、{4} 则被置于 {84}~{92} 之后[①]。广松涉对手稿的编辑顺序，显然与中文一版《马克思恩格斯全集》和中文版《马克思恩格斯文集》的顺序不同，这使他的编辑方式确实有待进一步讨论。不过，广松版的优势或许在于，"采用双联页排印……用不同字体将恩格斯与马克思所写的内容区别开来……将被删除的内容用小号字体排出……用不同标记明确注明马克思恩格斯增写与改写的文字……关于不同版本的各种信息，被如实反映在手稿的排印中"[②]。当然，对于

---

① 参见 [日] 广松涉编注：《文献学语境中的〈德意志意识形态〉》，彭曦译，南京人民出版社2005年版，附录三。

② 张一兵：《文献学语境中的广义历史唯物主义原初理论平台》，载 [日] 广松涉编注：《文献学语境中的〈德意志意识形态〉》，彭曦译，南京人民出版社2005年版，"代译序"第11页。

上述几点，仍旧有学者对此持坚决反对的态度。例如，大村泉、涩谷正
与平子友长，就曾对《德意志意识形态·费尔巴哈章》的"广松版"提
出尖锐的批评意见。①可即便如此，在中文世界里，汉译"广松版"的
上述独特性仍旧清晰可见。这为本书接下来的研究提供了重要的文献支
撑。至于《德意志意识形态》的其他章节，本书则主要参考《马克思恩
格斯全集》中文一版中收录的内容。

在《德意志意识形态》中，马克思继承《神圣家族》的观念，指出，
现代社会本质上就是现代资产阶级社会，它是生产力的发展与生产方式
的变革，由以阶级压迫为基础的封建社会发展演变而来，而非黑格尔式
的市民社会。"市民社会包括个人在生产力发展的一定阶段上的一切物
质交往……市民社会这一用语是在 18 世纪产生的，当时财产关系已经
摆脱了古代的和中世纪的共同体。真正的市民社会只是随同资产阶级
发展起来的"②。在判定这句话内涵的思想归属之前，有必要厘清这句话
的基本内涵。这句话的原文是，"Die bürgerliche Gesellschaft umfaßt den
gesammten materiellen Verkehr der Individuen innerhalb einer bestimmten
Entwicklungsstufe der Produktivkräfte......Das Wort bürgerliche Gesellschaft
kam auf im achtzehnten Jahrhundert als die Eigenthumsverhältnisse bereits
aus dem antiken & mittelalterlichen Gemeinwesen sich herausgearbeitet
hatten.Die bürgerliche Gesellschaft als solche entwickelt sich erst mit der

---

① 参见［日］大村泉、涩谷正、平子友长：《新 MEGA〈德意志意识形态〉之编辑
与广松涉的根本问题》，载袁贵仁、杨耕主编：《当代学者视野中的马克思主义哲学：日
本学者卷》，北京师范大学出版社 2014 年版，第 452—480 页。

② ［日］广松涉编注：《文献学语境中的〈德意志意识形态〉》，彭曦译，南京人民出
版社 2005 年版，第 146 页。

Bourgeoisie"①。《马克思恩格斯文集》与"广松版"《德意志意识形态》一样，把这句话中的"Die bürgerliche Gesellschaft als solche"，译为"真正的市民社会"②。但是，作为形容词的"真正的"，应该对应原文中的哪句话呢？在《德意志意识形态》中，马克思恩格斯使用过"wahre"一词表达"真正的"。例如，"Der wahre Sozialismus"③，即"真正的社会主义"④。这个形容词的名词形式是阴性名词"Wahrheit"，表达"真理"的含义，也是马克思在那个时期广泛使用的概念。例如，批判"圣麦克斯"时，马克思恩格斯就曾使用"Wahrheit"⑤一词表"真理"⑥。与之类似，黑格尔在《精神现象学》中，曾使用过名词化了的"wahr"概念。例如，"Das Wahre ist das Ganze"⑦，被译为"真相是一个整体"⑧或"真理是全体"⑨。当然，在德语中，表达"真实""真正"等概念的用语还有很多。不过，在前文引述的那句话中，看不到表达类似概念内涵的形容词、副词或名词。

　　就语法层面而言，"Die bürgerliche Gesellschaft als solche"其实可以被直接译为"市民社会本身"。就内涵层面而言，可以把"als solche"

---

①　MEGA², *Erste Abteilung, Band 5*, Berlin-Boston: De Gruyter Akademie Forschung, 2017, pp.114-115.

②　《马克思恩格斯文集》第 1 卷，人民出版社 2009 年版，第 582 页。

③　MEGA², *Erste Abteilung, Band 5*, Berlin-Boston: De Gruyter Akademie Forschung, 2017, p.515.

④　《马克思恩格斯文集》第 1 卷，人民出版社 2009 年版，第 588 页。

⑤　MEGA², *Erste Abteilung, Band 5*, Berlin-Boston: De Gruyter Akademie Forschung, 2017, p.166.

⑥　《马克思恩格斯全集》第 3 卷，人民出版社 1960 年版，第 118 页。

⑦　G.W.F.Hegel, *Gesammelte Werke*, Band 9, Hamburg: Felix Meiner Verlag, 1980, p.19.

⑧　[德] 黑格尔：《精神现象学》，先刚译，人民出版社 2013 年版，第 13 页。

⑨　[德] 黑格尔：《精神现象学》上卷，贺麟、王玖兴译，商务印书馆 1979 年版，第 12 页。

展开，译为"作为这样的市民社会"，整个引文将被改译为"市民社会包括个人在生产力发展的一定阶段上的一切物质交往……市民社会这一用语是在 18 世纪产生的，当时财产关系已经摆脱了古代的和中世纪的共同体。作为这样的市民社会，市民社会只是随同资产阶级发展起来的"。这样将有助于更清楚地看到文中多处"bürgerliche Gesellschaft"表达的不同含义，进而理解其表达的思想内涵。引文中，一共存在四处"市民社会"概念，根据语法，第三、第四处表义相同。根据指示代词"solche"的语义可知，第三、四处"市民社会"概念，不是要为"市民社会"赋予新的内涵，而就是指代前两处"市民社会"概念。第一处"市民社会"概念，表达一般意义上的经济基础；第二处"市民社会"概念指的是随着现代社会的到来，黑格尔和国民经济学家使用过的概念术语。于是，引文的内涵是：黑格尔式市民社会概念，作为一种思想观念，其依托的现代社会之经济基础，脱胎于以阶级压迫为基础的前现代社会，本质上只是资产阶级的发展，而非社会中一切个人的发展。所以，根据"广松版"《德意志意识形态》，这段话出自马克思标号 [68] 页的手稿，笔迹属于恩格斯，但它的思想内涵必然得到了马克思的认可。因为，它是马克思在《神圣家族》中就已经得出的结论。只不过，现在以更加犀利、更加自信的语言，毫无回避、针锋相对地指出了黑格尔市民社会原则，并不能对应到真实的历史阶段当中。这既是马克思与黑格尔思想的一次正面交锋，也是马克思克服黑格尔物质贫困成因思想困境的重要标志。

沿着这样的思路，工人阶级的物质贫困，自然是遭受资产阶级压迫的结果，以致在现代社会的经济制度中得到实惠的只是资产阶级。至于现代资产阶级社会，也不是来自黑格尔式的市民社会，而是以阶级压迫为基础的前现代社会。黑格尔的物质贫困成因思想，虽然有着一定程度的自洽，但他理解的物质贫困Ⅰ或物质贫困Ⅱ，毕竟不符合现代社会贫困现象的真实情况。马克思理解的物质贫困类型与黑格尔不同，更符合现代社会贫困现象的真实情况，而现在，他也在新的理论起点上，构建出了高度自洽的物质贫困成因思想，克服了黑格尔遗留下来的理论困境。

第二节　对精神贫困成因的认知

已如前述，对于马克思而言，超越黑格尔精神贫困成因思想的困境，就是在对精神贫困内涵准确认知的基础上，找到自洽且符合现实情况的精神贫困成因。从《神圣家族》开始，马克思逐步认清了精神贫困的内涵，也逐步找到了它的真实成因。

一、私有制下的经济交往是精神贫困产生的直接原因

与《巴黎手稿》类似，在《神圣家族》中，马克思也指出，工人阶级遭受着"精神上和肉体上"[①]两种贫困。"肉体上"的贫困其实也就是物质贫困，"精神上"的贫困自然也就是精神贫困。他认为，工人阶级的物质贫困是"私有财产"造成的，是现实社会"私有制"的产物，而精神贫困的成因也是如此。总体上看，《神圣家族》坚持了《巴黎手稿》的观点，强调现实社会的所有制基础引发了精神贫困问题。不过，对"精神贫困"内涵的规定及其成因的分析，《神圣家族》的理论水平要比

---

① 《马克思恩格斯全集》第2卷，人民出版社1957年版，第44页。

此前的文本高出许多。

　　已如前述，在《巴黎手稿》中，马克思认为，工人阶级与资产阶级都存在精神贫困问题，即"利己主义"。在《神圣家族》中，马克思首先承认，"利己主义"观念影响着社会中的一切人，随后指出它以具体的经济交往方式为其存在的物质前提。马克思指出，"正是自然必然性、人的本质特性（不管它们是以怎样的异化形式表现出来）、利益把市民社会的成员联合起来……他们不是超凡入圣的利己主义者，而是利己主义的人"①。首要说明的是，本句中的"市民社会"概念，并不等同于黑格尔意义上的"市民社会"。在黑格尔那里，市民社会是劳动所有权与等价交换原则的统一，而马克思则承认"市民社会"中存在着"异化形式"。根据前后文，这种"异化形式"本质上是由"私有财产"及其背后的"私有制"造成的。而根据《巴黎手稿》中的观点，"私有财产"其实就是工人的劳动及其成果，归属于资本家而非工人自己，是一种与黑格尔式市民社会劳动所有权原则完全不同的所有权模式。所以，马克思此时的"市民社会"，其实也就是指"刚刚诞生的资产阶级社会"②。

　　不过，根据前后文可知，马克思是通过类似黑格尔"需要的体系"的模式，把握现实社会中利己主义观念的产生与影响。马克思认为，现实社会中的"每一个个人都同样要成为他人的需要和这种需要的对象之间的牵线者"③。所谓"牵线者"，其实是指社会中的每个个人都要成为他人满足自身需要的中介，提供能够满足他人需要的产品，毕竟只有如

① 《马克思恩格斯文集》第 1 卷，人民出版社 2009 年版，第 322 页。
② 《马克思恩格斯文集》第 1 卷，人民出版社 2009 年版，第 325 页。
③ 《马克思恩格斯文集》第 1 卷，人民出版社 2009 年版，第 322 页。

此，每个人才能通过交换得到满足"生命欲望"的手段，维持和延续个人的存在和发展。于是，人与人之间时刻处于激烈的竞争之中，每个人都要基于"利己主义"的精神观念，把他人视为满足自身需要的手段。以黑格尔为代表的哲学家认为，市民社会中个人的利己主义观念，逻辑上先于个人之间的经济交往。在《1817—1818 年法哲学讲义》中，黑格尔指出，市民社会里的，"单个人作为具体的整体，把他的特殊性和需要作为目的……在这一体系里，精神实体则通过个体的自然必然性和形式自由……为个体的天性和单一性赋予普遍性"①。这意味着，个人在进入社会的具体经济活动之前，就已经把自身"需要"视为一切活动的最终目的，而且通过他人满足个人利益的活动，本质上也由"精神实体"先在地赋予。若按照这样的思路，特别是当青年黑格尔派的哲学家取消"精神实体"之后，个人一切的经济活动就都是自身精神产物的外化，人当然就可以据此，把自己理解为一种"超凡入圣的利己主义者"。但实际上，马克思已通过论述指出，是现实社会的具体经济活动，决定着人的思想观念呈现出"利己主义"的特点，而非相反。

能够发现，在《神圣家族》中，马克思对利己主义观念成因的判断与《巴黎手稿》并不完全相同。首先，《神圣家族》当然也把"异化劳动"视为利己主义观念形成的根本物质基础。另外，《神圣家族》中所谓的利己主义观念也指向人对物的渴望。这两点与《巴黎手稿》并没有太多区别。不过，相比于《巴黎手稿》，《神圣家族》则在此基础上，更强调商品交换对利己主义观念形成的直接影响。应该说，这是马克思对现代社会经济运行方式认知不断深化的表现。现代社会虽然与前现代社会一

---

① G.W.F.Hegel, *Gesammelte Werke, Band 26,1*, Hamburg: Felix Meiner Verlag, 2013, p.297.

样，都是阶级社会，都建立在阶级压迫的基础上，但是，现代社会的经济运行方式与前现代社会很不相同。其中一个重要表现，就是现代社会有着发达的商品经济。马克思越来越认识到，现代社会中个人的利己主义观念，即人对物的渴望，虽然以"私有制"，即异化劳动为根本基础，但却是以商品经济为中介才能实现的。而黑格尔的市民社会思想，恰恰成为马克思理解现代社会商品经济的重要理论资源。

与《巴黎手稿》的另一个重要区别是，马克思在《神圣家族》中虽然认为"利己主义"观念作为精神贫困的体现，同时存在于两个阶级之中，但却明显更加强调它对工人阶级的危害。首先，沿着《德法年鉴》的思路，马克思指出，在现实社会中，"自由工业和自由贸易正在消除享有特权的封闭状态……从而引起人反对人、个人反对个人的普遍斗争"①。"自由工业和自由贸易"是封建社会之后，现实社会经济运行的具体方式，催生了个人利己主义的观念，同时也带来利己的个人的相互竞争。就这个意义而言，人与人之间是平等的竞争主体，封建社会以来某个等级"享有特权的封闭状态"被消灭了。不过，当个人依照"利己主义"观念进一步融入"自由工业和自由贸易"，为了生存与他人进行殊死竞争时，却忽视了这样的事实，那就是处于"无政府"状态的经济社会，其实是建立在"自我异化"，即"私有制"的基础上。以至于在与资本家展开"平等"竞争的过程中，工人根本不可能得到切实的福利。

正如马克思所言，利己主义观念使资产阶级"感到幸福，感到自己被确证，它认为异化是它自己的力量所在"②，而使工人阶级遭受"无法

---

① 《马克思恩格斯文集》第1卷，人民出版社2009年版，第316页。
② 《马克思恩格斯文集》第1卷，人民出版社2009年版，第261页。

再回避的、无法再掩饰的、绝对不可抗拒的贫困"①。如果说，在《巴黎手稿》中，马克思还在强调，利己主义观念使资本家的感官仅识别"拥有的感觉"而最终陷入"绝对的贫困"，例如，商人只能从买卖的角度理解矿石却无法欣赏它的美。那么，在《神圣家族》中，马克思基本不再强调利己主义观念对资本家的消极影响，"绝对的贫困"这种措辞激烈的表述也几乎销声匿迹，代之而来的，是马克思明确指出了，利己主义观念对两个阶级截然相反的意义。

能够发现，马克思对精神贫困问题的论述，表明他在理解现代社会生成的客观路径，把握工人阶级贫困真实成因的道路上，又迈出了坚实的一步。马克思在《巴黎手稿》中刚刚确立起异化史观，以致他对贫困问题的理解，必然要遵循这一基本框架。不过，当马克思确立了从劳动出发，立足所有制理解人的本质时，就注定了他要逐步进入经济领域，考察现实社会中具体的人的生存境遇。这使马克思越来越清醒地意识到"异化史观"的抽象性，越来越深刻地发现阶级压迫与贫困成因的逻辑关联。因为，在逻辑上，此时的马克思当然可以继续认为，利己主义观念的负面影响对工人和资本家一视同仁，但当他深入到社会经济领域后必然发现，相比于它对工人阶级带来的物质和精神折磨，资产阶级身处的所谓"不幸"，其实仅仅是抽象的。毕竟，在"私有制"的基础上，利己主义观念越深重，工人阶级越会遭遇更深重的物质贫困，资产阶级越会享受数量更巨大的物质财富。

十分明显的是，马克思判定工人阶级遭遇精神贫困的理论标准发生了重要变化。在《巴黎手稿》中，判定工人阶级是否遭遇精神贫困的标

---

① 《马克思恩格斯文集》第 1 卷，人民出版社 2009 年版，第 262 页。

准是，现实中的人是否整体地拥有人本质的感性能力。如果现实中人的感性能力与人本质的感性能力相符合，那么就不是精神贫困的。如果相反，则是精神贫困的。但是，在《神圣家族》中，其实很难找到马克思十分集中地讨论符合人本质的感性能力究竟是什么，更难找到马克思指出利己主义观念使工人阶级在何种意义上缺失了它，即便马克思在《神圣家族》中的贫困思想，总体上也被笼罩在异化框架之中。难道马克思没有为精神贫困概念设置判定标准？答案是否定的。工人持有利己主义观念的初衷是什么？是以为利己主义观念能够使他满足自身的利益诉求。也就是说，工人没有意识到，利己主义观念依赖的商品交换，立足于私有制，即异化劳动，恰恰是与工人的利益诉求相违背的。所以，指出利己主义观念对于工人阶级而言是一种精神贫困，也就是说，工人阶级没有理解现代社会的经济运行方式，没有意识到现代社会的商品交换是资产阶级维护自身利益的工具。在《神圣家族》中，马克思为判定工人阶级是否遭遇精神贫困而设置的标尺是，是否理解现代社会建立在私有制的基础上。

到此，马克思对精神贫困内涵及其成因的认知，已经较为成熟，而且已经与黑格尔的精神贫困思想呈现出根本性差异。当黑格尔判定工人遭遇精神贫困时，他其实也设定了一个判定精神贫困是否发生的标尺，那就是市民是否尊重市民社会原则。尊重市民社会原则，就没有堕入精神贫困，反之则是精神贫困的表现。很明显，马克思与黑格尔的共同之处是，判定精神贫困的标尺，都是个人是否准确理解现代社会的经济运行方式。只不过，二者对现代社会经济运行方式的理解，存在根本性分歧，这导致二者对精神贫困内涵及其成因的理解也存在重大差异。

二、资产阶级的意识形态欺骗同样引发精神贫困

马克思强调，现代社会经济运行方式这一客观性维度对工人阶级精神贫困形成的决定性作用。同时也强调，立足现代社会的经济基础，资产阶级的意识形态欺骗这一主观性因素，也能够引发工人阶级的精神贫困。

在《德意志意识形态》中，马克思认为，"一个阶级是……社会上占统治地位的物质力量，同时也是社会上占统治地位的精神力量……在贵族统治时期占统治地位的概念是荣誉、忠诚，等等……在资产阶级统治时期占统治地位的概念则是自由、平等，等等"①。也就是说，统治阶级对一个社会的统治，不仅体现在物质层面，也体现在精神层面。统治阶级站在自己的立场上，必然形成一整套对经济社会运行方式的认知。而这种认知在思想领域起到统治作用的方式就是，把自身描绘得符合社会中一切群体的利益诉求，但其实只是为统治阶级服务，最终头足倒置，自身拥有统治现实世界的权威。例如，资产阶级鼓吹的"自由、平等"，作为抽象的思想观念，它们看似是符合社会中一切个人的利益诉求。但是，这种"自由、平等"并非绝对的和无条件的，而是以现代资产阶级社会的生产方式为前提的。所以，工人阶级越沉迷于这种"自由、平等"，他们就越深陷阶级压迫带来的物质贫困中不能自拔。工人阶级因而没有意识到，他们听信的资产阶级思想话语，与工人阶级真正的诉求，其实背道而驰。资产阶级为了使本阶级的利益得到长期的巩固，会把这种思想观念绝对化，把资产阶级的"自由、平等"等范畴，视为人

---

① ［日］广松涉编注：《文献学语境中的〈德意志意识形态〉》，彭曦译，南京人民出版社 2005 年版，第 67—68 页。

类社会发展的逻辑前提和最终归宿。

马克思把统治阶级为了维护自身利益而编造的思想话语体系，称为"意识形态"。有学者根据马克思的文本，提炼出"意识形态"的五个基本特点。其中包括"意识形态的意向性……意识形态没有绝对独立的历史……意识形态本质上是统治阶级的思想……意识形态总是掩蔽或扭曲现实关系……意识形态主张'观念统治着世界'"[1]。其实，这不仅仅是"意识形态"的特点，更是"意识形态"发挥意识形态功能的具体方式。当然，不论采取何种方式，不论以何种形式呈现自身，在现代社会中，"意识形态"的根本目的都是使工人阶级陷入"精神贫困"，屈从于现代资产阶级社会的生产方式，不自觉地成为资产阶级的奴隶，为资产阶级的利益服务。很明显，马克思在《德意志意识形态》中的精神贫困成因思想更加立体和丰富，认识到资产阶级对工人阶级的压迫方式是全方位的，而不仅发生在物质领域。

黑格尔似乎十分重视"贱民精神"形成的主观性因素。不过，"贱民精神"的本质是，工人阶级在精神世界中没有遵从市民社会原则，而马克思所理解的"精神贫困"，恰恰是工人阶级对黑格尔式市民社会原则思想屈从。究其根本，这是二者对物质贫困的内涵及其成因认知的差异直接导致的。所以，黑格尔根本不可能认识到，在精神领域存在阶级压迫问题，而马克思则必然对此有着清晰的判定。况且，黑格尔虽然已经发现了，市民社会原则及其分工体系要对"精神贫困"的形成负责，但却刻意回避了这一点。这使得马克思精神贫困成因思想的逻辑自洽性，远高于黑格尔。

现在，马克思的贫困成因思想已经趋于成熟了。在《德法年鉴》和

---

[1]　俞吾金：《意识形态论（修订版）》，人民出版社 2009 年版，第 72—77 页。

《巴黎手稿》等早期文本中，马克思虽然有意识地反思黑格尔的理论困境，但是，更多的是在论述物质贫困的成因，虽然对精神贫困的内涵及成因也有提及，但论述其成因的文字毕竟不多。不过，在《神圣家族》与《德意志意识形态》之中，马克思不仅更清晰地规定了物质贫困与精神贫困的内涵，还对它们的形成原因作出了较为完整的分析，形成了自洽程度较高的贫困成因思想。具体而言，就是得出了几条结论。关于物质贫困的成因，马克思认为：第一，现代资产阶级社会的阶级压迫是物质贫困的成因；第二，现代资产阶级社会的阶级压迫，来自以阶级压迫为基础的前现代社会。关于精神贫困的成因，马克思认为：第一，现代资产阶级社会的阶级压迫及以其为基础的商品交换，是工人阶级精神贫困的客观成因；第二，资产阶级意识形态欺骗，同样导致工人阶级深陷精神贫困。从此以后，马克思始终坚持着这几条结论，它们成为马克思实现自身贫困思想新发展，最终克服黑格尔贫困思想困境的新起点。

第三节　对摆脱精神贫困具体路径的把握

无论对于马克思还是黑格尔，分析贫困成因绝不是构建自身贫困思想的最终目的，解决贫困问题，才是二者贫困思想的最终价值旨归。所以，在贫困成因思想的基础上，马克思又成功地找到了摆脱贫困的具体方式。

一、物质贫困的不断加剧——对"Empörung"（反抗）内涵的解析

如果站在《神圣家族》和《德意志意识形态》的理论高度，可以发现，在《德法年鉴》时期，马克思一直没有很好地解释摆脱精神贫困的

方式。在《〈黑格尔法哲学批判〉导言》中，马克思强调，哲学应当掌握工人阶级。虽未明确说明，但是哲学掌握工人阶级的同时，就意味着工人阶级已经形成了新的世界观与方法论，摆脱了现代社会中，既有意识形态观念的精神束缚，超越了精神贫困。但是，哲学如何掌握工人阶级？哲学仿佛是"从天而降"一般，直接掉进了工人阶级的头脑中。

马克思在《〈黑格尔法哲学批判〉导言》的最后，似乎勾勒了一个工人阶级摆脱精神贫困的理论图景。马克思指出，"无产阶级宣告迄今为止的世界制度的解体，只不过是揭示自己本身的存在的秘密"①。正如前文提到的那样，迄今为止的社会制度，指的其实是从古至今，直到黑格尔式的市民社会阶段，工人阶级的存在即标志着劳动所有权原则的崩溃，这一点前文已经提到。马克思随后马上又指出，"无产阶级要求否定私有财产……把社会已经提升为无产阶级的原则的东西……提升为社会的原则"②。此处的"私有财产"指现实社会的所有制，若从《神圣家族》的理论高度出发，"私有财产"就是资产阶级社会的私有制。至于"无产阶级的原则"，其实也就是对劳动所有权原则的否定，即一种否定性原则，"提升为社会的原则"也就是对"私有财产"采取否定性态度。根据这样的逻辑，能得出下述结论：工人阶级被抛出市民社会，陷入资产阶级社会私有制之后，似乎立刻燃起了革命斗志，摆脱了资产阶级意识形态利己主义观念的精神束缚，克服了精神贫困，把消灭整个现代社会视为自己的精神追求。所以，与其说马克思描绘了工人阶级摆脱精神贫困的具体路径，倒不如说，马克思干脆没有为工人阶级陷入精神贫困这一事实留下历史的空间。要知道，马克思在《神圣家族》中的论述已

---

① 《马克思恩格斯文集》第1卷，人民出版社2009年版，第17页。
② 《马克思恩格斯文集》第1卷，人民出版社2009年版，第16—17页。

经清晰地否定了这一点。

　　至于《巴黎手稿》，也没有发现解决工人阶级精神贫困的路径。在那里，马克思认为"异化劳动"是工人阶级精神贫困的根本性成因，所以，消灭了"异化劳动"，也就能够消灭精神贫困。为此，马克思曾求助于黑格尔式的异化逻辑，解释人类社会超越现代社会走向共产主义社会的逻辑必然性。但是，这种思路的成立，依赖于人类历史的演变符合异化史观的基本规定。这意味着，如果异化史观并没有客观呈现人类历史演变的深层逻辑，那么，摆脱精神贫困，实现共产主义社会，只能依赖一种神秘主义的想象而缺乏现实的根基。而且，通过对贫困成因的分析，马克思已经清醒地认识到"异化史观"的框架是不能成立的。所以，现代社会贫困问题的解决，并不如黑格尔异化逻辑表述的那样如此神秘而简单。这要求马克思为精神贫困问题的解决找寻更符合历史发展现实趋势的具体方式。

　　前文已经提到，马克思清晰指出，现代社会中的人都是现实的"利己主义的人"，因为经济社会的"工业活动""自由贸易"使个人只有秉持利己主义的观念，把他人视为满足自身私欲的手段，才能存在和发展。为了说明这一点，马克思还特意借用了类似黑格尔"需要的体系"的论证方式。但是，"工业活动"和"自由贸易"毕竟不是建立在劳动所有权的基础上，而是以"私有财产"为前提。所以，"利己主义"观念的现实化，没有使工人阶级实现确立"利己主义"观念的物质初衷。也就是说，当工人阶级最初希望通过具体的劳动把利己主义观念付诸实践后，最终失望地发现，自己为社会付出的越多，从社会中得到的回报越少，利己主义赖以存在的"工业活动"和"自由贸易"，根本上是为资产阶级无偿占有工人阶级的劳动及其产物而服务的。所以，工人阶级最终会抛弃利己主义观念，认清现代资产阶级社会的所有制基础，并对之产生深深的精神拒斥。

在这里，其实存在一个重要的理论难题需要说明。当马克思利用类似黑格尔"需要的体系"的模式说明利己主义观念的产生时，其实表明，社会中的个人确实可以通过与社会其他成员的经济交往，在"工业活动"和"自由贸易"中获得个人所需，并且暗示了个人之间的交换是等价的。因为马克思所说的交换原则规定着一切人，任何人都既是卖方也是买方，无论是工人还是资本家，都要卖出别人需要的，买入自己需要的。所以，从长远来看，个人之间在某个商品的买或卖上遵循不等价交换的原则，并不会给个人增添福利。无论是资本家还是工人，都会要求交换应当是等价的。不过，也正如马克思指出的那样，私有制明确规定在现代社会中，资产阶级压迫着工人阶级，如《巴黎手稿》指出的那样，工人的劳动及其产物不归工人，而归资本家所有，也就是说，资本家在得到工人的劳动及其产物时，没有给予工人相应的等价物，这才使工人遭受日益严重的物质贫困。那么，这样明显矛盾的结论是如何共存的呢？

当然，马克思此时没有对这些问题给出确切的说明，甚至也不刻意强调现代社会的交换遵循等价原则。这或许是因为，马克思虽然已经发现现代社会中的交换是等价的，但当时许多左翼思想家都持相反的观点，于是在有十足的把握之前，他并不准备马上得出结论。例如，在与《神圣家族》同期所作的《英国工人阶级状况》中，恩格斯认为，"无产者在法律上和事实上都是资产阶级的奴隶，资产阶级……给他们生活资料，但是取回'等价物'，即他们的劳动……好一个'等价物'！它的大小是完全由资产阶级任意规定的"[1]，"任意规定"即意味着交换的不等

---

① 《马克思恩格斯全集》第2卷，人民出版社1957年版，第360页。

价。另外，马克思或许也发现，按照他当时的理论水平，还不足以解释等价交换与私有制得以并存的社会根源。毕竟，根据马克思思想的发展史，这要在《1857—1858年经济学手稿》中才能真正实现。所以，干脆弱化等价交换原则客观存在的事实。当然，不论如何，能够十分确定的是，马克思坚信，随着私有制原则的不断发展，随着现代社会生产力的不断提高，工人阶级必将最终超越"利己主义"的精神约束，展开对"利己主义"观念及其所有制基础的批判。

马克思的前述分析其实揭示了这样一个事实，那就是物质贫困的加重会使工人阶级逐渐摆脱精神贫困，取而代之的是工人阶级对私有制的精神反叛。已如前文所述，资产阶级在私有制中感受到的是自我实现和物质满足，因而它必然成为私有制的坚定拥护者。所以，当工人阶级对私有制的精神拒斥外化之后，必然直接转化为对资产阶级的"反抗"（Empörung[1]）。马克思指出，"Empörung"是黑格尔在描述工人阶级时使用的概念。对比后可以发现，马克思所说的应该是《法哲学原理》第244节补充中的一句话，"贱民只是决定于跟贫困相结合的情绪，即决定于对富人、对社会、对政府等等的内心反抗"[2]，在这里，"反抗"对应原文中的"Empörung"[3]。需要特殊说明的是，这句话出自《法哲学原理》第244节的补充，也就是说，在第一版《法哲学原理》中，这句话并不存在。但是，马克思阅读的甘斯版《法哲学原理》版本中，"补充"内容是存在的[4]。所以，可以肯定，马克思读到过黑格尔的这句话。在

---

[1]　*Karl Marx · Friedrich Engels Werke Band 2*, Berlin: Dietz Verlag, 1962, p.37.

[2]　[德]黑格尔：《法哲学原理》，范扬、张企泰译，商务印书馆1961年版，第244页。

[3]　*Georg Wilhelm Friedrich Hegel, Werke 7*, Frankfurt am Main: Suhrkamp Verlag, 1970, p.389.

[4]　参见梁燕晓：《马克思误解黑格尔王权理论了吗？——由〈法哲学〉版本问题所引发的新争论》，《上海交通大学学报（哲学社会科学版）》2019年第2期。

这句话中，黑格尔要表达的思想是，工人面对贫富差距，错误地以为市民社会原则没有维护自己的利益，对整个社会，特别是富裕者阶级，产生了反叛情绪，"任性"地形成了"贱民精神"。马克思借用了黑格尔的"Empörung"，其实是与黑格尔贫困思想的正面交锋，以此表明工人阶级反抗资产阶级压迫并非基于"任性"，而是私有制导致的历史必然。

目前，《马克思恩格斯全集》中文一版和《马克思恩格斯文集》都把原文中"Empörung"一词译为"愤慨"[①]。这种译法符合"Empörung"一词的某些含义，但并不完全符合马克思的本意。因为"愤慨"只是一种精神活动，只相当于黑格尔所说的"die innere Empörung"[②]，即"内心反抗"，而非"Empörung"，马克思要表达的是，工人阶级对抗资产阶级的精神活动与实践活动。正如马克思随后指出的那样，资产阶级保护着私有制，工人阶级则是"破坏的一方。从前者产生保持对立的行动，从后者则产生消灭对立的行动"[③]。其实，黑格尔主要也是在实践活动的意义上使用"Empörung"一词。例如，在第281节"补充"，黑格尔指出，"一个在战争中被征服的省份所发动的起义与一个有良好组织的国家内部所发生的叛乱，是截然不同的两回事"[④]。在这里，"Empörung"一词被译为"叛乱"[⑤]，表达的正是思想活动与实践行动的统一。当然，黑格尔与马克思不同之处在于，"Empörung"对于前者而言是一个贬义词，

---

① 《马克思恩格斯文集》第1卷，人民出版社2009年版，第261页。另，参见《马克思恩格斯全集》第2卷，人民出版社1957年版，第44页。

② *Georg Wilhelm Friedrich Hegel, Werke 7*, Frankfurt am Main: Suhrkamp Verlag, 1970, p.389.

③ 《马克思恩格斯文集》第1卷，人民出版社2009年版，第261页。

④ ［德］黑格尔：《法哲学原理》，范扬、张企泰译，商务印书馆1961年版，第305页。

⑤ *Georg Wilhelm Friedrich Hegel, Werke 7*, Frankfurt am Main: Suhrkamp Verlag, 1970, p.454.

是反叛者对自身实体性本质的无知，对于后者而言则是一个褒义词，表明反叛者（工人阶级）对社会所有制基础的深刻理解。所以，应当按照商务版《法哲学原理》的译法，把《神圣家族》中的"Empörung"译为"反抗"。英文版的《神圣家族》将"Empörung"译为"indignation"①，表达"愤慨"也不准确，应按照英文版《法哲学原理》的译法，把"Empörung"译为"rebellion"②，表达"反抗"。

二、意识形态的斗争

如果说，资产阶级对现代社会及其运行方式有着自己的理解，那么，工人阶级站在自己的阶级立场上，应该也对现代社会及其运行方式有着独到的理解。马克思贫困思想本身，就是对此最好的证明。它既是对现代社会发展运行规律本质的揭示，同时也是工人阶级自身诉求的理论表达。所以，工人阶级也应当形成系统的理论话语，与资产阶级编造的系统性谎言，即"意识形态"相对抗，使自身逐步认清现代社会的本质，破除对以利己主义为代表的资产阶级意识形态观念的迷信，摆脱精神贫困。

其实，对这种观点的论述，在马克思整个思想发展的历程中并不多见，不过也有提及。例如，在《共产党宣言》中，马克思指出，"共产党人的理论原理，决不是以这个或那个世界改革家所发明或发现的思想、原则为根据的。这些原理不过是现存的阶级斗争、我们眼前的历史运动的真实关系的一般表述"③。在马克思看来，共产党代表着工人阶级

---

① K.Marx and F.Engels, *The Holy Family or Critique of Critical Critique*, Moscow: Foreign Languages Publishing House, 1956, p.51.

② G.W.F.Hegel, *Elements of the Philosophy of Right*, translated by H.B.Nisbet, Cambridge: Cambridge University Press, 1991, p.266.

③ 《马克思恩格斯文集》第 2 卷，人民出版社 2009 年版，第 44—45 页。

的利益，是工人运动的领导者。这里所谓的"理论原理"，指的正是与资产阶级意识形态针锋相对的理论话语。而这些"理论原理"的现实意义，正是武装工人的头脑，使工人阶级摆脱资产阶级意识形态的精神控制，摆脱精神贫困，为工人运动提供精神保障。或许，马克思没有明确使用颇具时代特色的概念术语，但是他在这里描述的，实际是工人阶级为摆脱阶级贫困，而针对资产阶级进行的意识形态斗争。对于这一点，列宁有着清晰的判断。在《怎么办？我们运动中的迫切问题》中，列宁指出，"或者是资产阶级的思想体系，或者是社会主义的思想体系。这里中间的东西是没有的……对社会主义思想体系的任何轻视和任何脱离，都意味着资产阶级思想体系的加强"①。在这里，列宁首先指出现代社会存在的两种理论话语，即资产阶级的意识形态和工人阶级在生产劳动与运动中发展出的思想体系。二者体现着对现代社会本质认知的不同方式，因而是针锋相对非此即彼的。所以，工人应当立足本阶级的利益，坚持"社会主义的思想体系"，克服精神贫困，与资产阶级意识形态进行坚决斗争。

第四节　对摆脱物质贫困具体路径的把握

一、自觉的阶级革命——对"erzeugen"（造成）内涵的解析

工人阶级的"内心反抗"一经形成，就意味着他们已经摆脱了精神贫困，而当"内心反抗"外化之后，也就会发生马克思所说的消灭私有

---

① 《列宁选集》第1卷，人民出版社1995年版，第326—327页。

制的"行动"。那么，工人阶级为何有能力消灭私有制，摆脱物质贫困，进而迈入一个更高水平的社会阶段呢？

已如前述，在《〈黑格尔法哲学批判〉导言》中，马克思借助了一种黑格尔式的哲学叙事。不过，它只能说明工人阶级是一种对现代社会的纯粹否定性力量，而消灭现代社会的一切，并不是消灭物质贫困，只能摧毁整个社会的物质和精神文明成果，使整个人类遭遇普遍的贫困。因而，也就不可能建立起一个更高水平的社会。之后，马克思试图用"异化史观"弥补这一缺憾，希望以黑格尔的异化思想，论证能够在消灭现代社会的同时，继承现代社会的有益成果，建立更高水平的社会，避免整个社会在革命之后彻底走向崩溃的境遇。但是，"异化史观"遭遇的理论困境也恰恰在此，因为，它只能解释这种"扬弃"的逻辑必然性，而不能解释它的历史必然性。于是，马克思急需另一种思路，解释工人阶级摆脱贫的可能性和必然性。此时，马克思越来越清醒地认识到，贫困问题是一个现实性问题，它从现实中产生，也要在现实中被解决，仅依靠哲学话语的抽象叙事，无法真正找到摆脱贫困的具体路径。沿着这样的思路，马克思继续对整个社会所有制基础进行考察。

在《神圣家族》中，马克思把摆脱物质贫困的希望，重新寄托于工人阶级身上。例如，马克思指出，工人阶级"的人的本性同作为对这种本性的露骨的、断然的、全面的否定的生活状况发生矛盾"①。因为，工人阶级在现代社会中是一种奴隶般的存在，"执行着雇佣劳动……为别人生产财富、为自己生产贫困"②。对此，马克思曾这样概括，工人阶级

---

① 《马克思恩格斯文集》第 1 卷，人民出版社 2009 年版，第 261 页。
② 《马克思恩格斯文集》第 1 卷，人民出版社 2009 年版，第 261 页。

是"当今一无所有的人也就是极其卑微的人……连一般的生存之路都已被切断，而合乎人道的生存之路就更无从谈起"①。"一无所有"是马克思对工人阶级非人境遇最形象而生动的概括。与之类似，恩格斯在《英国工人阶级状况》中，也使用了类似表述。例如，"资本的威力排挤掉了小资产阶级，使大资本家和一无所有的工人代之而起"②。"一无所有"表明，工人阶级的确彻底地站在私有制的反面，遭受资产阶级的奴役，有着极为强烈的革命性。到目前为止，《神圣家族》还都没有超出《德法年鉴》和《巴黎手稿》的基本判断。不过，与此前著作不同的是，马克思《神圣家族》指出，工人阶级"一无所有"，是指它物质极度贫困，连基本的生存都难以保障，但并非真的"一无所有"。因为，"无产阶级并不是白白地经受那种严酷的但能使人百炼成钢的劳动训练的"③。这句话很简短，但却非同小可。

这句话至少表明三层含义：第一，工人阶级在资产阶级社会中饱受劳动的折磨，以至于充满着反抗现实的强烈精神意志。到目前为止，马克思基本是在重复前述观点。第二，通过劳动，工人阶级逐渐认清了自己的革命对象。已如前述《〈黑格尔法哲学批判〉导言》中阶级革命思路失败的根本原因，在于工人阶级把"一切社会领域"视为自己的革命对象。不过，在不断的艰辛劳动中，工人阶级已经感受到了资产阶级意识形态与现实的不符，逐渐摆脱了物质贫困。在这一历史过程中，工人阶级越来越认清了自己的敌人究竟是谁，自己究竟要消灭些什么。具体而言，工人阶级的敌人是资产阶级，工人阶级要消灭的就是现代社会的

①　《马克思恩格斯文集》第1卷，人民出版社2009年版，第267页。
②　《马克思恩格斯全集》第2卷，人民出版社1957年版，第495页。
③　《马克思恩格斯文集》第1卷，人民出版社2009年版，第262页。

私有制基础，而非现代社会的一切。所以，此时工人阶级的革命，不会造成生产力的彻底崩溃和全体人类的普遍贫困。第三，工人阶级虽然无比地厌恶劳动，但是在客观上，工人始终与资产阶级社会的劳动生产过程紧密地结合在一起，掌握运用各种劳动资料的客观能力，在劳动中受到了陶冶。所以，即便推翻了资产阶级社会的私有制，也可以继承马克思早在《巴黎手稿》"笔记本Ⅱ"中就已阐释的现代社会的一切有益成果，在新的所有制关系中，使劳动者重新成为劳动过程及其产物的主人，自主地组织生产，消灭引发阶级分化与贫富差距的社会机制，使整个社会的物质财富不断积累。

马克思的上述观点似乎表明，摆脱精神贫困，就能摆脱物质贫困，前者似乎成为了后者的决定性因素。但其实不然。因为，精神贫困本身就是物质贫困的产物，所以，摆脱物质贫困，归根结底是物质贫困不断加剧，历史不断发展的客观结果，而非纯粹人的主观意志使然。可以说，在马克思的视野中，物质贫困既能够使工人阶级陷入精神贫困，又能够使工人阶级摆脱精神贫困。精神贫困与摆脱精神贫困，虽然是两种彻底相反的精神现象，但却是奠基于同一个物质基础。当时的许多思想家，把人的精神视为第一性的，人的对象是第二性的。这样的哲学理念，必然更倾向于把同一物质基础上的精神现象的变化，视为精神内在的自我否定，与外在的物质基础无关，最终把摆脱物质贫困，视为一个脱离了社会历史发展客观基础的主观选择。对于这种错误观点，马克思在《神圣家族》中曾予以尖锐批判。

在《神圣家族》中，马克思的一段话可以被视为对这种观点的反驳，"只有当私有财产造成作为无产阶级的无产阶级，造成意识到自己在精神上和肉体上贫困的那种贫困，造成意识到自己的非人化从而自己消灭自己的那种非人化时，才能做到这一点"①。"这一点"指的是现代社会私有制的瓦解。所以，工人阶级摆脱精神贫困，进而希望通过革命推翻资产阶级社会的强烈精神诉求，是"私有财产"的发展这一物质基础"造成"的。这句话的原文是，"nur indem es das Proletariat als Proletariat erzeugt, das seines geistigen und physischen Elends bewußte Elend, die ihrer Entmenschung bewußte und darum sich selbst aufhebende Entmenschung"②。依据原文，这句话中的"erzeugen"③，表示"造成、生产"等含义，是及物动词。不过，中文一版《马克思恩格斯全集》最终把它译为"产生"④，作不及物动词使用，整句话则译为，"私有制在自己的经济运动中自己把自己推向灭亡……只有通过无产阶级作为无产阶级……的产生，才能做到这一点"⑤。这种译法极大削弱了资产阶级社会的发展与工人摆脱精神贫困之间的因果关系，摆脱精神贫困仿佛成了工人的单纯主观构造。毫无疑问，《马克思恩格斯文集》编者对这句话的重译是准确且重要的。

其实，马克思之后的许多思想家对这一点都存有不小的误解。在《历史与阶级意识》中，卢卡奇把工人阶级摆脱精神贫困这一历史进程，称为对"阶级意识"的确立，即"无产阶级的自我认知也就是对社会本质的客观认识"⑥。在解释这一概念的内涵时，卢卡奇特意引用了《神圣

---

① 《马克思恩格斯文集》第 1 卷，人民出版社 2009 年版，第 261 页。

② *Karl Marx · Friedrich Engels Werke · Band 2*, Berlin: Dietz Verlag, 1962, p.37.

③ *Karl Marx · Friedrich Engels Werke · Band 2*, Berlin: Dietz Verlag, 1962, p.37.

④ 《马克思恩格斯全集》第 2 卷，人民出版社 1957 年版，第 44 页。

⑤ 《马克思恩格斯全集》第 2 卷，人民出版社 1957 年版，第 44 页。

⑥ [匈] 卢卡奇：《历史与阶级意识》，杜章智、任立、燕宏远译，商务印书馆 1992 年版，第 228 页。

家族》的个别段落，例如，"问题不在于某个无产者或者甚至整个无产阶级暂时提出什么样的目标，问题在于无产阶级究竟是什么，无产阶级由于其身为无产阶级而不得不在历史上有什么作为"①。随后，卢卡奇指出，"因为一个阶级能胜任统治意味着，它的阶级利益，它的阶级意识使它有可能根据这些利益来组织整个社会。最终决定每一场阶级斗争的问题，是什么阶级在既定的时刻拥有这种能力，拥有这种阶级意识"②。这样，摆脱物质贫困就被归结为摆脱精神贫困的结果，而摆脱精神贫困，则是工人阶级自主决定的。于是，摆脱物质贫困，也就成为工人阶级的自由选择。应该说，卢卡奇根据《神圣家族》确立起的"阶级意识"概念，就其内涵而言，总体上是成立的。但是，卢卡奇对"阶级意识"的成因及其现实意义的判断是错误的。按照卢卡奇的观点，决定阶级斗争胜利的最终因素是阶级意识的确立，可问题在于，阶级意识不是自因的，它是由经济社会的所有制基础及其物质贫困结果决定的。马克思在《神圣家族》中也恰恰否定了这种观点，而是强调社会物质基础对物质贫困的形成、发展与消灭所起到的决定性作用。从这个意义上说，决定阶级革命胜利的最终因素，不是"阶级意识"这一主观性因素，而是经济社会历史演进这一客观性。在《德法年鉴》中，马克思还没有真正形成这种观念，所以没有明确指出，哲学掌握群众或者工人阶级应用哲学理论的具体物质前提，这在很大程度上使人们形成了卢卡奇式的误解。当然，这也正面反映出《神圣家族》比马克思此前文本的进步之处。

---

① 《马克思恩格斯文集》第1卷，人民出版社2009年版，第262页。卢卡奇对它的引用，参见［匈］卢卡奇：《历史与阶级意识》，杜章智等译，商务印书馆1992年版，第119页。

② ［匈］卢卡奇：《历史与阶级意识》，杜章智等译，商务印书馆1992年版，第107页。

二、生产力的日益发展

沿着上述思路，马克思在《德意志意识形态》中，指出阶级革命对摆脱物质贫困重要意义的同时，更强调社会生产力的发展对摆脱物质贫困的决定性意义。

在《德意志意识形态·费尔巴哈章》马克思编号 [18]、[19] 两页手稿的栏外部分，马克思本人进行了大段的补充。根据这部分文字，可以发现，摆脱"精神贫困"是摆脱"物质贫困"的前提，关于这一点，《德意志意识形态》基本上继承了《神圣家族》中的观点。不过，对于摆脱"精神贫困"物质前提的论述，《德意志意识形态》的认识水平则明显超越了《神圣家族》。马克思认为，摆脱"精神贫困"，进而通过阶级革命消灭资产阶级社会的私有制来摆脱物质贫困，必须基于两个基本前提。第一个前提，就是现代社会的生产力水平高度发达，使"人类的大多数变成'没有财产的'人，……同时 [这些人] 又同现存的有钱的有教养的世界相对立"。也就是说，整个人类社会在资产阶级社会私有制的不断作用下，划分为两大对立的阶级，而且，其中一方极度贫困，另一方极度富裕，阶级矛盾已经激化到了即将发生革命的边缘。第二个前提是对第一个前提的补充说明，即资产阶级私有制在空间领域不断地向外扩展，使自身在世界各地扎根发芽，以至"地域性的个人为世界历史性的、经验上普遍的个人所代替"①。

在这里，马克思传递出来的信息较为复杂。首先，马克思认为，现代资产阶级社会虽然造成了贫困问题，但是相比于前现代社会，它仍旧

---

① [日] 广松涉编注：《文献学语境中的〈德意志意识形态〉》，彭曦译，南京人民出版社 2005 年版，第 67—68 页。

是以生产力高度发展为基础的。所以，现代社会相比于前现代社会，本质上是一种历史的进步。关于这一点，马克思在此前的《巴黎手稿》中就有过具体描述。在《巴黎手稿》的"笔记本Ⅱ"中，马克思对以"异化劳动"为基础的现代社会，进行了更加辩证而客观的评价。马克思指出，"动产也显示工业和运动的奇迹，它是现代之子，现代的合法的嫡子；它很遗憾自己的对手是一个对自己的本质懵然无知的……想用粗野的、不道德的暴力和农奴制来代替合乎道德的资本和自由的劳动的蠢人"①。这句话虽然很短，但包含的信息丰富且深刻。根据前后文，"动产"指以"异化劳动"为基础的现代社会中，高度发达的商业活动。"它的对手"，则是"不动产"，即封建土地所有者的土地。"合乎道德"，指符合资本家利益的社会意识形态。"自由的劳动"，指拥有相对人身自由的工人为资本家付出的劳动。"粗野的、不道德"是指在资本家眼中，封建土地所有者在经济生产和意识形态层面，对资本家利益的损害。当然，资本家的存在，也的确损害了封建土地所有者的利益，资本家也因此遭到了封建土地所有者的攻击和批判。但是，当历史地比照封建社会与以异化劳动为基础的现代社会时，马克思自觉地认为，后者相比于前者，更能够推动经济社会的发展，发展出更符合人类现代文明需要的道德，是"现代的合法的嫡子"。至于土地所有者，其实已经被资本家打败，屈服于以异化劳动为基础的现代社会的生产经营方式，"租地农场主"雇佣农民为自己从事生产活动的事实，就是对此最好的证明。它使土地融入了资本运作的经济体系，超越了封建文明，拥有了现代文明的属性。在 1848 年的《共产党宣言》中，马克思对《巴黎手稿》和《德

---

① 《马克思恩格斯文集》第 1 卷，人民出版社 2009 年版，第 175 页。

意志意识形态》的上述观点，进行过言简意赅的总结，清楚地指出"资产阶级在历史上曾经起过非常革命的作用"①。

随着资产阶级社会的不断发展，不同地域的人群将以资产阶级社会的生产方式为基础，逐渐联结成为一个整体。所以，无论是否有这种主观的自觉，不同地域、国家的资本家之间，工人之间，正处在联系日益紧密的历史趋势中。人类的地域史，将逐步被人类的世界历史取代。早在《巴黎手稿》的"笔记本Ⅱ"中，马克思就已经看到了资本所拥有的"世界历史"力量②。只不过，相比于《德意志意识形态》，马克思当时的描述还显得颇为抽象。另外，马克思之所以强调，资产阶级社会生产方式的世界历史性，更是因为他发现，工人阶级的革命要想取得真正的胜利，必须真正且全面地联合起来。在现代社会中，资产阶级的物质力量在不断地壮大，某一地域、国家的资本家，往往在世界上许多地方都拥有为自己劳动的工人。另外，不同地域、国家的资本家之间，也进行着密切合作和贸易往来。相比之下，某一地域、国家的工人群体，则势单力孤，相对于资本家，他们与其他地域、国家的工人群体没有密切的往来。于是，资产阶级在全球范围内逐步地联合的同时，如果工人阶级没有进行这种必要的联合，那么某地的工人阶级，很难拥有战胜当地资产阶级的足够物质基础。从这个意义上说，马克思十分强调全世界无产者必须联合起来。

如果说，阶级革命的直接目的，是消灭资产阶级，扬弃现代社会的所有制基础，那么它的最终目的，就是建立起共产主义社会，实现劳动

① 《马克思恩格斯文集》第2卷，人民出版社2009年版，第33页。
② 田书为：《马克思〈巴黎手稿〉中劳动批判的三重视界及其逻辑演进》，《哲学分析》2016年第3期。

者对社会生产力的重新掌握，彻底消灭剥削制度，使物质贫困无法源源不断地从社会的所有制基础上被创造出来。在现代资产阶级社会所有制的条件下，社会生产力是资产阶级用来压迫工人阶级的工具，这也就是为什么马克思在《〈黑格尔法哲学批判〉导言》中误以为，使工人阶级陷入奴隶地位的，是"一切社会领域"。在《德意志意识形态》中，马克思已经充分认识到，当社会的所有制基础发生变化后，劳动者和生产力的关系，或者说，劳动者与现代社会物质与精神文明成果的关系，将发生革命性变化。生产力充当的作用，对于劳动者而言，将不再是压迫和奴役，"人们对于自己产品的异己关系的消灭……而且人们将使交换、生产及……他们发生相互关系的方式重新受自己的支配"[①]。这句话出自马克思标号为 [19] 的手稿左栏，笔迹属于恩格斯。但是，"异己"概念的使用，能够看出这句话仍带有马克思《巴黎手稿》与《神圣家族》"异化史观"的痕迹。至于恩格斯，在此前或之后，其实没有经历"异化史观"的阶段。所以，可以判定这句话表达的思想归属于马克思，而且它的表意是十分清楚的。这里有一点需要稍作说明。马克思此时虽然使用了"异己"这样带有"异化史观"色彩的术语，但是其目的仅是描述劳动者与劳动条件、劳动产物的关系及其改变，而不是又要把通过阶级革命重新掌握生产力这一事实，建立在"异化史观"之上。而一旦劳动者真的重新掌握了劳动条件和劳动产物，也就意味着共产主义社会彻底实现了。

对于《德意志意识形态》中共产主义概念的理解问题，学术史上存在一个著名的争论，那就是马克思与恩格斯观念的矛盾问题。广松涉认

---

① ［日］广松涉编注：《文献学语境中的〈德意志意识形态〉》，彭曦译，南京人民出版社 2005 年版，第 38 页。

为，恩格斯是《德意志意识形态》创造的主导性人物，其中一个原因是，马克思把共产主义，理解为共产主义实现的过程，这种观点与恩格斯对共产主义的理解相冲突。在马克思标号第 [18] 页手稿的栏外新稿中，马克思亲笔写上这样一段话，"共产主义对我们来说不是应当确立的状况，不是……现实应当与之相适应的理想……是那种消灭现存状况的现实的运动"①。广松涉指出，它"将恩格斯……关于'共产主义社会'的论述……不是作为理想和运动，而是作为应该建立起来的状态……推翻了"②。

但是，广松涉的判断是错误的，这种观念的差异没有体现二者存在根本分歧，而是体现了马克思的辩证法思想。已如前述，马克思在探究摆脱贫困的路径时，一直在思考保留现代社会物质和精神文明成果的方式，也就是说，现代社会中的积极因素要被保存下来，成为推动共产主义社会继续发展的关键力量。而且，正是内在于现代社会的阶级矛盾，才催生了共产主义社会的到来。所以，现代社会包含着共产主义社会的因素。这种包含并不是基于黑格尔式的目的论考量，而是基于对生产力、生产关系矛盾运动的分析。所以，马克思的辩证法思想，是立足于社会物质生产的，有着坚实的客观基础作为支撑。另外，马克思的辩证法观点，并不排斥恩格斯对共产主义的理解。因为，共产主义因素虽然包含于现代社会之中，但是立足于现代社会，共产主义社会毕竟处于潜在状态，它需要一个从潜在变为现实的历史过程，而这一过程的结果，也就正如恩格斯所理解的那样。所以，对于恩格斯的共产主义观念，马克思

---

① ［日］广松涉编注：《文献学语境中的〈德意志意识形态〉》，彭曦译，南京人民出版社 2005 年版，第 37 页。

② ［日］广松涉编注：《文献学语境中的〈德意志意识形态〉》，彭曦译，南京人民出版社 2005 年版，第 367 页。

其实也没有反对的理由，对于马克思的共产主义观念，恩格斯也没必要拒斥。

已如前述，由于黑格尔理解的贫困类型不符合现实社会的真实情况，他的贫困成因思想也不具有必要的自洽性，最终导致黑格尔没能找到解决贫困问题的方法。与之相对，由于对现实社会贫困问题及其形成原因的准确分析，马克思最终找到了摆脱贫困的方法。另外，更需要注意的是，在黑格尔的摆脱贫困思想中，存在两个较为明显的思想倾向。第一，黑格尔认为物质极度匮乏的人，是社会底层边缘群体，不拥有改变自身境遇的内在力量。所以，要想解决贫困问题，更多地要依靠社会中"富有者阶级"支持。第二，在黑格尔那里，"国家"阶段已经解决了贫困问题，是市民社会的扬弃，因此，解决贫困问题的因素，应该逻辑地包含于市民社会之中。贫困问题必须要在市民社会阶段中得到妥善解决。关于黑格尔贫困思想第一个倾向，马克思已经证明，工人阶级非但拥有改变自身境遇的物质和精神力量，而且还能够把这种力量转化为改造客观世界的物质活动。所以，虽然黑格尔或许并不十分自觉，但他其实是站在了资产阶级的立场上，与马克思形成了鲜明的反差。关于黑格尔贫困思想的第二个特点，马克思也认为，超越现代社会的未来社会确实已经在现代社会中孕育着自身的物质和精神因素，但是，这种因素是立足于具体的社会生产力，而非抽象的概念预设。

相比于《巴黎手稿》和《神圣家族》，马克思《德意志意识形态》中贫困思想的成熟性，已经清晰地呈现出来。马克思不仅完全继承了既有的科学结论，同时也完全自觉地抛弃了异化史观的局限。在描述现代社会的贫困问题时，马克思还特意指出，"这种'异化'（用哲学家易懂的话来说)"①。很明显，马克思此时十分自信，认为自己的理论水准，已经完全不需要借用神秘主义的话语体系，克服了异化史观的理论局限，超越了他正在批判的"哲学家"。但是，为了让这部分人理解自己的思想，还是不得已使用已经扬弃的术语，即"异化"，迁就他们的认知水平。实际上，在《巴黎手稿》中，马克思就已经初步具备了放弃"异化史观"的能力。因为，马克思至少已经清晰地得出了两个结论：第一，根据"笔记本Ⅰ"可知，"异化史观"虽然逻辑在先，以至于私有财产及其运动是"绝对的贫困"赖以形成的中介，但也因此可以说，没有私有财产及其运动，就没有"绝对的贫困"，前者的发展决定着后者的形成。第二，根据"笔记本Ⅱ"，历史上并不存在黑格尔意义上的市民社会阶段，因此也不存在"前异化阶段"，存在的只是从封建社会向现代社会的转变，即一个阶级社会转变为另一个阶级社会。但是很遗憾，他当时没有找到消灭"异化劳动"的现实路径，而"异化史观"的整体框架可以弥补这一点。于是，马克思又不得不保留"异化史观"。但是，经过《神圣家族》之后，马克思已经发现，工人阶级消灭私有制的必然性不必诉诸于外，而就蕴含在私有制的发展之中。于是，对历史未来趋势的神秘主义解读，一下子就失去了它最后的作用，"异化史观"在逻辑上成为多余②。在《德意志意识形态》中，马克思的贫困思想顺理成

---

① ［日］广松涉编注：《文献学语境中的〈德意志意识形态〉》，彭曦译，南京人民出版社 2005 年版，第 37 页。

② 马克思虽然从此以后不再使用异化史观的框架理解现实社会贫困形成的原因。但是，并不等于马克思内心深处没有一个关于人类社会理想状态的理论构想。所以，正如一些学者指出的那样，马克思一方面反对把绝对化了的道德范畴视为衡量现实的标尺，另一方面在著作中又体现出浓烈的道德感。(参见李义天、张霄：《传承与坐标：马克思主义伦理思想访谈录》，中央编译出版社 2020 年版，第 113—114 页)

章地告别了幼稚、走向了成熟。

第五节　马克思贫困思想的哲学奠基

从《巴黎手稿》到《神圣家族》，马克思的贫困思想，一直笼罩在"异化史观"的理论框架中。到了《德意志意识形态》中，马克思已经逐渐克服了这种哲学观念对其贫困思想的负面影响。现在，马克思有能力也有必要，对这种历史观及其背后的哲学理念进行一次彻底的清算和批判。马克思认为，"异化史观"本质上是黑格尔客观唯心主义哲学的理论产物，要想真正克服"异化史观"在理解贫困问题时呈现出的无法克服的神秘主义倾向，必须清算黑格尔的客观唯心主义哲学。

一、黑格尔唯心主义哲学的基本观念

黑格尔曾经在《精神现象学》序言中做过一个比喻，用以说明自己的哲学理念，"真相是一个自身转变的过程，是这样的一个圆圈，它预先把它的终点设定为目的，以之作为开端，而且只有通过展开过程并到达终点之后，才成为一个现实的东西"①。"圆圈"的特点是，"起点"与"终点"相重合，也就是说，"起点"已经规定逻辑演进的路径和"终点"的内涵。不过，"起点"对于"终点"的规定是抽象的，而"终点"则相比于"起点"更加丰富和具体。所以，"起点"之中包含着的一切规定性，只有在通往"终点"的历程及其结果中展示出来。对

---

① [德] 黑格尔:《精神现象学》，先刚译，人民出版社 2013 年版，第 12 页。

此，黑格尔指出，"真相是一个整体。但整体只不过是一个通过自身的发展而不断完善着的本质"①。那么，精神为何能够运动，并且不断地丰富呢？因为，作为实体的精神，也是作为主体而存在的。"或者说实体在本质上是一个主体"②，而"主体是一个纯粹的单纯否定性……是一个造成对立的双重化活动，而这个活动重新否定了……活动造成的对立"③。正是由于主体不断的否定性功能，使实体无法停留在自身发展的某一个阶段。同时，主体的否定性不是对此前一切发展成果的彻底解构，而是吸收前一个阶段中积极的因素，进行辩证地否定，即"扬弃"。因此，实体的变化过程不是任意的，而是发展的。那么，主体为何会制造矛盾和否定矛盾？因为，作为"意识"的主体，总会在区分"'自在的对象'（the object in itself）和'被认识的对象'（the object known）"④之后，慢慢发现二者是同一的，不过这也意味着，"意识"已经超越了这个阶段，发现了新的矛盾。最终，黑格尔将现实社会中的一切，都纳入到"精神"从"起点"到"终点"的体系之中，并把它们置于不同的逻辑环节。

黑格尔的这种哲学理念，直接决定着他对现代社会，即"市民社会"、现代社会中的人、现代社会贫困问题的认知及其背后的理念。在《法哲学原理》中，黑格尔指出，"从直接伦理通过贯穿着市民社会的分解，而达到了国家——它表现为它们的真实基础——这种发展……由于国家是作为结果而在科学概念的进程中显现出来的，同时它又经证明为

---

① ［德］黑格尔：《精神现象学》，先刚译，人民出版社 2013 年版，第 13 页。
② ［德］黑格尔：《精神现象学》，先刚译，人民出版社 2013 年版，第 12 页。
③ ［德］黑格尔：《精神现象学》，先刚译，人民出版社 2013 年版，第 12 页。
④ ［英］史蒂芬·霍尔盖特：《黑格尔导论：自由、真理和历史》，丁三东译，商务印书馆 2013 年版，第 84 页。

真实基础，所以那种中介和那种假象都被扬弃了"①。"直接伦理"指的是"伦理"的"家庭"阶段，在这里，"特殊性"与"普遍性"尚未真正区分，只是混沌地直接统一在一起，因而被黑格尔称为"直接伦理"。市民社会之所以能够对家庭起到"分解"的作用，是因为市民社会原则的核心是"特殊性原则"。在那里，个体充分张扬个性，并没有意识到"普遍性"其实就是自己的实体性本质。至于国家阶段，个体又扬弃了市民社会阶段，在充分张扬个性的同时，意识到了自己的实体性归属，潜藏于市民社会背后的普遍性原则得到了最终的实现。在这样的逻辑进程中，"国家"阶段虽然最后出场，但是，黑格尔认为，国家理念其实早已蕴含于"家庭"阶段之中，并经过市民社会阶段，最终得到了实现。所以，并非市民社会的发展决定国家的实现，而是国家的逻辑预设，引领着市民社会的到来，是市民社会的本质。从家庭到市民社会最后到国家的逻辑环节，不过就是对国家理念的证明。相比于国家这个真实的阶段，"家庭"和"市民社会"都只能是假象，注定了要被扬弃。

　　至于现代社会中的人，对于黑格尔而言则是"客观精神"的发展环节。在"法"这一阶段中，黑格尔指出，"精神在其自身自为地存在着的自由的直接性里个别的精神……他是人（Person），即对这个自由的自知"②。这样，现实的人成了精神自我认识的中介，是精神主体性本质的正面表现。黑格尔在对现代社会的讨论中，势必重视现代社会中人认识水平的发展变化。的确，根据前文的论述可知，个人在市民社会中从"需要的体系"到"同业公会"，再从"同业公会"跨越到"国家"的阶

---

　　① 　[德] 黑格尔：《法哲学原理》，范扬、张企泰译，商务印书馆1961年版，第252页。

　　② 　[德] 黑格尔：《精神哲学——哲学全书·第三部分》，杨祖陶译，人民出版社2006年版，第317页。

段跨越，本质上就是个人的认识逐渐接近并达到自身实体性本质的进程。

根据黑格尔唯心主义哲学的一般理念，实际上已经得出了这样几个结论。第一，现代社会的存在，以先在于现代社会的预设概念为前提。第二，现代社会的发展，是预设概念展现自身、证明自身真理性的中介。第三，现代社会中的人，本质上是认识论意义的人，他在现实社会中的发展阶段，取决于他对预设概念的认知程度。而这三条结论，正是"异化史观"得以成立的真正理论基础，与异化史观秉承的基本理念有着深度的理论契合。第一，"异化史观"必然要预设前异化状态的存在，而前异化状态并不真实地存在于历史之中，因而它只能是一种概念性的假定。第二，表现在历史中的异化及其扬弃，已经在前异化的概念性假定中预先地得到了规定，因而表现在现实中的异化阶段，本质上是前异化状态为了证明自身真理性而设定的中介。第三，前异化状态是一种概念性存在，因此扬弃以后的产物，本质上也是概念性存在，至多是内涵更加丰富的概念。因此，人的发展进步，最终也要被归结为对这一概念的认知，而这正是精神领域的问题。到此，异化史观与黑格尔唯心主义哲学的理论渊源已清晰可见。所以，马克思要想彻底摆脱异化史观的诸多负面影响，必须清算黑格尔唯心主义哲学呈现出的三个理论倾向。

二、马克思对黑格尔哲学理念的扬弃

首先，马克思认为，黑格尔为现代社会甚至整个人类社会预设的概念前提，对于历史发展的现实历程而言，并不具有先在性。它其实是人的主观产物，由客观事物决定，而非相反。对于这一点，马克思早在《神圣家族》中就已有说明。马克思指出，"如果我从现实的苹果、梨、草莓、扁桃中得出'果品'这个一般的观念，如果我再进一步想象，我从各种现实的果实中得到的'果品'[die Frucht]这个抽象观念就是存在于我之外的一种本质，而且是梨、苹果等等的真正的本质，那么我就宣布（用思辨的语言来表达）'果品'是梨、苹果、扁桃等等的'实体'"①。马克思的这个说明，直指黑格尔唯心主义哲学得以建立的真实理论根据："精神"或"实体"等抽象概念，首先是人在观念中对现实事物普遍特点的抽象，只不过相比于"果品"等概念而言，"精神"或"实体"概念的抽象程度更甚。在这个基础上，"精神"或"实体"概念，被思想家在本体论层面赋予了第一性的意义，也就是说，它们是万事万物的起源、存在和发展的根据、动因与指向。其实，马克思描述的逻辑，不一定是黑格尔形成唯心主义哲学观念时，自己真实经历过的思维过程。因为，黑格尔的哲学观念，来自一个十分复杂且成体系的唯心主义哲学传统。但是，这种传统在最初建立时，哲学家们其实自觉或不自觉地经历了马克思所描述的思维现象。可以说，马克思从源头出发，否定了黑格尔哲学观念的本体论依据。"精神"或"实体"等概念，不是第一性的，而是由现实事物决定着的，是人对现实世界的认识。在《神圣家族》里，马克思对黑格尔的哲学观念有过这样一个比喻，"在黑格尔的历史哲学中，和在他的自然哲学中一样，也是儿子生出母亲……结果产生起源"②。众所周知，"儿子"是由"母亲"生出的，"母亲"是起源，"儿子"是结果。同样，在现实的社会历史和人类构造的逻辑概念中，前者处于"母亲"的地位，是起源性质的，后者处于"儿子"的地位，是前者的结果和派生物。但是，黑格尔的历史哲学却把这种关系倒置过来，把现

---

① 《马克思恩格斯文集》第 1 卷，人民出版社 2009 年版，第 276 页。
② 《马克思恩格斯全集》第 2 卷，人民出版社 1957 年版，第 214 页。

代社会理解成为它自身创造出的概念的产物，没有理解现代社会真实的形成和发展路径及其依据。

在《德意志意识形态》中开篇的"序言"中，马克思坚持了这种观点。需要指出的是，根据"广松版"《德意志意识形态》，"序言"用楷体字印刷①，同时，"序言"中还有相当数量的文字被删除了，也用楷体印刷，这意味着它们是马克思的笔迹。另外，通过《神圣家族》的一些论断就可以清楚地知道，被删除的文字所表述的思想，与马克思当时对黑格尔哲学的基本态度是一致的。于是，可以判定，"序言"保留下来和被删去的文字，体现的都是马克思本人认可的思想。在"序言"中，马克思指出，"按照黑格尔体系，观念、思想、概念产生、规定和支配……人们的现实生活……他们的物质世界、他们的现实关系"②。不过，这些"观念、思想、概念"，作为"意识"，本质上都是人们"头脑的产物"③，即"被意识到了的存在"④。所以，黑格尔倒置了现代社会乃至整个人类社会与人意识产物的关系。当然，此时马克思还是在重复《神圣家族》时期的结论，马克思在《德意志意识形态》中的论述远不止于此。通过《神圣家族》和《德意志意识形态》等文献，马克思否定了黑格尔的唯心主义哲学，也就说，清楚指认了现代社会并不是"观念、思想、概念"的产物。那么，现在摆在马克思面前的问题就已经发生了变化，变成了

---

① ［日］广松涉编注：《文献学语境中的〈德意志意识形态〉》，彭曦译，南京人民出版社 2005 年版，第 2 页。

② ［日］广松涉编注：《文献学语境中的〈德意志意识形态〉》，彭曦译，南京人民出版社 2005 年版，第 5 页。

③ ［日］广松涉编注：《文献学语境中的〈德意志意识形态〉》，彭曦译，南京人民出版社 2005 年版，第 2 页。

④ ［日］广松涉编注：《文献学语境中的〈德意志意识形态〉》，彭曦译，南京人民出版社 2005 年版，第 29 页。

现代社会究竟是依据什么产生和发展的？这是《神圣家族》不曾认真讨论过的问题。

在《德意志意识形态》中，马克思认为，"这种活动、这种连续不断的感性劳动和创造、这种生产，正是整个现存的感性世界的基础"①。首要说明的是，根据笔迹可知，这句话是由恩格斯本人撰写的，是恩格斯对马克思标号第［9］页手稿的补充。不过，根据望月清司规定的第四条原则，这一段较长的补充，也很有可能是由恩格斯记述的马克思本人的思想。另外，在《德意志意识形态·费尔巴哈章》由马克思标号第［13］页的手稿中，马克思写上了这样一段边注，"人们之所以有历史，是因为他们必须生产……自己的生命……而且必须用一定的方式来进行"②。这里马克思表达的意思，与第［9］页补充的理论内涵是基本一致的。同时，在1846年《致安年科夫的信》中，马克思也指出，"在人们的生产力发展的一定状况下，就会有一定的交换［commerce］和消费形式……就会有相应的社会制度形式、相应的家庭、等级或阶级组织"③。能够发现，这是对《德意志意识形态》中那句话观点的继承和深化。因此，可以断定，马克思对手稿第［9］页的补充是认可的。这样，马克思就在抛弃了黑格尔的唯心主义哲学观念后，为现代社会，乃至整个人类社会的存在和发展，找到了新的依据。毫无疑问，这成为马克思彻底摆脱"异化史观"的标志性一步。

---

① ［日］广松涉编注：《文献学语境中的〈德意志意识形态〉》，彭曦译，南京人民出版社2005年版，第19页。

② ［日］广松涉编注：《文献学语境中的〈德意志意识形态〉》，彭曦译，南京人民出版社2005年版，第26页。

③ 《马克思恩格斯文集》第10卷，人民出版社2009年版，第42—43页。

根据这样的观念，现代社会的存在和发展，也就不再是对某些先在观念的证明，而是生产力发展的必然。"一定的生产方式或一定的工业阶段始终是与一定的共同活动的方式或一定的社会阶段联系着的，而这种共同活动方式本身就是一种'生产力'；由此可见……人们所达到的生产力的总和决定着社会状况，因而，始终必须把'人类的历史'同工业和交换的历史联系起来研究和探讨"①。这句话有些特殊，因为它包含着马克思与恩格斯两个人的笔迹，本句中"而这种共同活动方式本身就是一种'生产力'"是马克思的笔迹，其余的笔迹则属于恩格斯。这传达出，马克思对他亲笔撰写内容的前后语义，是认可的。这句话里的"工业和交换的历史"，表达的就是现代社会。在《神圣家族》中，马克思多次使用"工业"的大发展和"交换"的普遍化，描述现代社会基本特征。现代社会是决定着"生产方式"和"工业阶段"的"生产力"的直接产物。而"生产力"本身是历史积累的结果。这意味着现代社会的生产力基础，已经由前现代社会生产力的积累决定。所以，现代社会的存在和发展，是生产力不断发展的历史必然。而人们对现代社会本质与特点的认知和理解，也必然要求把"人类的历史"同现代社会联系在一起讨论。在《致安年科夫的信》中，马克思继承了这样的观点，"人们不能自由选择自己的生产力……因为任何生产力都是一种既得的力量，是以往的活动的产物"②。

马克思对整个人类历史和现代社会的认知方式，使他清楚地认识到，对于个人而言，真正意义上的发展变化，不是思维观念上的改变，

---

① ［日］广松涉编注：《文献学语境中的〈德意志意识形态〉》，彭曦译，南京人民出版社2005年版，第26页。

② 《马克思恩格斯文集》第10卷，人民出版社2009年版，第43页。

而是不以个人意志为转移的，社会生产力与生产关系的变革。马克思在《德意志意识形态》的"序言"中，曾这样概括黑格尔的哲学观念："有一个好汉忽然想到，人们之所以溺死，是因为他们被重力的思想迷住了。如果他们从头脑中抛掉这个观念……他们就会避免任何溺死的危险"①。但实际情况是，即便这位"好汉"抛弃了溺死的观念，他仍有可能在某些特殊的情境下遭遇溺死的风险。要知道，黑格尔正是把人观念的变革，视为历史发展的根本性标志。所以，马克思的观点是，个人的真实生存境遇与发展阶段，不取决于他头脑中的观念，而取决于他所处的"社会关系"。在《关于费尔巴哈的提纲》中，马克思指出，"人的本质不是单个人所固有的抽象物，在其现实性上，它是一切社会关系的总和"②。已如前文所述，早在《巴黎手稿》中，马克思就已经对黑格尔的劳动观念进行过批判，强调从现实的劳动出发，在劳动所处的所有制关系中，即人的社会关系中，理解的人的真实境遇。在《德意志意识形态》中，马克思把《巴黎手稿》里劳动观背后的哲学理念进行了发展，指出，"社会结构和国家总是从一定个人的生活过程中……产生的……这里所说的个人……是现实中的个人……是从事活动的，进行物质生产……是在一定的物质的、不受他们任意支配的界限、前提和条件下活动着的"③。于是，现实的人的发展与变化，本质上不是个人思想观念的变革，而是不以个人意志为转移的其所处的物质条件的变革，也就是生产力与生产方式的变革。

---

① ［日］广松涉编注：《文献学语境中的〈德意志意识形态〉》，彭曦译，南京人民出版社 2005 年版，第 2 页。

② 《马克思恩格斯文集》第 1 卷，人民出版社 2009 年版，第 501 页。

③ ［日］广松涉编注：《文献学语境中的〈德意志意识形态〉》，彭曦译，南京人民出版社 2005 年版，第 27 页。

　　到此，马克思的历史唯物主义确立起来，彻底摆脱了"异化史观"的理论局限。这既是对他自己贫困思想背后哲学观念的总结和提炼，同时也为其贫困思想的深入发展，奠定了坚实的哲学基础。

第四章　马克思对黑格尔贫困思想
困境的最终克服

——从《哲学的贫困》到《资本论》及其手稿

黑格尔贫困思想的形成与发展，以当时国民经济学家的许多经济学观点为基础，要想最终克服黑格尔贫困思想的理论困境，彻底超越黑格尔，对于马克思而言，必须颠覆黑格尔依赖的经济学基础。在《德意志意识形态》之后，马克思确立起唯物史观。毫无疑问，这将使马克思以科学的方法和理念，更加细致地剖析经济社会的运行与发展，为自己的贫困思想找到更坚实的经济学基础，在自我超越的同时，发展出超越黑格尔的政治经济学体系。

第一节　对黑格尔物质贫困成因思想困境的克服

已如前述，黑格尔的市民社会奠基于两个基本原则，即劳动所有权原则和等价交换原则。马克思已经通过"异化劳动"概念否定了劳动所有权原则，不过，却一直没有明确否定等价交换原则。在《神圣家族》中，马克思甚至隐约感觉到了"异化劳动"与等价交换原则的并存。但是，受限于当时的理论水平，马克思无力探究二者共存的原因，于是只能暂且搁置。现在，马克思要想彻底否定黑格尔市民社会原则的现实性，必须直面这个理论难题，对经济社会进行更深入的考察，探究二者并存的方式与原因，解释主导着现代社会的经济制度究竟以何种方式存在。《哲学的贫困》是马克思相对较早开始认真反思这一问题的文本。

一、强调等价交换与阶级压迫的并存

1846 年，蒲鲁东的《贫困的哲学》出版。这本书一经面世，就在德法思想界产生了不小的影响，也是从这一刻开始，马克思与蒲鲁东的论战进入了一个新阶段。1846 年底，马克思在《致安年科夫的信》中坦言，《贫困的哲学》"是一本坏书，是一本很坏的书"[1]。要知道，马克思此前还在自己的论著中不乏对蒲鲁东的赞美之词[2]。这恐怕主要由以下两个原因造成。

第一，蒲鲁东思想的变化。相比于《什么是财产?》等蒲鲁东此前的著作，《贫困的哲学》整体上宣扬一种宿命论观点，相对不能呈现工人阶级贫困境遇的社会根源，也没能为工人阶级摆脱贫困指出切实可行的路径。这带来了不小的思想混乱，对工人运动产生了极为恶劣的影响。第二，马克思思想的变化。从《黑格尔法哲学批判》开始，马克思通过对黑格尔市民社会思想的批判，一步步开启了经济学研究的历程，

---

① 《马克思恩格斯文集》第 10 卷，人民出版社 2009 年版，第 41—42 页。

② 姜海波：《马克思〈哲学的贫困〉研究读本》，中央编译出版社 2013 年版，第 20—21 页。

对于现代社会贫困问题的形成和发展，逐渐形成了独立而科学的理解思路。这使他与蒲鲁东对贫困问题的认知的深层分歧，逐渐暴露出来且不可调和。于是，马克思不得不依托刚刚形成的唯物史观，结合自身的经济学研究，对蒲鲁东的《贫困的哲学》进行理论回应，就这样，《哲学的贫困》应运而生。因此，有学者称，《哲学的贫困》是"历史唯物主义与政治经济学的最初接合"，"马克思主义新世界观与马克思主义经济科学的'决定性的东西'，都是通过这一文本第一次公开问世的"①。马克思和恩格斯本人对这部著作也十分重视，恩格斯曾在信中直言，相比于《德意志意识形态》，出版《哲学的贫困》"重要得多"②。

在《贫困的哲学》前言中，蒲鲁东开篇就指出，"为了阐明人间事物的进程，而以所能想象到的最严谨的态度假定存在一位上帝在干预人世"③。关于这一点，蒲鲁东自称是模仿物理学对万有引力定律的解读。经典物理学认为，万事万物之间存在着相互的引力，至于这种引力的形成与发展，只能诉诸上帝。所以，上帝的存在对于经典物理学的某些理论而言，是具有逻辑起点意义的理论假定。蒲鲁东尝试把自然科学的这种思路，放置于对社会问题的考察上，并为此给出了如下三个理由。

第一，"树立社会科学的权威"④。蒲鲁东并不把自己对社会问题的考察，单纯地称为经济学或者哲学，而称为"社会科学"。因为，当时

---

① 张一兵：《回到马克思》，江苏人民出版社2009年版，第472页。
② 《马克思恩格斯全集》第47卷，人民出版社2004年版，第460页。
③ [法] 蒲鲁东：《贫困的哲学》上卷，余叔通、王雪华译，商务印书馆1998年版，第1页。
④ [法] 蒲鲁东：《贫困的哲学》上卷，余叔通、王雪华译，商务印书馆1998年版，第23页。

既有的经济学和哲学在他看来，都是片面且不具体的，只有社会科学"是关于社会的整个生存过程，亦即关于社会的整个不断变迁情况的理论和系统的知识"①。基于这种"社会科学"概念的内涵，上帝观念的存在是必要的。因为，只有存在一个完满的且作为内驱力的上帝，人类社会的演变才能存在一个目的论意义上的历史和价值指向，人类社会演变不同阶段才同时存在进步性与局限性，人类对社会历史进程的认知，才存在一个从局限到全面的过程，人理解和把握社会发展的整体才存在逻辑的可能性。否则，不同的社会阶段之间，只有相对的差异，而没有绝对的高低优劣之分，人对社会历程的认知只能是任意的主观综合，也非日益深化的逻辑过程，至于人类所构建的"社会科学"必然也不复存在。所以，当蒲鲁东界定了"社会科学"概念时，其实就已经假定了上帝的存在。

第二，从蒲鲁东第一个理由之后，自然就会推导出他假定上帝存在的第二个理由，那就是，"以科学名义进行的国内改革合法化"②。已如前述，在蒲鲁东看来，人类社会的演变以上帝为目的，是一个从低级到高级的发展历程。这之中的任何一个发展环节，都是对前一个环节的扬弃，同时也必将由于其自身的历史局限，被之后的环节扬弃，"既成的事实决定着将要出现的事实，并使后者合法化"③。因此，社会的发展因之也遵循着辩证法的基本规律。"科学名义"指引下的"国内改革"，其

———

① ［法］蒲鲁东：《贫困的哲学》上卷，余叔通、王雪华译，商务印书馆1998年版，第46页。

② ［法］蒲鲁东：《贫困的哲学》上卷，余叔通、王雪华译，商务印书馆1998年版，第24页。

③ ［法］蒲鲁东：《贫困的哲学》上卷，余叔通、王雪华译，商务印书馆1998年版，第24页。

实也就是站在历史发展的整体性视野下，以"上帝视角"，对社会进行合乎其发展趋势的变革，彰显社会发展的辩证法特点。如果用一句话概括，那就是"社会能动性的各种表现在我们看来都必然是上帝意志的体现"①，"改革"因而是不容置疑的。

第三，蒲鲁东通过前两条，为社会的辩证发展历程找到了上帝作为内在依据之后，自然要处理唯物主义哲学的基本领地。在当时的一些唯物主义者看来，自然规律独立于人类而存在，约束着人类的行为与意志。与之相对，蒲鲁东认为，假定上帝存在，使自然成为"上帝安置给我们的这块领地"，自然规律也成为上帝意志的体现。由于上帝的安排，人类对自然规律的认识"无非是在继续从事它当初出于本能已经开始的工作"②。所以，自然规律对人类而言不再是约束，而是行动的准则和依据，人类逐步理解自然规律的过程，将呈现在人类自身的社会活动之中，二者是统一在一起的。当人类社会达到一种完满之后，"我们就可以自豪地说：万物都已得到解释"③。

其实，在给出上述三点之后，蒲鲁东马上补充了假定上帝存在的另外两个理由，一个是为他本人在《贫困的哲学》中的行文风格提供支撑，另一个是现代社会改革需要的现实动因。④ 不过，这里并不打算把这两点算作蒲鲁东理论建构时假定上帝存在的逻辑原因。因为，第四点其实

① ［法］蒲鲁东：《贫困的哲学》上卷，余叔通、王雪华译，商务印书馆1998年版，第24页。

② ［法］蒲鲁东：《贫困的哲学》上卷，余叔通、王雪华译，商务印书馆1998年版，第25页。

③ ［法］蒲鲁东：《贫困的哲学》上卷，余叔通、王雪华译，商务印书馆1998年版，第25页。

④ 参见［法］蒲鲁东：《贫困的哲学》上卷，余叔通、王雪华译，商务印书馆1998年版，第27—28页。

是假定上帝存在之后直接导致的现实结果而非原因，第五点则是蒲鲁东假定上帝存在的外在原因，与其理论的逻辑演绎过程并无直接关联。当然，仅就前三点而言，就已经能够清晰看出蒲鲁东对黑格尔哲学思想的继承了。

已如前述，黑格尔的客观唯心主义哲学认为，人类社会的存在与发展依赖于精神的内在推动，它是精神的外在显现。另外，人类社会也遵循辩证法原则不断地演变，因而存在一个由低到高的过程，恩格斯曾将之概括为，"由矛盾引起的发展或否定的否定——发展的螺旋形式"①，任何一个社会阶段，都是对前一个社会阶段的扬弃，也必将被后一个社会阶段超越。当然，黑格尔认为人类社会的发展并不是没有止境的，它要以"绝对精神"为历史的终点和价值的指向。至于黑格尔理解的"科学"概念，也要求在前述哲学观念的基础上，对世界演进历程的整体理解和把握。如西佩（Siep）在分析《精神现象学》时指出的那样，"黑格尔认为，从现代科学中我们实际上可以学到的是，世界并不是简单地由特定的感性事物和普遍的精神法则组成，而是由一个过程组成，这个过程的事件和结构以一种可理解的秩序，表现出隐含的概念和推论"②。很明显，蒲鲁东依赖的哲学观念与黑格尔非常相似。在人类历史的真实发展历程中，蒲鲁东的"上帝"概念与黑格尔的"绝对精神"概念扮演着相同的角色。二者既在逻辑上先于人类社会，同时又体现于具体的社会发展阶段之中，而且都要遵照辩证法的原则不断展开自身。当然，蒲鲁东并没有构建起如黑格尔一般复杂的哲学体系，也没有十分强烈地断

---

① 《马克思恩格斯文集》第 9 卷，人民出版社 2009 年版，第 401 页。

② Ludwig Siep, *Hegel's Phenomenology of Spirit*, Frankfurt am Main: Suhrkamp Verlag, 2000, p.5.

言，黑格尔"绝对精神"式的上帝必然存在。但是，当他理解人类历史时，却自觉地采取了黑格尔式的基本框架。另外，蒲鲁东的"科学"概念与黑格尔的"科学"概念也如出一辙。只不过，黑格尔意义上的"科学"所包含的内容，要比蒲鲁东的"社会科学"概念复杂得多。所以，总体而言，蒲鲁东并没有超出黑格尔奠定的基本哲学框架。

沿着这样的哲学理念，蒲鲁东开始了对现代社会问题的思考。已如前述，贫困问题不是黑格尔现代社会思想关注的焦点。但是，贫困问题对于蒲鲁东而言却十分重要，可以说，《贫困的哲学》就是围绕现实中的贫困问题不断展开的。

蒲鲁东把整个人类社会比喻为普罗米修斯，人类社会财富积累与生产力发展的历程，就被蒲鲁东描绘成这样，"普罗米修斯开始劳动了……第一天，他的产品，即它的财富和福利便等于10。第二天，普罗米修斯实行了分工，他的产品便增加到100。从第三天起，普罗米修斯每天都发明一些机器……"① 所以，很明显蒲鲁东并不认为人类社会真的存在阶级对抗，因为他将真实属于不同阶级的个人，通过作为动物的人的共同属性，抽象为一个普罗米修斯，以一种共相代替了个体所属社会关系的差异。所以，现代社会也不存在真正意义上的阶级对立，社会中的"（消费阶级）是由一切阶级组成的，它的幸福就是公众的幸福，就是一个国家的繁荣。不过，萨伊应该加上一句，就是生产阶级也是由一切阶级组成的，它的幸福也是公众的幸福"② 。马克思曾这样概括蒲

---

① ［法］蒲鲁东:《贫困的哲学》上卷，余叔通、王雪华译，商务印书馆1998年版，第100页。

② ［法］蒲鲁东:《贫困的哲学》上卷，余叔通、王雪华译，商务印书馆1998年版，第84页。

鲁东的观点,"把一切生产者化为一个唯一的生产者,把一切消费者化为一个唯一的消费者"①。至于马克思曾指出的现代资产阶级社会的"私有制"问题,在蒲鲁东看来也不存在。蒲鲁东指出,"劳动就像自由、爱情、野心、天才一样,本质上是一种模糊和不确定的东西,可是,劳动的质量却体现在劳动对象中……因此,当我们说某一个人每天的劳动值5个法郎,意思就是说这个人每天劳动的产品值5个法郎"②。工人每天得到的工资,就是工人每天劳动产物的价值,资本家与工人之间的交换是等价的,资本家并没有无偿侵占工人的劳动及其成果。所以,蒲鲁东与黑格尔一样,都认为现代社会遵循着劳动所有权和等价交换原则。当然,对于前现代社会的历史发展,黑格尔不一定与蒲鲁东的观点一致,毕竟黑格尔曾花费大量的精力专门研究历史。不过,这并不妨碍二者对于现代社会结构的认知存在深度共识。

在此基础上,关于贫困问题的认知,蒲鲁东的想法则要比黑格尔复杂许多。蒲鲁东指出,"产品的数量丰富、种类繁多和比例合适是构成财富的三大要件"③。"产品丰富"与"种类繁多"是构成财富的条件倒是很好理解,毕竟,财富积累首先是一个量的规定。不过"比例合适"一词的内涵似乎并不容易马上理解。蒲鲁东所谓的"比例",其实是指社会中各种商品之间量的关系。已如前述,蒲鲁东按照黑格尔式市民社会原则的方式认知现代社会的经济结构。所以,每个人都要通过劳动,在与他人的等价交换中获得自身所需。判定一个人物质贫困,无非就是说,他

① 《马克思恩格斯全集》第4卷,人民出版社1958年版,第87页。

② [法]蒲鲁东:《贫困的哲学》上卷,余叔通、王雪华译,商务印书馆1998年版,第84页。

③ [法]蒲鲁东:《贫困的哲学》上卷,余叔通、王雪华译,商务印书馆1998年版,第82页。

没有从社会中换得所需，于是只有两个原因会造成这样的结果。要么是个人不充分地劳动，要么是个人的劳动产物没法完成与社会的交换。蒲鲁东并不认为不充分劳动真实地存在，因为每个人都知道只有通过劳动，才有可能换得生存所需，那么物质贫困的成因一定是劳动者生产的商品，无法与社会中的其他商品进行充分的交换，致使劳动者愈发贫困。对此，蒲鲁东曾作出了这样的表述，"如果某一个生产者……他的产品突然失去了效用，那么……他愈是拼命生产，就愈穷困……假如商品的效用提高了，或者是生产成本降低了，那么……生产者……从辛劳的小康之家进而成为饱食终日的朱门富户了"①。那么，什么时候商品会"失去了效用"呢？在蒲鲁东看来，就是某一种商品的产量超过社会真实所需时。蒲鲁东的原话是，"同一种商品的数量愈富足时，交换时就愈不值钱，它的商业价格就愈是下降"②。很明显，蒲鲁东认为不能通过增加商品销量的方式弥补商品单价的下跌。这意味着，此时蒲鲁东所说的商品"数量富足"，不是社会生产效率提高，生产成本降低的表现，而是在既有的生产成本基础上，劳动者由于误判了市场行情以致对某种商品过度生产。这将直接导致劳动者不得不压低商品出售价格，承担损失。沿着这种思路，蒲鲁东发现了经济社会中的一个矛盾：人们对财富的渴望驱使自身不断地生产商品，但最终得到的却是自身日益严重的贫困。对此，他提出了一个反问句："劳动的必要性与它的实际结果之间难道不是存在着矛盾吗？"③所

① 〔法〕蒲鲁东：《贫困的哲学》上卷，余叔通、王雪华译，商务印书馆1998年版，第66—67页。

② 〔法〕蒲鲁东：《贫困的哲学》上卷，余叔通、王雪华译，商务印书馆1998年版，第67—68页。

③ 〔法〕蒲鲁东：《贫困的哲学》上卷，余叔通、王雪华译，商务印书馆1998年版，第67—68页。

以，不同劳动者对不同商品的生产不是任意的，因为"多余部分，就是非价值……也就是说，不能互相交换"①。

蒲鲁东把对贫困成因的考察，建立在分析供求关系及其变化的基础上。摆脱贫困，自然也要调整供求关系，自觉地把劳动组织起来②，控制不同商品的产量，生产彼此"比例合适"的不同商品。以保证所有的商品都可以被交换，不出现不被需要的产品，这样，所有的劳动者就都可以获得与自身付出劳动相等的财富，避免了贫困的境遇。蒲鲁东说，"我们说劳动正在自发地组织着，意思就是说，从开天辟地以来，它就在自发地组织着，……目前的组织形式是不够完善的，它只是过渡性的。科学的全部使命就在于根据已有的成果和正在发展中的各种现象不断地探索各种可以立即实行的改革"③。在《贫困的哲学》中，他遵照辩证法，将现代社会劳动组织不断变革的历程划分为包括"分工、机器、竞争"等在内的"十个时期"，后一个时期是对前一个时期的否定。但是，现代社会即便经历了"十个时期"，也没能真正把劳动科学地组织起来，生产出"比例合适"的不同商品，进而消灭贫困。蒲鲁东最后无奈地这样总结，"我们应该做些什么呢？唉！……我们需要打倒的并不是怀疑，而是武断。因此，让我们从证明社会科学还没有形成，证明它尚处于模糊的预感状态来开始我们的工作吧"④。所以，蒲鲁东最后也没有

① ［法］蒲鲁东：《贫困的哲学》上卷，余叔通、王雪华译，商务印书馆1998年版，第81页。

② 参见［法］蒲鲁东：《贫困的哲学》上卷，余叔通、王雪华译，商务印书馆1998年版，第48页。

③ ［法］蒲鲁东：《贫困的哲学》上卷，余叔通、王雪华译，商务印书馆1998年版，第48页。

④ ［法］蒲鲁东：《贫困的哲学》下卷，余叔通、王雪华译，商务印书馆1998年版，第801页。

178

给出摆脱贫困的具体方法，只是较为模糊地给出了通过理性，自觉组织劳动，最终摆脱贫困的大概思路。

蒲鲁东超出黑格尔贫困思想的基本框架了吗？答案是否定的。因为，蒲鲁东划分"十个时期"的目的根本是探寻现代社会调整供求关系应对贫困问题的历史与逻辑线索，所以它们并没有超出蒲鲁东在《贫困的哲学》第一章和第二章规定的理论前提。至于对供求关系的理解，其实也是在黑格尔市民社会原则的基本框架下展开的。只不过，黑格尔已经通过"形式普遍性"原则假定个人已经从社会中等价地换得自身所需，不存在无法用来交换的多余产品情况，所以，黑格尔在此基础上对贫困问题的分析，更能清楚地暴露市民社会原则本身对理解现代社会模式的理论局限，更能激发人们对国民经济学既有框架的反思。与之相比，蒲鲁东的做法是，首先承认国民经济学视域中市民社会原则的合法性，然后在此基础上，把贫困归结为个人生产活动的任意性。所以，他反而把市民原则自身的问题掩盖起来。从这个意义上说，黑格尔的贫困思想的启发意义要大于蒲鲁东。也是基于上述原因，在《哲学的贫困》中，马克思往往以直接批评黑格尔的方式，批评蒲鲁东，或者通过批评蒲鲁东，表达自己与黑格尔思想的区别。

对于蒲鲁东的哲学观，马克思不无讽刺地说，蒲鲁东"无法探索出历史的实在进程……他觉得没有必要谈到 17、18 和 19 世纪，因为他的历史是在想象的云雾中发生并高高超越于时间和空间的……这是黑格尔式的陈词滥调"①。早从《巴黎手稿》开始，马克思就逐步展开了对黑格尔哲学观的系统清算。于是，马克思现在已经很容易地就把握了蒲鲁

---

① 《马克思恩格斯文集》第 10 卷，人民出版社 2009 年版，第 44 页。

东贫困思想的哲学实质，具体而言，就是认为理念先于实在，是现实社会存在和变革的内在依据，这将导致人对历史和现实的认知是任意的，不符合它们的真实情况。的确，在马克思看来，蒲鲁东为现代社会区分的"十个时期"也是任意且混乱的，并没有坚实的社会现实作为基础，"如果产品的需要量超过自然界所提供的数量，人们就得求助于工业生产……要生产多种多样的东西，就已经决定参加这项生产的不止一个人……那末这就完全决定了生产是建立在分工之上的……既假定有分工，就是假定有交换存在，因此也就有交换价值"①。马克思的意思是，交换价值作一个经济范畴，是工业生产、社会及生产部门内部分工的产物，而非相反。人们头脑中对交换价值的理解，其实也要建立在社会历史中具体的工业活动与分工行为基础之上。真实的历史进程，绝不是如蒲鲁东所言一般，先存在国民经济学中的价值观念，然后再发生人们自觉或不自觉地依照这些概念组织社会劳动。所以，在蒲鲁东讨论使用价值、交换价值等范畴时，已经承认了分工、工业等范畴的历史先在性。②

当然，仅从哲学观及其历史呈现的意义上批判蒲鲁东，还不足以彻底驳斥他的贫困观点。这需要马克思认真审视蒲鲁东关于资本家与工人经济关系的思想。已如前述，在蒲鲁东看来，工人与资本家之间存在着

---

① 《马克思恩格斯全集》第4卷，人民出版社1958年版，第77—78页。

② 蒲鲁东遇到的问题，在黑格尔那里也是存在的。黑格尔在《法哲学原理》的"抽象法"和"道德"篇中使用的许多范畴，其实都以"伦理"篇中的"市民社会"为历史前提（这一点此前已有说明）。所以，黑格尔从"抽象法"推到"伦理"的过程，其实把历史现实与其观念产物的关系弄反了。以至于当黑格尔先在地把市民社会原则的精神呈现视为历史的逻辑起点时，最终只能把现实重新又归结为市民社会。他自以为是找到了现实社会的逻辑根据，其实是受到了资产阶级意识形态的蒙蔽。

交换，并且是等价的，资本家支付给工人的工资，就等于工人生产出的商品的价值。其实，黑格尔虽然没有对工资问题过多论述，但他其实也是支持这种想法的。毕竟，黑格尔也明确地看到了现代社会的阶级分化，但他仍然声称现代社会遵循着劳动所有权和等价交换原则。这意味着，黑格尔也会认为，资本家支付给工人的工资，必然等于工人通过劳动为资本家生产出的商品。所以，马克思要想真正坚持《巴黎手稿》以来，他理解的现代社会所有制基础，必须弄清楚资本家对工人经济上的压迫究竟如何发生。也就是说，在经济制度层面，资本家究竟如何无偿侵占了工人的劳动及其产物。已如前述，恩格斯在《英国工人阶级状况》中认为，工资的额度是资本家任意指定的。不过马克思从《神圣家族》开始，就已经认为，现代社会中的交换是等价的，为此他当时还借用了类似黑格尔"需要的体系"的方式说明这一点。在《哲学的贫困》中，马克思更清楚地指出了这一点，"个人交换也和一定的生产方式相适应，而这种生产方式又是和阶级对抗相适应的……没有阶级对抗就不会有个人交换"①。这是马克思批判布雷等价交换观点时的论断。这句话的意义是极为重要的。因为，它不仅揭示了现代社会阶级压迫的实质，同时也把马克思以往观点中隐含的理论难题直接展露出来。这个难题是，"个人交换"承认交换的普遍性和等价性，意味着工人与资本家之间也存在着等价交换，但是既然如此，它又是如何建立在资本家压迫工人的基础上呢？

对这一问题的科学回答，意味着马克思已经能够从具体的经济学视角出发，解释现代社会阶级压迫的理论实质，它标志着马克思的贫困思

---

① 《马克思恩格斯全集》第4卷，人民出版社1958年版，第117页。

想又往前推进了重要的一步。在《哲学的贫困》中，马克思指出了两点事实。第一，"工资，即劳动的相对价值或价格，因而也是由生产工人一切生活必需品所必要的劳动时间来决定的"①。第二，"利润和工资的提高或降低只是表示资本家和工人分享一个工作日的产品的比例"②。这两句话至关重要，标志着马克思的贫困思想，与蒲鲁东及其背后黑格尔的根本差异。首先，在马克思看来，工人与资本家之间的等价交换是存在的，它体现为资本家支付给工人的工资，确实等于劳动的价值③，也就是使工人维持其阶级身份所必需的商品的价值，而非工人劳动创造的商品价值。不过，工人与资本家之间的交换最终也是不等价的，因为工人提供给资本家的劳动产品的价值，要大于工资包含的价值。因为，工人的工资只是自己工作日的一部分而非全部，另一部分以"利润"的形式被资本家据为己有，这也正是阶级压迫，即"剥削"的经济制度根源。到此，马克思贫困思想的超越性已经体现得非常明显。在《哲学的贫困》之前，马克思其实一直是直截了当地指出现代社会的阶级压迫问题，这也确实符合经验世界中，贫富差距日益严重的事实。但是，阶级压迫究竟如何发生？特别是在国民经济学家和以黑格尔为代表的哲学家始终坚持市民社会原则的理论语境中，剥削的经济机制究竟如何存在？马克思一直没能真正地回答。《哲学的贫困》弥补了这一理论缺位。

---

① 《马克思恩格斯全集》第 4 卷，人民出版社 1958 年版，第 94 页。

② 《马克思恩格斯全集》第 4 卷，人民出版社 1958 年版，第 192 页。

③ 在《哲学的贫困》中，马克思尚未明确区分"劳动"与"劳动力"。在比《哲学的贫困》稍晚的《雇佣劳动与资本》中，马克思同样也没有对这两个概念进行明确区分。不过，恩格斯在《雇佣劳动与资本》1891 年单行本"导言"中指出了这一点，并对原文内容进行了修订。（参见《马克思恩格斯文集》第 1 卷，人民出版社 2009 年版，第701—710 页）

沿着《哲学的贫困》奠定的基本思路，马克思开始了对剩余价值问题的探讨，以此把自己在《哲学的贫困》中论述的工资、利润等问题，奠基于一个更坚实的经济学理论基础上，使自己的贫困思想更加立体而丰富。终于，在《资本论》及其手稿中，马克思形成了"占有规律的转变"①（Umschlag des Gesetzes der Appropriation②）思想，用以说明"等价交换"与"剥削"的关系。

二、以占有规律的转变否定市民社会原则

在具体分析"占有规律的转变"这一思想的具体内涵之前，有必要先简单梳理一下它在马克思后期政治经济学批判思想体系中的理论地位。在创作《政治经济学批判。第一分册》的准备工作中，马克思写下了《七个笔记本的索引》。其中，"占有规律的转变"一节，被置于"资本的生产过程"之后，紧接着就是"资本的流通过程"③。为了创作《政治经济学批判》（第二分册），马克思又写下了《资本章计划草稿》。在那里，"占有规律的转变"被称为"简单商品流通中占有规律的表现。这一规律的转化"，它所处的逻辑环节，与《七个笔记本的索引》基本一致，被置于"资本的生产过程"之后，领起"资本的流通过程"④。根据这样的计划，大致可以判断，马克思认为，"剥削"与交换有关，

---

① 《马克思恩格斯全集》第 31 卷，人民出版社 1998 年版，第 304 页。

② MEGA², *Zweite Abteilung, Band 2*, Berlin: Dietz Verlag, 1980, p.7. 一些日本学者，例如平田清明、望月清司、山田锐夫等人，把这"Umschlag des Gesetzes der Appropriation"译为："领有规律的转变"。在此，本书仍采用《马克思恩格斯全集》中文二版的译法。（参见韩立新：《劳动所有权与正义——以马克思"领有规律的转变"理论为核心》，《马克思主义与现实》2015 年第 2 期）

③ 《马克思恩格斯全集》第 31 卷，人民出版社 1998 年版，第 304 页。

④ 《马克思恩格斯全集》第 31 卷，人民出版社 1998 年版，第 589 页。

但要想清楚地揭示剥削的内在机制，必须要在"资本的生产过程"中寻找答案。的确，这也符合马克思从1857年开始对占有规律转变问题的思考。

在《政治经济学批判大纲》（以下简称《大纲》）中，马克思把工人与资本家之间的交换行为分为两个环节。第一，"工人拿自己的商品，劳动……同资本出让给他的一定数额的交换价值，即一定数额的货币相交换"①。很明显，马克思认为，站在工人的一方，"资本和劳动的交换中第一个行为是交换，它完全属于普通的流通范畴"②。也就是说，对于工人而言，工人得到的工资，确实等于工人为资本家付出的劳动的价值，即"把工人本身生产出来所必需的劳动时间"③。不过，站在资本家的一方，"资本和劳动之间的交换……是非交换"④。因为，工人在具体的生产活动中，为资本家实际提供的劳动时间，大于工资所体现的生产工人生活必需商品的劳动时间，用马克思的话说，就是"对象化在劳动价格中的劳动小于用这种对象化劳动所购买的活劳动时间"⑤。"劳动价格"就是"工资"，"活劳动时间"就是工人为资本家工作的时间，二者的差值被马克思称为"剩余劳动"。工人从事"剩余劳动"的时间被马克思称为"剩余时间"，它创造的价值被称为"剩余价值"，也就是在资本的生产环节中，被资本家无偿占有的那一部分。当带有剩余价值的新的劳动产品进入流通领域之后，资本家将以货币的形式，得到带有剩余价值的"剩余资本"。所以，资本与劳动进行交换的最终结果是，"资本家得

---

① 《马克思恩格斯全集》第30卷，人民出版社1995年版，第232页。
② 《马克思恩格斯全集》第30卷，人民出版社1995年版，第233页。
③ 《马克思恩格斯全集》第30卷，人民出版社1995年版，第242页。
④ 《马克思恩格斯全集》第30卷，人民出版社1995年版，第282页。
⑤ 《马克思恩格斯全集》第30卷，人民出版社1995年版，第281页。

到的价值……大于他付出的价值"①。按照这样的思路，马克思指出，站在资本家的一方，资本与劳动交换的第二个环节，即"资本家换来劳动本身……使资本得以保存和倍增……是在质上与交换不同的过程"②。

不过实际上，在马克思看来，资本与劳动交换的第一个环节，就其实质而言也是非交换的。马克思把"最初的生产过程中产生的剩余资本"，称为"剩余资本Ⅰ"③。已如前述，它是对工人劳动无偿占有的结果。现在，资本家通过购买工人的劳动，把"剩余资本Ⅰ"重新投入到生产环节中，将会最终得到"剩余资本Ⅱ"。马克思认为，"剩余资本Ⅱ的前提无非就是剩余资本Ⅰ的存在，换句话说……资本家不经过交换就占有他人劳动"。这意味着，"对他人劳动的过去的占有，现在表现为对他人劳动的新占有的简单条件"④，为了把"剩余资本Ⅱ"投入生产获得新的"剩余资本"，资本家现在支付给工人的工资，来自此前对工人劳动的无偿占有，用山田锐夫的话说，就是"用他人劳动购买他人劳动"⑤。于是，"交换的关系完全不存在了，或者说，成了纯粹的假象"⑥。

现在，暂且孤立地分析上述诸逻辑环节，可以得出以下结论。"剩余资本Ⅰ"是资本家的所有物（货币）与工人的所有物（劳动）等价交换的产物，它完全符合现代社会法律法规对所有权以及对所有物支配权的一般规定。与之一样，从"剩余价值Ⅰ"到"剩余资本

---

① 《马克思恩格斯全集》第 30 卷，人民出版社 1995 年版，第 282 页。

② 《马克思恩格斯全集》第 30 卷，人民出版社 1995 年版，第 232—233 页。

③ 《马克思恩格斯全集》第 30 卷，人民出版社 1995 年版，第 448 页。

④ 《马克思恩格斯全集》第 30 卷，人民出版社 1995 年版，第 448—449 页。

⑤ ［日］山田锐夫：《马克思领有规律的转化逻辑》，载袁贵仁、杨耕：《当代学者视野中的马克思主义哲学：日本学者卷》，北京师范大学出版社 2014 年版，第 375 页。

⑥ 《马克思恩格斯全集》第 30 卷，人民出版社 1995 年版，第 450 页。

II"，也是资本家的所有物（货币）与工人的所有物（劳动）等价交换的产物，也符合现代社会的法律法规。不过，一旦把流通领域与生产领域结合在一起，重新审视资本生产和再生产自身的过程，就会发现，工人对资本家的付出，小于自身的获得，资本家没有对工人付出，却会有所获得。从这个意义上说，二者之间的关系是非交换的，是剥削与被剥削的关系。其根本原因在于，工人的劳动作为一种特殊商品，其使用价值，就是创造新的价值，这是与其他一切作为物的商品的根本不同之处。于是，资本家在消费劳动这种商品的使用价值时，实际得到了更多的价值，整个过程表现为："G—W—W—G"。工人在消费工资这种商品的使用价值时，得到的"只是在消费中消失的使用价值"，整个过程表现为："W—G—G—W"①。资本家也恰恰发现了这一点，于是，通过仅具有形式意义的等价交换，使工人实际上成为自己的奴隶。所谓"占有规律的转变"，按照马克思的概括，其实就是，"所有权在一方面转化为占有他人劳动的权利，在另一方面则转化为必须把自身的劳动的产品和自身的劳动看做属于他人的价值的义务"②。

到此，马克思其实回答了一个早在《神圣家族》就一直潜藏着的问题，那就是工人与资本家之间交换与非交换关系究竟如何并存。在《神圣家族》中，马克思还没有形成"占有规律的转变"的思想。所以，论及等价交换时，只能从他一直批判的黑格尔那里，借用"需要的体系"的表达方式，在论及阶级对立时，则毫不犹豫地强调"资产阶级社会私有制"的存在。客观地说，这两种话语在《神圣家族》中的结合还显得十分生硬，逻辑上也并不十分自洽。不过，在《大纲》中，这一问题得

---

① 《马克思恩格斯全集》第30卷，人民出版社1995年版，第252—253页。
② 《马克思恩格斯全集》第30卷，人民出版社1995年版，第450页。

到了妥善的解决，因为马克思此时已经非常清楚地指出，"等价交换"
与剥削压迫是共存的，而且前者是后者得以实现的工具①。

　　在"占有规律的转变"的思想基础上，马克思把工人在现代社会中
遭遇的物质贫困，称为"绝对的贫穷"②（absolute Armuth③）。已如前述，
马克思曾在《巴黎手稿》中使用过这个概念，即"绝对的贫困"④（absolute
Armut⑤）。但是，这两个概念表达的含义却存在巨大差别。

　　按照马克思的理解，《大纲》中的"绝对的贫穷"，"不是指缺少对
象的财富，而是指完全被排除在对象的财富之外"⑥。也就是说，工人不
拥有劳动资料，仅拥有劳动能力，而且只能出卖劳动能力，把现实地创

----

　　① 　根据"塔克—伍德"命题，现代资产阶级社会是"正义的"。因为，资本家与工
人之间发生着的是等价交换行为，而这符合"正义"观念的要求（参见段忠桥：《马克思
恩格斯对正义概念的两种用法——兼评伍德的两个误解》，《中国社会科学》2020年第6
期）。不过，与之相反，胡萨米（Ziyad Husami）对这种观点坚决持明确的反对态度，认
为现代资产阶级社会是不正义的。因为，资本家与工人之间不存在真正意义上的等价
交换（See Ziyad Husami, Marx on Distributive Justice, *Philosophy and Public Affairs*, Vol.8,
No.1, 1978, p.74）。围绕这两种观点，学界对现代资产阶级社会是否正义的问题，展开了
长期的争论（参见李义天：《捍卫规范性：道德与政治哲学论文集》，人民出版社2018年
版，第29—30页）。当然，本书不打算进入政治哲学复杂的语境参与到这一争论之中。
只是想以此说明，马克思确实从发生机制的角度上，解释了剩余价值，或者说阶级压
迫，如何从"等价交换"中历史地产生。而这对资产阶级的诸意识形态，例如平等、正
义等道德观念的合法性，带来了颠覆性冲击。

　　② 　《马克思恩格斯全集》第30卷，人民出版社1995年版，第254页。

　　③ 　See MEGA², *Zweite Abteilung, „Das Kapital" und Vorarbeiten, Band 1*, Berlin:
Akademie Verlag GmbH, 2006, p.216.

　　④ 　《马克思恩格斯文集》第1卷，人民出版社2009年版，第190页。

　　⑤ 　See Karl Marx, Friedrich Engels, *Ergänzungsband, Schriften · Manuskripte · Briefe
Bis 1844, Erster Teil*, Berlin: Dietz Verlag, 1968, p.540. 稍有一点需要注意："Armuth"与
"Armut"是一个单词，只不过不同年代的德语单词写法不同。MEGA²遵照了马克思原
始手稿中的写法。

　　⑥ 　《马克思恩格斯全集》第30卷，人民出版社1995年版，第253页。

造财富的"活的源泉"，无偿地给予资本家。所以，在资产阶级社会所有制的语境下，对工人而言，他的劳动能力不具有为自身创造财富的可能，对资本家而言，工人的劳动能力成为自身获取更大财富的手段和中介。马克思此处所说的"绝对的贫穷"，本质上指的是工人阶级的物质贫困及其直接成因。已如前述，《巴黎手稿》中的"绝对的贫困"的思想，描述得更多的是由所有制引发的"精神贫困"，它存在于工人和资本家当中。

另外，《大纲》中"绝对的贫困"这一概念的反面，就是劳动能力与劳动条件的结合，它客观地实现与资本家一方。因为资本家一方面掌握着劳动力，另一方面掌握着生产资料，并且使自身享受着极大的富裕。马克思指出工人阶级身处"绝对的贫困"，固然是依据在哲学和经济学层面对劳动及其条件现实意义的分析和推理，其实也还是依据他在现实中，看到了这二者结合在一起之后的现实影响。在《巴黎手稿》中，"绝对的贫困"主要指共存于工人与资本家之中的精神贫困，它的参照系，已如前述，是现实社会之前的市民社会阶段，这也是人的前异化状态，或者说，是符合人本质的感性能力。不过，市民社会阶段在历史中并不存在，符合人本质的感性能力也只是一种理论的想象，马克思在《巴黎手稿》的"笔记本Ⅱ"中就已经意识到这一点，在《神圣家族》中更是明确将其指出。所以，《巴黎手稿》"绝对的贫困"概念并不存在一个真实的客观参照系，归根结底，它只是一个虚构。

《大纲》中"绝对的贫穷"概念，不仅仅是从量的意义上描述工人阶级拥有的物质财富极少的经验现象，而是从质的层面指出，工人阶级创造财富的能力被剥夺。因而这种贫困是绝对的，是从根本上被排除在财富之外的。所以，按照马克思的理解，所谓的"财富"也不仅仅是物的堆积，更指称使作为使用价值的物不断积累的客观机制，即劳动能力与劳动条件的结合。很明显，马克思没有仅从经验层面出发判断贫困与富裕，而是从社会关系的维度出发，考察工人与资本家各自所处的社会关系及其本质差异，判断他们各自与财富创造条件的现实关系，进而指明他们究竟是贫困的还是富裕的。早在《关于费尔巴哈的提纲》中，马克思就曾指出，"人的本质……在其现实性上，它是一切社会关系的总和"①。"绝对的贫穷"概念延续了马克思的这一思想，其实正是对工人阶级身处的社会关系的判断。或许在资产阶级社会发展的不同阶段，工人的工资提高了，甚至待遇改善了，但是这并不妨碍工人阶级仍然遭受"绝对的贫穷"。因为，工人待遇的改善，"永远也不会达到威胁制度本身的程度"②，工人仍旧被能够创造财富的社会关系所拒斥。

其实，到目前为止，马克思仍旧在与黑格尔的市民社会思想传统进行针锋相对的理论斗争。早期，马克思的思路是，直接指认现代社会的私有制基础，进而否定黑格尔市民社会学说。之后，在面对现代社会等价交换的事实中，逐渐发现了现代社会"占有规律的转变"，清楚解释了工人阶级遭受日益严重的贫困的制度根源。所以，也可以说马克思并没有否定黑格尔的全部，而是透过黑格尔既有的理论成果，更深入地考察现代社会的深层运行机制，发现了黑格尔不曾真正清晰理解的问题。其实，黑格尔或许没有发现，在他所依赖的国民经济学中，工人其实与劳动资料处于同一地位上，属于成本项，二者的目的都是为资本的增殖服务的。只不过在国民经济学那里，资本的增殖更多地表述成为社会财富的积累。因为，他们确信资本家财富的增加，会为整个社会带来更多

---

① 《马克思恩格斯文集》第 1 卷，人民出版社 2009 年版，第 501 页。
② 《马克思恩格斯文集》第 5 卷，人民出版社 2009 年版，第 715 页。

的福利，比如提供更多的就业机会等。所以，在这种经济学体系中，工人一开始就被贬低到物的层面，没有被真正地当成在经济关系上与资本家平等的人对待，即便在他们的论著中，不乏对社会整体未来发展的关心与关怀，但这也只能是抽象。对于这一点，黑格尔其实并没有真正理解，所以，他仍然相信国民经济学家的说辞，毕竟，国民经济学家声称的劳动所有权与等价交换原则，对于黑格尔实现其自身的理论建构具有难以低估的逻辑意义。启蒙运动之后，社会生产力得到了高速发展，西方社会的物质财富急速积累。在思想观念层面，人类的理性而非外在于人的宗教观念，成为人实践活动与道德判断的标尺。但是，这并不意味着人类社会已经发展到了历史的终点，进入了最先进的社会形态。许多思想家，都在反思现代社会的弊病。即便支持国民经济学家的许多观点，黑格尔也认为现代社会有着自身的局限性，以至于它必须超越自身达到国家阶段。但是，只有马克思清晰地指出了现代社会的所有制基础，将之称为"隐蔽的雇佣工人奴隶制"①。

　　黑格尔曾认为，个体的先天自然差异，是社会贫富分化、阶级对立的根源。对于这种观点，马克思是反对的，不过马克思并不否认个体在自然条件上存在差异，也不反对这种差异会引发个体在社会中生产和分配上存在的差异。在《哥达纲领批判》中，马克思论及共产主义初级阶段时期的社会分配方式时指出，它"默认，劳动者的不同等的个人天赋，从而不同等的工作能力，是天然特权……一个劳动者已经结婚，另一个则没有；一个劳动者的子女较多，另一个的子女较少……在提供相同的劳动时间，从而由社会消费基金中分得的份额相同的条件下，某一

---

① 《马克思恩格斯文集》第 5 卷，人民出版社 2009 年版，第 870 页。

个人事实上所得到的比另一个人多些，也就比另一个人富些"①。乍一看上去，这段话与黑格尔对市民社会的规定似乎非常相似。首先，二者明显都认为，社会中的个体存在自然上的差异，这种差异是先在的，先于社会的生产分配体系，个体无法选择。其次，二者明显都认为，个体为社会付出的劳动，等同于社会财富对个体的回报。最后，二者明显都认为，在前两个条件的作用下，个体从社会财富中分得的份额必然存在差异，最终导致贫富差距。那这是不是说明，马克思同意了黑格尔的观点呢，他也认为现代社会的阶级对立与贫富分化来自个体差异？答案是否定的。

因为，马克思此时在《哥达纲领批判》中所讲的社会，是共产主义社会的初级阶段，而非现代社会。在共产主义初级阶段，整个社会的所有制已经不是以剥削为基础的"私有制"，而是生产资料的公有制。"每一个生产者，在作了各项扣除以后，从社会领回的，正好是他给予社会的……就是他个人的劳动量"②。社会中的个体为社会服务的劳动时间所生产的产品量，与他从社会分配中最终得到的产品量是相等的。在这样的社会制度下，每个劳动者获得的财富多少，当然取决于他在单位时间内，通过个人的劳动为社会贡献的多少。不过，在资本主义私有制的条件下，已如前文所述，劳动者的劳动及其成果不属于自己，而属于资本家。他贡献给社会的，和从社会分配中得到的非但不对等，反而存在巨大的差别，"工人在劳动中耗费的力量越多……归他所有的东西就越少"③。所以，相比于这种吃人的社会结构，个体自然差异对社会阶级对

①　《马克思恩格斯文集》第 3 卷，人民出版社 2009 年版，第 435 页。
②　《马克思恩格斯文集》第 3 卷，人民出版社 2009 年版，第 434 页。
③　《马克思恩格斯文集》第 1 卷，人民出版社 2009 年版，第 157 页。

立和贫富差距形成的影响，简直微乎其微甚至可以忽略不计。

三、历史地把握现代资产阶级社会的生成路径

现在摆在马克思面前的问题是，如何从具体的社会历史发展中，依托"占有规律转变"的思想坐标，厘清现代资产阶级社会的历史生成过程。要知道，在《神圣家族》《哲学的贫困》等著作中，马克思只是大概地判断，资产阶级社会来自封建社会，即一个以阶级压迫为基础的社会，但是并未对这种形成的历史过程，进行经济学层面的分析。这与他当时尚未完全理解现代社会阶级压迫、剥削的经济机制密切相关。不过，现在马克思已经通过对现代社会"占有规律"的理解，把握了这种经济机制的本质。这意味着，他现在应该，也有能力，分析现代资产阶级社会的前史，即它的历史生成过程了。

根据"占有规律的转变"思想，现代资产阶级社会的形成，其实也就是资本与劳动交换关系的形成。马克思把这一历史进程，称为资本的"原始积累"，并区别于这种关系形成之后"资本积累"，"后者……以现存的资本的关系为前提"[①]。按照对现代社会"占有规律"的分析，马克思在《资本论》中指出，资本与劳动交换的双方，"一方面是货币、生产资料和生活资料的所有者……另一方面是自由劳动者……也就是劳动的出卖者……他们本身既不像奴隶、农奴等等那样，直接属于生产条件之列，也不像自耕农等等那样，有生产条件属于他们"[②]。前一方面，自然是指资本家，他们拥有货币，主要用来购买生产资料和工人的劳动。后一方面，自然是指工人。与历史上的劳动阶级不同，单个工人对单个

---

① 《马克思恩格斯全集》第 30 卷，人民出版社 1995 年版，第 280 页。
② 《马克思恩格斯全集》第 42 卷，人民出版社 2016 年版，第 734—735 页。

资本家不存在等级上的人身依附关系，所以，他没有彻底丧失能动性和为哪个资本家工作的选择权，没有彻底沦为生产资料本身。不过，工人又不像自耕农那样，可以自给自足，他只能靠出卖自己的劳动为生，因为他除了劳动能力之外，一无所有。所以，"原始积累"的过程，现在又被具体化为，这两类群体如何历史地产生。

通过对历史的细致考察，马克思指出这两类群体产生于同一个过程，那就是"生产者和生产资料分离……大量的人突然被强制地同自己的生存资料和生产资料分离，被当做不受法律保护的无产者抛向劳动市场"①。这里的"生产者"，主要是指封建时代的农民，他们的生产和生活资料，主要是土地，集中到了少部分人手中，主要是封建时代的贵族，也就是即将在事实上成为资本家的群体，而这部分群体，又雇佣了由自己剥夺了生产和生活资料的农民为自己工作，使之成为工人，使自己成为资本家。为了说明这一点，马克思曾以英国历史上的"羊吃人"运动为例。所谓"羊吃人"，其实就是随着地理大发现，英国的毛纺织业迅速发展，提高了羊毛的价格。当时的英国主要还处于封建的农业社会，贵族们为了获取更多的货币，强行地把农民从土地上赶走，改变了土地的性质，用马克思的话说，"新的封建贵族则是他们自己的时代的儿子，他们把货币看做权力的权力。因而，把耕地转化为牧羊场就成了他们的口号"②。至于发展牧羊场的需要的工人从哪里来呢？一部分被剥夺土地的农民则充当了这个角色。当然，这仅仅是一个案例，马克思在《大纲》和《资本论》中，曾进入了复杂的历史追溯当中，以此说明资本原始积累过程是剥夺与被剥夺，即血与火的历史，它本质上

---

① 《马克思恩格斯全集》第42卷，人民出版社2016年版，第735—736页。
② 《马克思恩格斯全集》第43卷，人民出版社2016年版，第774页。

充满着罪恶,"资本来到世间,从头到脚,每个毛孔都滴着血和肮脏的东西"①。如果用《哲学的贫困》中的语言,宏观概括资本"原始积累"的历史进程,那就是"资产阶级在封建主义和君主专制的统治下形成为阶级……阶级形成之后,推翻封建主义和君主专制,把旧社会改造成资产阶级社会"②。

实际上,早在《巴黎手稿》的"笔记本Ⅱ"中,马克思就有了讨论资本原始积累问题的想法,虽然对具体问题的分析显得很不成熟,但基本思路是正确的,即现代资产阶级社会并非来自黑格尔式的市民社会,而是来自以阶级压迫为根本的封建社会。在《资本论》中,马克思也完全一致地指出,资本原始积累就是"封建主义剥削方式转化为资本主义剥削方式"③。其实到此,马克思物质贫困成因思想最核心的内容已经呈现出来。要知道,"占有规律的转变"的思想,不仅是马克思对现代资产阶级社会剥削制度的直接揭示,更是对当时国民经济学深蒂固观念的一次彻底的否定。甚至可以说,整个《资本论》及其手稿,就是在论证"占有规律的转变"的理论内涵、历史基础及其现实意义。恩格斯曾说,马克思一生最重要的贡献有二,一是唯物史观,一是剩余价值学说,而"占有规律的转变"思想,正是这两大思想贡献的具体表现形式。因为,它一方面体现出对现代社会形成路径的客观认知,另一方面体现了剩余价值赖以存在的经济制度基础。当然,除了物质贫困之外,精神贫困是马克思贫困思想的另一重要维度。

---

① 《马克思恩格斯全集》第 42 卷,人民出版社 2016 年版,第 777 页。
② 《马克思恩格斯全集》第 4 卷,人民出版社 1958 年版,第 196—197 页。
③ 《马克思恩格斯全集》第 42 卷,人民出版社 2016 年版,第 735 页。

黑格尔也曾考察过现代社会的历史生成问题。黑格尔指出，"历史是精神的形态"①，所以，现代社会的生成历程，也就是精神从前现代社会向现代社会的自我展现。基于这种思路，黑格尔将精神在世界历史的展开分为四个环节，分别是"东方王国""希腊王国""罗马王国""日耳曼王国"。只有"日耳曼王国"②是精神复归于自身的最终表现，标识着自由的实现。在这里，暂且不论这四个"王国"都代表精神发展的何种阶段，仅凭这种思路就可以知道，黑格尔探究的历史，本质上是人类思想观念的变化发展历程。它必然缺少对人类经济社会发展变革的客观描述，更不可能从探究物质贫困成因的视角出发，分析现代社会生产方式的历史生成。此时的马克思已经形成了唯物史观，而且很明显，马克思对现代社会前史的认知，要相比于黑格尔深刻细致得多。

第二节 对黑格尔精神贫困成因思想困境的克服

早如前述，黑格尔精神贫困成因思想的困境是双重的，它既不具有较高的自洽性，又不能妥善地理解和解决现实问题。与之相比，马克思在具体的社会现实中发现，精神贫困的内涵是不断变化的，而且从《哲学的贫困》开始，马克思逐步厘清了它发展变化的原因，形成了既具有高度自洽性，又极富现实性的精神贫困成因思想，最终克服了黑格尔精

---

① ［德］黑格尔:《法哲学原理》，范扬、张企泰译，商务印书馆1961年版，第353页。

② ［德］黑格尔:《法哲学原理》，范扬、张企泰译，商务印书馆1961年版，第358—359页。

神贫困成因思想的困境。

一、呈现精神贫困内涵的变化历程

《哲学的贫困》之后，马克思的研究重心更加偏向于经济学。所以，马克思对精神贫困的讨论，确实不如对物质贫困的讨论一样多。毕竟，物质贫困确实决定着精神贫困的形成与发展，这是早在《神圣家族》中就已经奠定下来的基本原则。不过即便如此，马克思在其著作中，也蕴含着深刻的精神贫困思想。

就工人阶级精神贫困的概念内涵而言，马克思的理解从《巴黎手稿》到《德意志意识形态》这一阶段中，基本没有太多变化，其核心就是"利己主义"精神。按照《德意志意识形态》，马克思清楚地把这种观念称之为资产阶级的意识形态，这是不错的。按照《神圣家族》中的规定，摆脱精神贫困的标志，就是工人对本阶级的历史生成、社会本质与未来使命，形成了清晰的认知与理解。而且在《神圣家族》中，马克思也基本上勾勒出了一条时间和逻辑线索，那就是：在物质贫困的作用下，精神贫困形成而后又被消灭。这样的思路其实在《德意志意识形态》中没有多大变化。现在的问题是，工人阶级从遭遇精神贫困到摆脱精神贫困之间，究竟遭遇了什么，这种精神上的历史转变是不是一瞬间完成的？在马克思看来，答案是否定的，这期间经历了一个复杂的历史进程。在这一过程中，工人阶级的思想意识既不完全处于精神贫困状态，没有完全被资产阶级的意识形态俘虏，也能够激发出对阶级压迫的批判和反抗，但是即便如此，工人阶级也还没完全摆脱精神贫困，没有对自身的阶级属性有一个客观科学的认识。

在《贫困的哲学》中，蒲鲁东认为，"工场必然包含着整体利益和

私人利益，包含着集体和个人……其中最首要的便是厂主所代表的集体
意志与佣工所代表的个人意志的对立；其次是工场与工场之间、资本与
资本之间的关系，换言之就是竞争与联合的关系。竞争与联合是互相依
存的……只要说到竞争，就必然假定存在着一个共同的目标；可见，竞
争并不是利己主义"①。蒲鲁东承认，在现代社会中，个人与个人，工场
与工场，甚至资本与资本之间，都存在着竞争关系。同时也发现，它们
的竞争之中包含着一个为了社会整个发展的普遍性目的。到目前为止，
这些结论与马克思一直以来的观点其实没有太大的冲突。在《神圣家族》
中，马克思就曾明确指出，"现代资产阶级社会，即工业的、笼罩着普
遍竞争的、以自由追求私人利益为目的的、无政府的……社会"②。马克
思也指出现代社会中的竞争是普遍存在的，任何人与任何人之间，都存
在这种竞争。恩格斯在《英国工人阶级状况》中，曾把现代社会的"普
遍竞争"称为"社会战争，一切人反对一切人的战争"③。当然，马克思
也明确地指出，这种类似"战争"的"竞争"不是任意的，它需要在现
代社会等价交换原则基础上，通过满足社会需要的方式才能实现，因为
只有如此，参与竞争的个人的需要才能得以实现。所以，普遍竞争之
中，也包含着普遍联系，包含着个人对社会需要的考量。其实，马克思
和蒲鲁东此时，总体上都依赖着黑格尔"需要的体系"的框架，对现代
社会中个人间的交往方式进行一种经济学分析。

　　不过，蒲鲁东随后的观点，却与黑格尔和马克思存在严重分歧，进

---

　　① ［法］蒲鲁东：《贫困的哲学》上卷，余叔通、王雪华译，商务印书馆1998年版，
第220页。

　　② 《马克思恩格斯全集》第2卷，人民出版社1957年版，第156页。

　　③ 《马克思恩格斯全集》第2卷，人民出版社1957年版，第304页。

而陷入了谬误。在黑格尔看来，现代社会（市民社会）的第一性原则是特殊性原则，也就是说，利己主义精神及其实现，是个人一切经济行为的出发点和落脚点。个人的行为确实会提升社会的福利，但这是利己主义精神外化的结果，也是利己主义精神实现的中介。所以，增进社会福利虽然是一切个人经济行为的直接结果，但却不能因此称之为一切个人的共同主观目的，即蒲鲁东所言的"共同的目标"。蒲鲁东此举，其实是把现代社会中，仅有"形式意义"的普遍性原则，当做第一性原则，取消了"特殊性原则"对于现代社会的统摄地位。只有这样，"竞争"在本质上才能不是利己主义的。目前，还仅仅是蒲鲁东与黑格尔的对比，虽然已经能够看出，蒲鲁东对一些核心经济学问题的认知，还不如黑格尔，但还不足以说明他与马克思的区别。已如前述，马克思早在《神圣家族》中，就已经指出了利己主义精神对于现代社会个人精神世界的重要意义。在《哲学的贫困》中，马克思仍然坚持着这个观点，并以反问的形式指出"难道利己主义就不是以共同目标为前提的么"①。看上去，这似乎一个充满悖论性色彩的论断。既然是"利己主义"，那么，经济行为的最终目标就是个人自己，又如何会出现共同目标呢？其实，马克思这里与《神圣家族》一样，也借用了黑格尔需要体系的分析方法，指出，"共同目标"仅仅是一种形式上的，"利己主义"仍旧是它的根据的本质。这是马克思对现代资产阶级社会个人的精神分析，这一论证，其实是《神圣家族》中观点的深化。在《共产党宣言》中，马克思其实也提到了类似的观点，"资产阶级在它已经取得了统治的地方……把宗教虔诚、骑士热忱、小市民伤感这些情感的神圣发作，淹没在利己主义

---

① 《马克思恩格斯全集》第 2 卷，人民出版社 1957 年版，第 176 页。

打算的冰水之中"①。"利己主义"是一种普遍的精神状态，这与资产阶级社会的交往方式密切相关，不过对于工人阶级而言，这是一种精神贫困。

在《贫困的哲学》中，蒲鲁东指出，"竞争是合法的，股份公司是合法的，供求是合法的，以及从竞争、股份公司和自由贸易中直接产生的一切事物也都是合法的；反过来，工人罢工却是非法的。这点不但刑法典上有明文规定，而且是经济制度和现存秩序的必然性所要求的"②。蒲鲁东的说法，代表了一种典型的黑格尔式思路。所谓"竞争""供求关系"，其实也就是黑格尔式市民社会原则的必然产物，它们的合法性，其实也就是市民社会原则(劳动所有权和等价交换原则)的合法性。"罢工"是对劳动的否定，更加破坏了整个社会的普遍交换，最终会消解蒲鲁东看重的"竞争""股份公司""供求"等交换行为。因而是"非法的"。所谓的"法"，根据马克思在《德意志意识形态》的观点，其实也就是维护资产阶级利益的法律。当然，罢工在当时不是单个工人的个别行为，而是有组织的工人同盟的行为。工人同盟组织罢工的直接目的是什么呢？是提高"工资"，改善"待遇"。面对这样的情形，不同的思想家表达了不同的观点。按照马克思的概述，国民经济学认为"罢工"会扰乱社会秩序，推动技术的应用，进而使工资降得更低。空想社会主义者认为，同盟组织罢工，最终也无益于改善工人的境遇，更无法改变工人的阶级身份③。当然，不论如何，按照当时许多思想家的观点，"罢工"

---

①　《马克思恩格斯文集》第 2 卷，人民出版社 2009 年版，第 34 页。

②　[法] 蒲鲁东：《贫困的哲学》上卷，余叔通、王雪华译，商务印书馆 1998 年版，第 308—309 页。

③　参见《马克思恩格斯全集》第 4 卷，人民出版社 1958 年版，第 195 页。

无法真正为工人带来福利。

现在的问题是，"罢工"本质上究竟是什么？它究竟能带来何种后果？"罢工"就其内在动因而言，是工人的利己主义需要。因为"罢工"的直接目的是提高工资，工资的意义，自然是增加工人的物质收入，而且当工人以提高工资为目的进行罢工时，意味着这一系列行为在客观上维护着资本主义雇佣劳动制。因为，资本家支付给工人的工资，将会在工人为资本家劳动的过程中，超额还给资本家。所以，"罢工"从利己主义的思想诉求出发，客观上最终又维护了资产阶级对工人阶级的剥削。从这个意义上说，国民经济学家与空想社会主义者的结论，并不完全错误。而且，已如前述，马克思把"精神贫困"的实质，界定为"利己主义"。这意味着，以提高工资为目的的罢工行为，本质上仍旧是工人阶级"精神贫困"的体现。无论最后的结果带来了工资的提高或下降，罢工都是在现代资产阶级社会能够容忍的框架进行的，因为"工资"作为剥削关系的体现，仍旧存在，这一点尚没有被工人阶级认识到。另外，"罢工"行为正如蒲鲁东所言，确实违反了当时社会的法律。不过，争取工资，意味着工人已经意识到，自己虽然付出了无比辛苦的劳动，但是最终从资本家那里得到的工资，却仍是难以维持自己正常的生活。于是，虽然囿于利己主义的整体思想框架下，但是，工人阶级争取更高工资的行为，意味着他们在精神深处意识到，现代社会正在奉行的经济制度原则，难以符合他们的切身利益。从这个意义上说，为了提高工资，进而引发罢工行为的利己主义精神，与为了提高工资，进而使工人付出更多劳动的利己主义精神，在内涵上并不完全相同。前者包含着对现代社会经济制度的反抗意识，这是后者并不具备的。

其实，就反抗意识而言，除了以争取工资为目的的这种工人同盟组织的罢工行为，还有工人个人的道德堕落与其他的违法行为，对于这一点，马克思在《哲学的贫困》中着墨不多，恩格斯在与之几乎同时期的《英国工人阶级状况》中，对此有过细致的描述。恩格斯指出，"工人的整个状况和周围环境都强烈地促使他们道德堕落……贫穷对精神所起的毁灭性的影响，正如酗酒对身体一样……贫困让工人在几条道路中进行选择：慢慢地饿死，立刻自杀，或者随便在哪里见到他们所需要的东西就拿走，干脆说，就是偷"①。这种道德堕落与违法犯罪行为，例如，酗酒、偷盗、谋杀等，在前文中已经通过一些历史学家的观点予以呈现，其本质是工人对现代社会资产阶级道德与法律的拒斥。因为，他们遭遇的物质贫困，使他们很难继续相信，现代社会奉行的道德与法，能够给他们带来真正意义上的实惠。恩格斯把工人阶级的这一精神现象描述为"堕落"，与之类似，马克思在《国际工人协会共同章程》则将之称为"精神沉沦"②。所以，马克思与恩格斯一样，对工人阶级的这类精神活动及其外化，评价得很低。

不过，这一点其实是很奇怪的。首先，与工人同盟组织的罢工一样，工人的"精神沉沦"也是出于利己主义考量，都是对现代资产阶级道德与法的对抗。另外，"精神沉沦"现象的外化，带来的不是对资本主义剥削制度的巩固，而是对资本主义社会的直接否定，表达着个人对整个社会的强烈愤慨。那么，为什么马克思对它的评价并不高呢？原因或许有二。第一，在马克思看来，资产阶级社会在历史上起过重要积极作用，推动了生产力的巨大进步，创造了大量的财富。所以，应该在吸收资产阶级社会积极因素的前提下，消灭资产阶级社会的私有制。不

---

① 《马克思恩格斯文集》第 1 卷，人民出版社 2009 年版，第 428—429 页。
② 《马克思恩格斯文集》第 3 卷，人民出版社 2009 年版，第 226 页。

过，工人"道德堕落"及其外化对资产阶级社会的否定性意义，更多的是一种任意的盲目破坏。它使工人在很多时候并不区分，社会中的哪些东西应当予以继承，哪些东西应当予以消灭。所以，这种"道德堕落"（"精神沉沦"）及其外化，无法代表历史发展的大方向，也因此最终无法给工人带来切实的福利。

第二，工人"道德堕落"（"精神沉沦"），并非有组织的整个阶级的行为。在评价工人维护工资的行为时，马克思指出，"维护工资这一对付老板的共同利益，使他们在一个共同的思想（反抗、组织同盟）下联合起来。因此，同盟总是具有双重目的：消灭工人之间的竞争，以便同心协力地同资本家竞争"①。在马克思看来，"维护工资"虽然是一种"利己主义"的考量，但是，工人个体会在维护自身工资的过程中逐渐意识到，只有依靠整个阶级，或者依靠工人同盟的力量，作为个体的工人，才有能力与资本家抗衡，进而达到维护工资的目的。这是资本家与工人各自的阶级身份决定的，单个资本家拥有更多的社会资源，更雄厚的经济实力，以及现行社会制度的解释权，而单个工人则势单力孤，很难独自挑战资本家作为统治者的社会权威地位。于是，"利己主义"的初衷在其外化的过程中，必然会逐渐转变成一种"集体主义"精神。当然，在一定历史时期内，这种"集体主义"精神仍旧以"利己主义"为出发点和归宿，正因如此，资本家才能在与工人的斗争中，利用一些工人的利己主义心理，收买"一些工头、少数忠于他们的工人和道地的生意朋友"②，致使工人运动的失败。不过即便如此，工人思想世界中，集体主义精神的历史出场，也彰显了他对片面的利己主义精神的否定。另外，

---

① 《马克思恩格斯全集》第4卷，人民出版社1958年版，第196页。
② 《马克思恩格斯全集》第4卷，人民出版社1958年版，第193页。

更重要的是，为了维护工资而组成的工人同盟，在客观上，把工人阶级组织了起来，有了共同的目标，有了统一的行动，把工人阶级与资产阶级的利益区分开，为工人正确认知本阶级的本质，奠定了重要的基础。相比之下，工人的"道德堕落"（"精神沉沦"），在更多时候仅仅是工人个人的行为，没有真正意义上的组织，没有统一的规划，没有共同的行动，也没有看到本阶级利益与资产阶级利益的对立。正因如此，工人的道德堕落，在一些时候表现为作践自身，例如，酗酒、吸食毒品等，另外，工人违反法律，有时候不仅针对资本家，也侵害了工人阶级自身的利益。从这个意义上说，虽然同属于"精神贫困"的大范畴，但是，工人"道德堕落"（"精神沉沦"）与为了"维护工资"而组织的工人同盟，对于工人阶级的利益以及社会的未来发展而言，并不具有相同的意义，后者要明显地重要于前者。

马克思看来，精神贫困与精神贫困的超越，并不是截然二分的，在历史上前者向后者的转变也并不是一下子就完成的，而是经历了一系列复杂的过程。根据马克思恩格斯的思想，大致上可以将之在逻辑上区分为以下几个环节：A"利己主义"（完全屈从资产阶级意识形态）→ B"道德沦丧"（盲目拒斥资产阶级意识形态）→ C"维护工资"（有组织地反抗资产阶级的意识形态）→ D 摆脱"精神贫困"（认清自身的阶级本质与历史使命）。前三个环节都属于"精神贫困"的大范畴，环节 C 是否定"精神贫困"的关键。

二、分析精神贫困内涵演变的成因

对于环节 A 的成因，马克思在《德意志意识形态》中其实已经有过总括性的论述，是对工人阶级精神贫困成因的一般性分析，因为"精神贫困"包含的三个环节，都包含有利己主义的成分。关于环节 B 的成因，恩格斯在《英国工人阶级状况》等著作中已经有过较为细致的说明，它也确实不甚复杂。至于环节 C 的成因，则是马克思之前不曾认真考察过，且又必须重视的问题。因为，它虽然与环节 A 相同，都以"利己主义"精神为其本质特征，但是与环节 A 不同的是，在环节 C 中，"利己主义"精神的实现，要以"集体主义"精神，即"利己主义"精神的否定因素为中介。这必然使环节 C 的成因比环节 A 和环节 B 都要复杂许多。到目前为止，黑格尔与马克思精神贫困思想的差异，更明显地展现了出来。在黑格尔那里，底层劳动阶级的精神世界只能区分为非黑即白的精神贫困或非精神贫困，不过，与之形成鲜明对比，在马克思这里，精神贫困与精神贫困的超越之间，还存在着复杂的逻辑环节。暂且不论二者的理论内涵之差异，就可以轻易地发展，马克思对精神贫困问题的判断是更符合底层劳动阶级的真实思想处境，更符合社会历史发展的真实进程，也更能体现对现实的人的理论观照。这些都是黑格尔贫困思想难以具备的。

那么，精神贫困的第三环节究竟如何产生呢？已如前述，在《德意志意识形态》中，马克思已经指出，意识形态是统治阶级编造的，它本质上是统治阶级利益的体现，却被统治者说成是符合全社会利益。所以，就内容而言，意识形态必然要求对现代社会的经济运行方式，给出一个看似符合社会全体成员利益的解读。在《德意志意识形态》时期，马克思还没有形成"占有规律转变"的思想，也就是说，他当时还不能真正理解，资产阶级的意识形态究竟如何歪曲了事实，究竟如何编造出迷惑底层劳动阶级的谎言，使工人阶级陷入了精神贫困的第三环节。不过，《哲学的贫困》之后，特别是随着《资本论》的创作，马克思已经能够清晰地回答这一问题了。

在《〈政治经济学批判。第一分册〉初稿片断》中，马克思分析了国民经济学家意识形态话语建构的基本思路及其谬误。马克思指出，根据国民经济学家的观点，"商品的生成过程，从而商品的最初占有过程，发生在流通之外。但是只有通过流通，即通过自己的等价物的转让，才能占有他人的等价物，因此，必须承认自己的劳动是最初的占有过程，而流通实际上只是体现在各种各样产品中的劳动的相互交换"[①]。与马克思一样，国民经济学家也认为，现代资产阶级社会发生着等价交换的行为，即黑格尔市民社会原则的第二重规定，或者用马克思的话说即"简单流通"。正如前文已述，"等价交换的原则"要求每个人要想获得个人需要的商品，即"使用价值"，必须生产社会需要的商品，即"交换价值"，与社会中的他人进行交换。但是，这里实际隐含着这样一个前提，即个人要想与社会中的他人进行商品交换，那就必须先拥有可供交换的商品。那么，这个即将被投入到简单流通领域的商品从何而来呢？它发生在流通领域之外，不外乎有两种解决方案。第一，就是求之于人，占取他人的商品，不过，这是无法实现的。因为，按照简单流通的等价交换原则，占取他人商品，必须通过给他人提供等价的商品才能实现。或者说，按照国民经济学家的观点，在现代资产阶级社会，只有通过等价交换的方式，才能与社会中的他人发生经济关系。况且，现在讨论的问题就是，进入流通领域之前，商品所有者拥有的商品从何而来。于是，只能采取第二种方案，即求之于己。也就是说，从自己这里获得能够投入流通中的商品。要知道，任何商品都是对象化的劳动。所

---

① 《马克思恩格斯全集》第 31 卷，人民出版社 1998 年版，第 348 页。

以，求之于己的过程，其实也就是自己生产商品，并所有商品的过程。这样，劳动所有权原则，也就成为等价交换原则的逻辑前提，"以自己的劳动为基础的所有权，在流通中成为占有他人劳动的基础"①。另外，国民经济学家把劳动所有权原则及等价交换原则泛化为人类社会发展的一般原则，以此解释现代资产阶级社会的历史生成过程。

其实，国民经济学家与马克思做了一个同样的工作，就是确定现代资产阶级社会的基础性原则，并为这种原则找到它的历史根源。乍一看上去，国民经济学家们的论证似乎很有说服力。而且，沿着国民经济学家的论证，势必得出这样的结论，"在很久很久以前有两种人，一种是勤劳的中坚人物，另一种是懒惰的无赖汉。于是出现了这样的局面：第一种人积累财富，而第二种人最后除了自己的皮以外没有可出卖的东西。大多数人的贫穷和少数人的富有就是从这种原罪开始的"②。因为，人类社会历史的演进历程，直到现代资产阶级社会为止，都遵循着劳动所有权和等价交换的原则。所以，现代社会中的贫穷或富有，都是个人劳动的历史积累。为了改变自身的命运，底层劳动者除了拼命劳动以外，似乎别无他法。不可否定的是，国民经济学家的观点确实很具有迷惑性。根据国民经济学家的观点，在现代资产阶级社会中，说工人阶级遭受意识形态的欺骗，其实也就是在说，首先，工人相信，他与资本家之间，不存在前现代社会的人身依附关系，二者是根据自愿的原则，缔结交换契约的。其次，缔结了契约之后，工人相信，自己通过劳动创造的产物，即工人在具体的生产活动中为资本家创造的商品，等于自己从社会中获得的物质回报，即工人从资本家那里得到的工资。可问题恰恰

---

① 《马克思恩格斯全集》第 31 卷，人民出版社 1998 年版，第 348 页。
② 《马克思恩格斯全集》第 42 卷，人民出版社 2016 年版，第 734 页。

出现在这里，正是因为工人得到了一定量的报酬，以至于他误以为工人与资本家之间存在着平等的交换关系，而非剥削关系。对此，1868年，马克思在致恩格斯的信中清楚指出，"因为通过工资的形式，全部劳动表现为已经得到了报酬，所以它的无偿部分似乎必然不是产生于劳动，而是产生于资本"①。在这里，"全部劳动"是指工人为资本家劳动的全部时间，"无偿部分"指的就是工人在"剩余时间"中，通过"剩余劳动"，为资本家付出的"剩余价值"，最终将以资本家本人获得的"利润"表现出来。整句话的意思是，资本家支付给工人工资的行为，掩盖了资本家对工人剩余劳动的无偿榨取，使"利润"看上去不是由工人的劳动创造，而是资本家的资本创造。马克思的本意，是要解释工资的本质，但是也同时把资本家支付给工人工资这一行为的意识形态意义揭示了出来。

按照这样的逻辑，当工人在付出了辛勤劳动，却仍旧遭受物质与精神的匮乏时，他第一时间想到的，必然是资本家克扣了工资，没有按照自己实际付出的劳动量，给自己支付报酬。殊不知，工资就其概念而言，本身就小于工人实际付出的劳动量。所以，工人只有可能努力要求资本家提高工资，改善工人待遇，而不会想到要彻底消灭工资赖以存在的社会制度基础。实际上，不仅仅工资，工人也曾为争取缩短工作时长而努力，关于这一点，马克思在《资本论》第八章②中有过具体的描述。不过，二者的本质是相通的，就是工人相信，就制度设计而言，资本家与工人之间本来处于交换关系之中，但是资本家却没有履行他们最初签

① 《马克思恩格斯全集》第32卷，人民出版社1974年版，第71页。
② 此处指称的文献，是恩格斯编辑整理的《资本论》第一卷德文第四版。参见《马克思恩格斯文集》第5卷，人民出版社2009年版。

订的契约，使工人付出的劳动与得到的报酬不相等。于是，要求资本家限制工作时长，降低工人的劳动强度，或者提高工资，使工资与工人付出的劳动量相等。很明显，工人以这样的方式与资本家展开斗争，表明工人已经受到了资产阶级意识形态的影响，并预设了它的真理性，精神贫困的第三阶段，也就这样形成了。

黑格尔的精神贫困成因思想，不仅没有真正理解现实中的精神贫困问题，还显得十分粗糙。也就是说，黑格尔过分简单地把工人阶级的精神世界划分为"正直的"和堕入"贱民精神"这两大类，除此之外，再无其他。而且，前者向后者的转变过程，在逻辑上也显得十分突兀。仿佛只在一瞬间，工人就从爱好劳动，转变为"好逸恶劳"。不必经过复杂的思考，就可以知道，人的精神活动复杂而多变，很难进行非黑即白的定性。从这个意义上说，黑格尔的唯心主义哲学虽然必然导致他十分重视人的精神认知领域，但是客观评价，他对工人的精神分析显得较为仓促和简单化。相比于黑格尔，马克思虽然更关心经济领域的发展变化，但是他对工人精神认知的分析，显得更加全面、细致，因而更贴近工人阶级的真实精神境遇，在逻辑上也必然更加自洽。毫无疑问，这弥补了黑格尔的理论不足，克服了黑格尔精神贫困成因思想的理论困境。

第三节　对黑格尔摆脱物质贫困思想困境的克服

客观说，黑格尔虽然清醒地认识到物质贫困，特别是物质贫困Ⅱ对现代社会的危害。但是，他对贫困问题的理解方式，使他认为，消灭精神贫困，就能消灭物质贫困Ⅱ。其实，这离成功解决现实中的物质贫困问题越来越远了。与之相比，马克思则基于新的理论前提，即"占有规律的转变",认识到只有消灭物质贫困,才能消灭精神贫困。而且,马克思也确实通过对历史规律的探索,发现了物质贫困消灭的必然性,最终超越了黑格尔。

一、指出劳动生产率逐步提高的直接结果

1846 年,马克思在《致安年科夫的信》中指出,"社会……是人们交互活动的产物……在人们的生产力发展的一定状况下……就会有相应的社会制度形式、相应的家庭、等级或阶级组织……人们在他们的交往 [commerce] 方式不再适合于既得的生产力时,就不得不改变他们继承下来的一切社会形式"①。类似的思想,马克思曾在 1859 年《〈政治经济学批判〉序言》中也表达过,"无论哪一个社会形态,在它所能容纳的全部生产力发挥出来以前,是决不会灭亡的;而新的更高的生产关系,在它的物质存在条件在旧社会的胎胞里成熟以前,是决不会出现的"②。在这两段话中,马克思至少表达了两层思想。第一,现代资产阶级社会,以资产阶级压迫无产阶级为核心的社会阶段,是奠基于现阶段人类社会生产力发展水平之上的。只要它还能适应生产力的发展需要,它就有继续存在的必然性。第二,人类要想消灭现代资产阶级社会,消灭阶级关系,消灭长期统治人类社会的压迫制度,必须要建立在生产力高度发展的基础上,以至于现存的"交往 [commerce] 方式"与其生产力基础不再适应。

马克思的话无疑在告诉我们,彻底摆脱贫困(阶级革命)的时机,并不是由社会中的个体任意决定的,是有条件的,并非无条件的。正如

---

① 《马克思恩格斯文集》第 10 卷,人民出版社 2009 年版,第 42—44 页。
② 《马克思恩格斯文集》第 2 卷,人民出版社 2009 年版,第 592 页。

马克思在《巴枯宁〈国家制度和无政府状态〉一书摘要》中指出，"彻底的社会革命是同经济发展的一定历史条件联系着的；这些条件是社会革命的前提"①。应该说，在唯物史观确立之前，马克思对阶级革命发生前提的讨论并不十分充分。例如，《〈黑格尔法哲学批判〉导言》的基本逻辑是，工人阶级是被排除在市民社会之外的市民社会阶级，是整个社会的奴隶。于是，它本身就是社会的反面，就是对社会的否定，因而也就直接地拥有消灭现代社会的物质力量。只要在理论的指引下，它就能够实现这种物质力量的现实化。暂且不论这种"现实化"的结果是什么，单单就这种思路来看，马克思似乎是把得到了理论的指引，工人阶级使哲学作为自己的"精神武器"②，视为通过阶级革命彻底解决贫困问题的唯一前提，而且这个前提还是精神层面的。到了《神圣家族》情况发生了改变，马克思指出，"私有财产造成作为无产阶级的无产阶级……造成意识到自己的非人化从而自己消灭自己的那种非人化时"，阶级革命，作为彻底解决贫困的问题的方式，才能发生。在这里，情况发生了改变，马克思清楚强调了阶级革命的发生前提是物质的，是社会历史的具体发展。不过，这仍旧显得较为模糊。"私有财产"发展到何种程度，才能使工人阶级形成这种意识？这类问题，当时的马克思并不能有效回答。应该说，唯物史观的确立，使马克思更清醒、冷静地挖掘阶级革命发生的物质前提。要想清晰地解释这一点，必然要依赖于对现代资产阶级社会剥削方式的客观认知，即"占有规律转变"的思想。

寻找阶级革命发生的物质前提，已如前文所述，其实也就是寻找，资产阶级社会的生产关系与生产力不相适应的发生条件。在《资本论》

① 《马克思恩格斯文集》第 3 卷，人民出版社 2009 年版，第 404 页。
② 《马克思恩格斯文集》第 1 卷，人民出版社 2009 年版，第 17 页。

第三卷中，马克思指出，"资本主义生产，随着可变资本同不变资本相比的日益相对减少，使总资本的有机构成不断提高，由此产生的直接结果是：在劳动剥削程度不变甚至提高的情况下，剩余价值率会表现为一个不断下降的一般利润率"①。这句话中包含了许多专业的经济学术语，需要对它们的内涵及其关系进行分析。所谓"可变资本"，是指资本家用来购买劳动力的那部分资本，对于工人而言，这部分资本以工资的形式变现出来。马克思之所以称这部分资本为"可变资本"，是因为资本家通过这部分资本购买了劳动力以后，工人通过劳动不仅偿还了这部分资本包含的价值，还在剩余时间中创造出更多的价值，即"剩余价值"。所以，正是这部分资本通过与工人进行了简单交换之后，在具体的生产环节发生了量的增加，因而称之为"可变资本"。"不变资本"，指的是资本家用来购买生产资料的那部分资本。它在资本的生产环节中，只是由于被工人的生产活动，改变了自己的物质存在形态，至于它蕴含的价值量则没有改变。所以，称之为"不变资本"。"不变资本"与"可变资本"的价值量比例，就是资本的"有机构成"。

不过，资本的有机构成并不由资本家随意决定的，而是"由所使用的生产资料量和为使用这些生产资料而必需的劳动量之间的比例来决定"②。在这里，社会生产的客观性维度就体现出来了。不同的社会发展阶段，生产力水平各不相同，这意味着，劳动工具和劳动者个人的能力素质等因素各不相同，在单位时间内，劳动者从事生产所能够使用的生产资料，也各不相同。在现代资产阶级社会发展的不同阶段，单位时间内，相同数量的劳动者，能够使用的生产资料的数量也就因此很不相

---

① 《马克思恩格斯文集》第 7 卷，人民出版社 2009 年版，第 237 页。

② 《马克思恩格斯文集》第 5 卷，人民出版社 2009 年版，第 707 页。

同。资本家虽然掌握着大量资本，是这个社会的统治阶级，但是也只能依据现阶段的社会生产力情况，把自己拥有的资本按照一定比例，分为"不变资本"和"可变资本"。众所周知，社会的生产力水平是不断进步的，这是现代资产阶级社会竞争机制带来的必然结果。而社会生产力进步的直接表现形式，必然是生产效率的提高，也就是说，单位时间内，相同数量的劳动者可以使用更多的生产资料，生产更多的商品。于是，正如马克思所言，"劳动资料和原料的总量比推动这些劳动资料和原料的必要的劳动力的总量日益相对增加……反映在资本的不变部分靠减少它的可变部分的逐步增加上"[①]，资本的有机构成因此不断提高。

二、论证现代剥削制度走向灭亡的历史必然

至于"劳动剥削程度"，其实也就是"剩余价值率"[②]，即"剩余劳动"与"必要劳动"的比例。按照马克思的理解，随着生产力的进步，"劳动剥削程度"（"剩余价值率"）是越来越高的。已如前述（这里需要在前文说明），"必要劳动"其实也就是工人需要偿还给资本家支付的工资的劳动，而工资其实是使工人维持自身阶级身份所需要的生活资料的价值。社会生产力的提高，必然降低生产这些生活资料的劳动时间，因而也就降低了它们的价值。于是，工资的价值总体上也就呈下降的趋势，"必要劳动时间"也就随之缩短。这样，在一个工作日内，工人从事剩余劳动的时间也就会延长，"劳动剥削程度"（"剩余价值率"）也因而就会提高。所谓"一般利润率"，其实也就是"剩余价值"与"资本"（"不

---

① 《马克思恩格斯全集》第43卷，人民出版社2016年版，第665页。

② 《马克思恩格斯全集》第42卷，人民出版社2016年版，第544页。

变资本"与"可变资本"的总和）的比例。根据一定形式的变换，它最终可以由这样的等式予以表达："$P'=\dfrac{m/v}{1+c/v}$"[1]。随着生产力的发展，等式右边分母部分的"资本有机构成"是在不断提高的，分子部分的"劳动剥削程度"也会不断提高。所以，根据前文表述，马克思认为，即便分子分母都存在提高的趋势，"一般利润率"也会随着资本有机构成的提高而不断下降。

　　看上去，这里存在着一个理论障碍，因为上述等式右边的分子与分母随着生产力的进步，都在增加。但实际上，这并不影响马克思结论的科学性。在《大纲》中，马克思指出，随着生产力的不断进步，"必要劳动已经缩减到 $\dfrac{1}{1000}$ 工作日，那么全部剩余价值就$=\dfrac{999}{1000}$ 工作日。如果生产力现在提高 1000 倍，必要劳动就下降到 $\dfrac{1}{1000000}$工作日，全部剩余价值就占 $\dfrac{999999}{1000000}$工作日……因此它增加了……$\dfrac{1}{1001}$……这就是说，在生产力提高到 1000 倍时，全部剩余价值还增加不到 $\dfrac{1}{1001}$"[2]。其实，人们完全可以自己假设不同的生产力发展水平，比照利润率的变化情况，然后就可以轻易地发现，利润率的确是在不断下降的。其实，这是一种"极限的思想"[3]。假设生产力的进步，使"可变资本"无限趋近于"0"，那么，等式右侧的分子就无限接近于"0"，等式左侧的比值也就会无限趋近于"0"。如果不用数学语言来表达，那就是生产力的不断进步，使整个生产过程相对而言越来越不需要工人的参与。这将导致资本家可以剥削的工人的相对数量越来越少。这时，总会有那么一个时

---

　　① "P'"表示"利润率"，"m"表示"剩余价值"，"c"表示"不变资本"，"v"表示"可变资本"。

　　② 《马克思恩格斯全集》第 30 卷，人民出版社 1995 年版，第 302 页。

　　③ 谢富胜、汪家腾：《马克思放弃利润率趋于下降理论了吗——MEGA² Ⅱ 出版后引发的新争论》，《当代经济研究》2014 年第 8 期。

刻，工人全部劳动的总和，还不及此前相对数量更多的工人创造的剩余价值。在《资本论》第一卷中，马克思对此有过具体说明，"24 个工人每人只要在 12 小时中提供一小时剩余劳动，他们总共就提供 24 小时剩余劳动，而两个工人的全部劳动在工作日的界限为 12 小时的情况下，只不过是 24 小时"①。

在学术史上，关于马克思一般利润率下降学说的争论，长期存在。有学者更是指出国外对此的争论存在着"五次高潮"②。不过，这并不能否定马克思思想的真理性和重要性。"一般利润率下降"学说的真理性，刚刚已有逻辑上的说明，其重要性也因此显而易见。根据"占有规律转变"的思想可知，资产阶级压迫工人阶级的方式，就是从工人阶级的劳动中榨取"剩余价值"。"剩余价值"的存在是资产阶级社会得以存在的物质前提。一般利润率下降，意味着随着社会生产力的不断进步，资产阶级能够从工人阶级身上榨取的剩余价值量越来越小了，"最终必然归于零利润"③。到那时，资产阶级社会以剥削为基础的生产方式，已经不能继续适应生产力的发展水平，因此必然走向全面的崩溃。不断制造着物质贫困的社会制度，也就彻底消亡了。当然，正如马克思此前指出的那样，"彻底的社会革命是同经济发展的一定历史条件联系着的"。

根据马克思的上述观点，至少可以得出下述结论。第一，对资产阶级社会剥削关系的否定性因素，不是外在于，而是内在于这种剥削关系。因为，这种剥削关系的根本成因，是生产力的进步与发展，至于剥

---

① 《马克思恩格斯全集》第 43 卷，人民出版社 2016 年版，第 424 页。

② 周钊宇、宋宪萍：《马克思利润率趋向下降规律是错误的吗？——质疑检视域理论澄清》，《马克思主义研究》2020 年第 10 期。

③ 王峰明：《资本的囚徒困境与资本主义的终结》，《马克思主义与现实》2010 年第 3 期。

削关系的否定性因素，已被马克思证明，也是生产力发展本身。从这个意义上说，剥削关系从它形成的历史节点开始，就注定要走向自己的反面。这体现着丰富的辩证法思想。已如前述，黑格尔认为，随着"精神"的自我丰富，现实世界的一个环节，也是对前一个环节的否定，也必将被后一个环节否定。而且这种否定的力量也是同一的，那就是"精神"运动本身。但是，正如马克思在《德意志意识形态》中就已经指出的，这是一种神秘化了的逻辑演绎，缺乏基本的客观事实作为依据。与之相对，马克思则指出生产力才是生产关系乃至整个社会不断发展变化的内在根据。也是直到《资本论》及其手稿中，才以细致的经济学分析，进一步证明了资产阶级社会存在、发展、灭亡与生产力发展的内在关联。

　　第二，"一般利润率"回归于"0"具有逻辑的必然性，当它展现在现实社会中，将会是一个复杂的历史进程。如果把"一般利润率"的数学表达转换为经济学话语，那就是，随着一般利润率的下降，资本家对工人的剥削程度也就不断接近了极限，能够榨取到的剩余价值也就越来越少。不过，社会历史发展的具体历程是极为复杂的，一般利润率下降的历程，也不会如一条向下直线一般一眼就可以捕捉到，历史发展的偶然性总是与其必然性相伴而行。马克思在整个《资本论》第三卷的第十四章中，就是在讨论对一般利润率下降趋势"起反作用的各种原因"。包括前文已经阐释的"劳动剥削程度的提高"在内，共有六大基本原因①。所以，在资本完成其征战全球的历史使命之前，一般利润率变动会受到来自诸多方面的影响，长期处于不断的波动状态，很难直接回归于"0"。马克思自己也承认，"这个规律只是作为一种趋势发生作用；

---

①　参见《马克思恩格斯文集》第7卷，人民出版社2009年版，第十四章。

它的作用，只有在一定情况下，并且经过一个长的时期，才会清楚地显示出来"①。

第三，一般利润率向"0"的回归，现代资产阶级社会的崩溃，必然伴随着激烈而彻底的革命运动。一般利润率下降不仅仅是一种单纯的数学表达，它是现代资产阶级社会不断发展的重要标志。当一般利润率趋近于"0"时，意味着整个社会的贫富差距会十分巨大，而且存在大量失业或半失业的劳动人口。整个社会的购买力十分低下，由资本关系而产生的大量商品，没法通过简单交换而转变成体现着资本家利润的货币。另外，利润的萎缩不仅通过简单流通体现出来，因为一般利润率的下降，意味着资本家获得剩余价值的源泉也在不断地萎缩。所以，在那样的历史条件下，社会中的两个阶级，都处于十分煎熬的境地。相比于资产阶级社会历史上的任何时期，工人阶级都遭遇着最为严重的物质贫困，资本家更是面临着随时破产的巨大风险。于是，两个阶级不约而同地把斗争的矛头指向了对方。工人阶级要求消灭剥削制度，彻底解决贫困问题，而资产阶级则要求提高"劳动剥削程度"（"剩余价值率"），以保证"剩余价值"，即"利润"的长期存在。激烈的革命运动就此发生。

那么现在的问题是，工人阶级如何在生产力发展的时代高度上，建立起不存在剥削的社会，彻底解决贫困问题？在《资本论》中，马克思

---

① 《马克思恩格斯文集》第 7 卷，人民出版社 2009 年版，第 266 页。本书导论中已经指出，皮凯蒂认为，马克思关于现代资产阶级社会一般利润率下降的判断是错的。因为，经验事实中利润率的变化特点，与马克思的断言正好相反。但是，真正错误的不是马克思，而是皮凯蒂。因为，皮凯蒂不仅没有考虑到阻碍利润率下降的诸多因素，而且也没有认清现代资产阶级社会的剥削本质，更没有以一个更长的历史时间轴考虑现代资产阶级社会发展的一般趋势。（参见王峰明：《资本、资本家与资本主义——从马克思看皮凯蒂的〈21 世纪资本论〉》，《天津社会科学》2015 年第 3 期）

对未来社会的经济结构做出了这样的判断。在《国际工人协会共同章程》中，马克思指出，"劳动者在经济上受劳动资料即生活源泉的垄断者的支配，是一切形式的奴役的基础，是一切社会贫困、精神沉沦和政治依附的基础"①。当生产资料归社会而非某一阶级所有时，社会中就不会存在由于没有生产资料，而被迫为另一阶级服务的劳动阶级，也就没有了剥削和压迫。沿着这样的思路，马克思对未来社会，即共产主义社会的经济制度原则，作出了明确的判断，"在协作和对土地及靠劳动本身生产的生产资料的共同占有的基础上，重新建立个人所有制……资本主义所有制转化为社会所有制"②。恩格斯将这句话的内涵解释为，"社会所有制涉及土地和其他生产资料，个人所有制涉及产品，也就是涉及消费品"③。

这种制度建构，既没有为阶级对立的形成留有制度空间，同时也为社会中的个人充分张扬个性，实现自身诉求，提供了制度保障。生产资料的所有者，也是劳动者本身，劳动者的劳动及其成果，因而也都归劳动者自身所有。所以，与现代社会最大的不同是，共产主义社会消灭了一个寄生在整个社会生产之上的剥削阶级。因为，随着现代社会生产力的发展，资本积累的体量越来越大，资产阶级对于生产活动的指导意义和直接参与程度会越来越低。他们的任务最终将只有一项，就是从资本关系中榨取工人阶级的剩余价值。于是，除了彻底的负面意义，资产阶

---

① 《马克思恩格斯文集》第3卷，人民出版社2009年版，第226页。

② 《马克思恩格斯文集》第5卷，人民出版社2009年版，第874页。

③ 《马克思恩格斯文集》第9卷，人民出版社2009年版，第138页。改革开放之后，受到国内外多方因素的影响，一些人企图否定恩格斯在《反杜林论》中对马克思上述观点的科学理解，为"公有经济私有化"的错误立场造势。对此，学界应当时刻警惕。（参见吴宣恭：《对马克思"重建个人所有制"的再理解》，《马克思主义研究》2015年第2期）

级对于整个社会的生产活动而言，将不再具有任何其他意义。另外，由于剥削关系已经被消灭，社会中人与人、人与共同体的利益在本质上是同一的，并不存在绝对的对抗性关系。所以，每个人都可以实现个性的充分张扬，都可以根据自身需要和社会生产发展的阶段性特点，实现个人与社会的同向发展。

其实，黑格尔设想的"国家"阶段，与马克思理解的共产主义社会，存在许多相似之处。黑格尔认为，"国家"阶段的实现有两个重要标志。第一，在经济关系层面，个人与社会在物质利益的需要与满足上，是同一的。也就是说，个人需要的满足，能够促进社会需要的满足，社会需要的满足，能够实现个人需要的满足。第二，在思想观念层面，个人主观上承认，社会利益与个人利益的同一性，用黑格尔的话说，就是特殊性实现了自身的实体性本质。很明显，这样的理念与马克思对共产主义社会的基本设想极为相似。在经济关系层面，共产主义社会中的个人与社会的物质利益需要及其满足手段上，也是同一的。在思想观念层面，个人主观上也承认，社会利益与个人利益的统一性。① 那么二者的不同之处是什么呢？本书认为根本上的不同有两点。第一，黑格尔认为，个人与社会在思想观念中的同一性是"国家"阶段实现的决定性因素。第二，马克思认为在经济关系层面的同一性是共产主义社会实现的决定性因素。现在的问题是，造成二者差异的原因是什么？回答这一问题，可以有多种角度。不过本书相信，对现代社会贫困类型、成因及其消灭方

---

① 诺曼·莱文（Norman Levine）认为，马克思忽视了黑格尔国家思想的伦理本质，但是这一判断是错误的。因为，马克思并没有完全否定黑格尔国家理念中包含的两方面特点，只不过以不同的路径、在不同的经济基础上予以实现，而这恰恰标志着马克思对黑格尔的批判与超越。（参见 [美] 诺曼·莱文：《马克思与黑格尔的对话》，周阳等译，中国人民大学出版社 2015 年版，第 365—366 页）

式判定的不同，引发了马克思与黑格尔走上了不同的理论道路，是造成这种差异的最关键因素之一。

第四节 对黑格尔摆脱精神贫困思想困境的克服

马克思克服黑格尔摆脱精神贫困思想的困境，就是要在对现代社会中精神贫困内涵、成因的准确判定基础上，找到消灭精神贫困问题的切实可行的具体方法。在《神圣家族》中，马克思曾经勾勒出这样一条理论线索："物质贫困→精神贫困→物质贫困→摆脱精神贫困→摆脱物质贫困"。通过这样的逻辑线索，马克思实际上至少得出了两条结论。第一，物质贫困既能够引发工人阶级的精神贫困，同时也能够使工人阶级摆脱精神贫困。第二，在摆脱物质贫困之前，工人阶级就已经摆脱精神贫困了。实际上，这两条结论又可以合并为一个结论，那就是：精神贫困产生于资产阶级社会，同时也消灭于资产阶级社会。的确，人对真理的认识不是一蹴而就的，它需要一个不断深化的过程。工人阶级对现代资产阶级社会本质的认识也是如此，需要经历一个复杂的历史进程。在前文中，马克思论述了精神贫困第三阶段（阶段C）的成因。正如前文指出的那样，马克思也在《哲学的贫困》中给予精神贫困第三阶段不低的评价，看到了其中包含着的摆脱精神贫困的因素。所以，探究摆脱精神贫困的方式，其实也就是探究从精神贫困第三阶段到摆脱精神贫困的现实路径。已如前文所述，精神贫困的第三阶段，是工人出于利己主义的考量，围绕工资待遇等问题，在工人同盟的组织下，与资产阶级进行斗争，进而满足自身的利己主义需要，维护个人的工资。不过，工人的初衷能够实现吗？答案是否定的。

一、揭示资本主义积累的一般规律——评佐藤金三郎的误判

在《资本论》第一卷中，马克思对现代资产阶级社会发展的基本趋势，做了一个明确的判断。他指出，"不管工人的报酬如何，工人的状况随着资本的积累而恶化。最后，使相对剩余人口或产业后备军同积累的规模和能力始终保持平衡的规律把工人钉在资本上……在一极是财富的积累，同时在另一极，即在把自己的产品作为资本来生产的阶级方面，是贫困、劳动折磨、受奴役、无知、粗野和道德堕落的积累"①。在这句话中，有几个概念需要稍作说明。

"相对剩余人口"，不论是在国民经济学家那里，还是在马克思这里，指的都是工人群体中的一部分，不过，二者对于"相对剩余人口"形成原因的理解却很不相同。国民经济学家，例如马尔萨斯就认为，这是工人过度生育这一不理性行为导致的。而马克思则认为，这是资产阶级社会的生产方式导致的。前文已经论述，随着生产力的进步，资本有机构成在不断提高，总资本中的可变资本部分一直保持着相对甚至绝对地减少，马克思就此指出，"对劳动的需求，不是由总资本的大小决定的，而是由总资本可变组成部分的大小决定的，所以它随着总资本的增长而递减……资本主义积累……成比例地生产出相对的……剩余的工人人口"②。所以，剩余人口并不来自工人的生育繁衍超过了社会财富（总资本）的供养能力，而是资本越积累，它对劳动的需要就相对地越低，以至于看上去总会多出一部分就业不充分的剩余人口。而"剩余的工人

① 《马克思恩格斯全集》第 42 卷，人民出版社 2016 年版，第 664—665 页。
② 《马克思恩格斯全集》第 42 卷，人民出版社 2016 年版，第 646—647 页。

人口形成一支可供支配的产业后备军"①。在这里，"支配"的主体当然是资本，所谓的"后备军"，其实也就是指可为资本增殖提供劳动的潜在力量。因为，资本积累的过程不是一条平滑上升的路。之前，在一些特殊的历史条件下，某些部门的确极有可能在短时间内涌入大量资本。而仅依靠工人阶级的生育繁衍，是无法满足这部分资本对劳动瞬间增长的巨大需求的。这时，产业后备军的意义一下子凸显了出来。它的成员，就可以在这时实现就业，为这部分资本服务。当然，资本积累的这种快速膨胀与快速收缩互为前提，因此，产业后备军不会消失，总会有工人游离出分工体系，沦为失业人口，进入产业后备军。可以说，对于资本家而言，总是有大量的工人可供自己选择，对于正在就业的工人而言，为了不失去工作，只能拼命地劳动。用马克思的话说，这客观上"成全了资本的专制"②，工人阶级被"钉在资本上"。

在《资本论》第一卷第一版中，有这样一句话，"但是同现役劳动军相比，这种后备军越大，常备的剩余人口也就越多，他们的贫困同劳动折磨成反比"③。不过，在马克思亲自校订过的《资本论》第一卷法文版中，这句话变为，"但是同现役劳动军相比，这种后备军越大，常备的过剩人口也就越多，他们的贫困同劳动折磨成正比"④。很明显，前者中的"反比"被修订为"正比"。并且，在德文第二、三、四版中，这句话使用的概念又都是"反比"⑤。"法文版"的改动，并不是一处无关紧要的修改，因为它将使整句话的意思彻底相反。日本学者佐藤金三

① 《马克思恩格斯全集》第42卷，人民出版社2016年版，第649页。
② 《马克思恩格斯全集》第42卷，人民出版社2016年版，第658页。
③ 《马克思恩格斯全集》第42卷，人民出版社2016年版，第663页。
④ 《马克思恩格斯全集》第43卷，人民出版社2016年版，第691—692页。
⑤ 参见《马克思恩格斯文集》第5卷，人民出版社2009年版，第742页脚注。

郎注意到了这个问题，并曾经做过细致的讨论，最后指出，《资本论》的几个版本对这段话的处理都是不完善的，都需要进行修改。这句话应当采用"正比"这一概念，并且整个应当被最终修订为，"但是同现役劳动军相比，这种后备军越大，常备的过剩人口或同他们所受的劳动折磨成正比而贫困的工人阶层也就越多"①。不过，本书并不同意他的说法。

佐藤声称，自己的判断以《资本论》第一卷德文第一版（包括德文第二版）为底本②。并从语言入手，把对"正比"或"反比"的概念使用，建立在对整句话准确翻译的基础上。的确，正确翻译这句话，是正确理解这话内涵的关键，而只有理解了整句话的内涵，才能判定究竟应当使用两个概念中的哪一个。那么，本书沿着佐藤的思路，以《资本论》第一卷（德文第一版）为底本，首先审视佐藤的翻译是否准确。根据《马克思恩格斯全集》历史考证版（第二版），这句话对应的原文是，"Je göβer aber diese Reservearmee im Verhältniβ zur aktiven Arbeiterarmee, desto massenhafter die konsolidirte Surpluspopulation oder die Arbeiterschichten, deren Elend im umgekehrten Verhältniβ zu ihrer Arbeitsqual steht"③。佐藤认为，句中的"deren"作为复数第二格，指称的是前文中的"Arbeiterschichten"，而且很坚决地声称，"这一点是非常明显的"④。

---

① ［日］佐藤金三郎：《关于"资本主义积累的一般规律"的订正》，载杨金海主编：《马克思主义研究资料》第 10 卷，中央编译出版社 2014 年版，第 431 页。

② ［日］佐藤金三郎：《关于"资本主义积累的一般规律"的订正》，载杨金海主编：《马克思主义研究资料》第 10 卷，中央编译出版社 2014 年版，第 429 页。

③ MEGA², *Zweite Abteilung, "Das Kapital" und Vorarbeiten, Band 5*, Berlin: Dietz Verlag, 1983, p.519.

④ ［日］佐藤金三郎：《关于"资本主义积累的一般规律"的订正》，载杨金海主编：《马克思主义研究资料》第 10 卷，中央编译出版社 2014 年版，第 429 页。

但其实不然。"deren"的确可以指代复数第二格，但也可以指代单数阴性名词第二格，而"Surpluspopulation"恰好符合这个条件。另外，在1890年版的《资本论》第一卷中，这句话里干脆没有"Arbeiterschichten"一词，"deren"指称的就是"Surpluspopulation"①。所以，就翻译层面而言，佐藤的第一条分析并不能完全成立。另外，佐藤认为，之后的"ihrer"与之前的"deren"一样，指的也是"Arbeiterschichten"。但是，就语法层面而言，"ihrer"同样也可以指"Surpluspopulation"，1890年版《资本论》第一卷就是这样处理的。② 因此，佐藤在翻译层面的第二条推论同样不能完全成立。

不过，如果暂且沿着佐藤的思路继续下去，这句话将会被译为，"但是同现役劳动军相比，这种后备军越大，常备的过剩人口或其贫困与所受劳动折磨成反比的工人阶层也就越多"。在这句话的后半句中，"后备军越大，常备的过剩人口……越多"是容易理解的。不过，"其贫困与所受劳动折磨成反比的工人阶级"这一论断，是佐藤不能接受的。因为，根据马克思的判断，"在一极是财富的积累，同时在另一极，即在把自己当产品作为资本来生产的阶级方面，是贫困、劳动折磨、受奴役、无知、粗野和道德堕落的积累"，可以得出这样的结论：工人受到的劳动折磨越深重，他遭遇的贫困也就越严重。所以，佐藤只能断言，1867年版《资本论》第一卷中的"'反比'显然是'正比'的误记"③。

① MEGA², *Zweite Abteilung, "Das Kapital" und Vorarbeiten, Band 10,* Berlin: Dietz Verlag, 1991, pp.578-579.

② See MEGA², *Zweite Abteilung, "Das Kapital" und Vorarbeiten, Band 10,* Berlin: Dietz Verlag, 1991, p.579.

③ ［日］佐藤金三郎：《关于"资本主义积累的一般规律"的订正》，载杨金海主编：《马克思主义研究资料》第10卷，中央编译出版社2014年版，第429页。

但是，实际上，佐藤很明显地忽视了，马克思此时使用的术语不是"工人阶级"，而是"工人阶层"，它是"工人阶级"的一个部分。

在法文版《资本论》第一卷中，马克思指出，"相对过剩人口……大大低于工人阶级的正常水平……工人阶级的这个阶层不断地从大工业和农业的'过剩者'那里得到补充"[①]。很明显，马克思的"工人阶级"概念，既指已经实现就业，且正在工作的劳动者，同时也可以指暂时失业的潜在劳动者，即产业后备军。因此，"相对过剩人口"作为一个阶层，是属于工人阶级的。另外，产业后备军的成员，作为工人阶层，要比已经就业的工人还要贫困得多。于是，只有比已经就业的工人，能够忍受更高强度的劳动折磨，他才能在激烈的就业竞争中，找到工作，进而摆脱失业状态下极度贫困的悲惨状态。从这个意义上说，他们受到的劳动折磨，的确与他们贫困成反比。而这正是就业市场中，工人之间残酷竞争的表现形式。所以，在佐藤十分纠结的这句话中，"Arbeiters-chichten"（"工人阶层"）一词的确可以省略，因为它是"常备的剩余人口"的同义词。佐藤的错误在于他忽视了马克思这句话的前文语境，以致误解了这句话本身的含义。

二、论证摆脱精神贫困的历史必然

到此，马克思观点已经较为清晰地呈现出来。首先，马克思认为，工人争取提高工资的斗争历程必然是无比艰难的。因为，产业后备军的存在，使资本家可以解雇那些要求提高工资的工人，而按照现有的工资水平，雇佣那些处于失业状态的工人，通过制造工人阶级内部的矛盾，

---

① 《马克思恩格斯全集》第 43 卷，人民出版社 2016 年版，第 690 页。

缓解资产阶级与工人阶级之间的矛盾。其次，马克思认为，即便工人的工资真的提高了，工人的贫困也在不断地积累。这不仅是因为，就社会关系而言，工人处于"绝对的贫穷"地位，也是因为，工人与资本家的贫富差距正在越来越大，这是一种相对差距。

首先要承认，工人围绕工资问题与资本家展开的斗争，并不是完全没有成功。例如，马克思在《国际工人协会成立宣言》中指出，"英国工人阶级经过 30 年惊人顽强的斗争……终于争得了十小时工作日法案的通过"①。在工人工资不变的情况下，工人单日工作时长的缩短，意味着剩余劳动时间的缩短，"劳动剥削程度"的下降。这相当于变相提高了工资，因为它与提高工资得到了一样的结果。不过，工人生活境遇的这种改善，远远赶不上资本家资本积累的速度。而且，随着生产力的进步，"剩余价值率"的总体变化趋势是上升的，也就是说，工人或许通过一定形式的斗争，在一定历史时期内，缓解了物质贫困带来的窘境。但就历史发展的总体趋势而言，工人阶级遭受的剥削是日益严重的。工人对这种现实境遇也有着深刻的直接体验。因为，工人清楚地发现，经过了一系列由工人同盟组织的斗争之后，自己的利己主义初衷非但没有真正实现，反而走向了它的反面，资本家们总是能够联合起来，与工人同盟相对抗，工人被更牢固地束缚于资产阶级奴隶的地位上。

工人阶级逐渐清醒地看到，使自己遭遇严重贫困，承受劳动折磨的真正原因，不是资产阶级克扣了工资，也不是资产阶级违背了社会的道德与法，而是资产阶级本身，只有消灭资产阶级，才能摆脱自身的不幸处境。于是，工人阶级逐渐自觉地改变了"利己主义"的初衷，不再把

① 《马克思恩格斯文集》第 3 卷，人民出版社 2009 年版，第 11 页。

从资本家那里获得更高的工资视为组织和参与工人运动的直接目的，而是把维护同盟的存在和发展视为革命运动的直接目的。对此，马克思在《哲学的贫困》中指出，"使英国经济学家异常吃惊的是，工人们献出了相当大的一部分工资支援经济学家认为是单只为了工资而建立的联盟"①。而且为了应对资本家的联合，不同的工人同盟之间也在有组织地联合起来，它们甚至跨越了国界和大陆与大陆之间海洋的界线。

历史学家汤普森（Edward P. Thompson）曾指出，通过对不同方面文献资料的对比，可以显而易见地发现，1790 年至 1830 年的英国历史中，"最明显的事实仍然是'工人阶级（单数）的形成……它表现为相应形式的政治和工业组织的成长'"②。与之类似，恩格斯也通过对英国社会的一系列经验观察，更概括地指出，工人已经"构成了同一切有产阶级相对立的、有自己的利益和原则、有自己的世界观的独立的阶级"③。其实，从工人阶级放弃了争取更高工资，或者用马克思的术语表示，即争取降低"劳动剥削程度"，转而以一种集体主义精神支持工人同盟与资产阶级的对抗一刻开始，就意味着工人阶级已经摆脱了精神贫困，撕破了资产阶级思想家构造的意识形态迷雾。

马克思在《哲学的贫困》中，把工人阶级遭遇精神贫困和摆脱精神贫困的整个历程，进行了精练的概括，"经济条件首先把大批的居民变成工人。资本的统治为这批人创造了同等的地位和共同的利害关系……但还不是自为的阶级。在斗争……中，这批人逐渐团结起来，形成一个

---

① 《马克思恩格斯全集》第 4 卷，人民出版社 1958 年版，第 196 页。
② [英]汤普森：《英国工人阶级的形成》(上)，钱乘旦等译，译林出版社 2013 年版，第 211 页。
③ 《马克思恩格斯文集》第 1 卷，人民出版社 2009 年版，第 475 页。

自为的阶级。他们所维护的利益变成阶级的利益"①。站在《资本论》及其手稿的理论高度上，这句话是容易理解的。经济条件把"居民变成工人"，其实也就是资本原始积累，推动"劳动与所有权分离"，进而确立资本关系的过程。资本关系确立以后，工人阶级被资产阶级意识形态蒙蔽，在经济生活中遭受精神贫困，奉行利己主义的原则。不过，随着资本关系的深入发展，工人与资产阶级的斗争越来越激烈。这最终使工人阶级超越了利己主义精神的历史局限性，摆脱了精神贫困，自觉地把阶级利益的实现，视为自身利益实现的前提和保障，成为了有统一组织的"自为的阶级"。

破除对资产阶级意识形态的迷信，意味着工人阶级正在革命实践活动中，逐步形成了代表本阶级利益的世界观和方法论，即对现代资产阶级社会本质的理性审视与科学认知。在 19 世纪的欧洲，形形色色的社会主义思想兴起，许多思想家都希望通过自己的思想解释现代社会贫困问题的形成，直接影响工人运动，为解决现代社会的矛盾作出贡献。不过，正如恩格斯指出的那样，只有马克思确立起了科学社会主义思想，真正影响了人类社会的历史进程。所以，马克思贫困思想的意义，不仅在于解释世界，更体现在它能直接塑造工人的精神世界，并转化为改造现实世界的物质力量。正如卢卡奇所言，马克思的贫困思想"不是目的本身，它的存在是为了使无产阶级看清形势，为了使它在这种更明确认识到的形势中能够根据自己的阶级地位去正确地行动"②。所以，马克思主义有助于工人阶级摆脱精神贫困，是工人阶级与资产阶级意识形态相

①　《马克思恩格斯全集》第 4 卷，人民出版社 1958 年版，第 196 页。
②　[匈] 卢卡奇：《历史与阶级意识》，杜章智等译，商务印书馆 1992 年版，第 307 页。

斗争的强大精神武器。

确立了唯物史观之后，特别从《哲学的贫困》开始，马克思逐渐地认识到，工人阶级摆脱了精神贫困，不会马上就摆脱物质贫困。毕竟，已如前述，一般利润率回归于"0"是一个复杂的历史进程。不过，工人阶级也应当积极自觉地与资产阶级展开斗争，这一方面符合工人阶级的长远利益，另一方面是资产阶级社会发展的历史必然。根据这样的思路，马克思曾对工人阶级发起的与资产阶级的斗争，给出极高的评价。例如，马克思认为，十小时工作日法案的通过，一方面"对于工厂工人在体力、道德和智力方面"带来了很积极的影响，为工人阶级继续进行工人运动，在敌强我弱的历史条件下，为自己争得更大的利益，奠定了重要基础；另一方面"是一个原则的胜利；资产阶级政治经济学第一次在工人阶级政治经济学面前公开投降了"①。"资产阶级政治经济学"是资产阶级社会的意识形态，"工人阶级政治经济学"是工人阶级在自己的阶级立场上，对资产阶级社会的本质认知。"工人阶级政治经济学"的胜利，不仅意味着工人阶级信奉的思想体系，符合人类社会发展的一般趋势，更表明它彰显出强大的生命力，为工人阶级取得革命斗争的最后胜利，提供了坚实的精神保障。

马克思的上述论述，既表明了黑格尔摆脱精神贫困思想的局限性，也克服了它的困境。首先，黑格尔的摆脱贫困思想对于现实中的工人阶级遭遇的贫困问题，并不是完全没有意义。因为，它们可以基于一定程度，在一定范围内，降低资本家对工人的剥削程度，使工人的生活境遇有所改善。但是，长远来看，它们并不能改变资本主义积累的一般规

---

① 《马克思恩格斯文集》第 3 卷，人民出版社 2009 年版，第 12 页。

律，无助于真正解决工人阶级遭遇的物质贫困问题。其次，相比于黑格尔，马克思找到的摆脱精神贫困的方法，能够切实地应用于现实，影响着现代社会的发展轨迹。因为，马克思已经找到了消灭精神贫困的历史必然性，而且也在其中为工人阶级发挥主观能动性，自觉摆脱精神贫困，留下了充分的空间。黑格尔虽然也强调摆脱精神贫困的必然性，但是他对贫困类型、成因与消灭路径的认知，最终只能把工人引向对阶级压迫的顺从和屈服，只能以资产阶级意识形态的形式，发挥着现实作用，即便黑格尔的初衷未必如此。

第五节 马克思克服黑格尔思想困境的理论与现实意义

马克思对黑格尔贫困思想的超越，已经较为清晰地呈现出来。其实归结起来，这种超越可以最终表现为两点。第一，马克思在逻辑上形成了更加自洽的贫困思想。第二，马克思的贫困思想更符合现代社会的真实情况和人类历史的发展趋势。

早在19世纪上半叶，就有思想家都发现了黑格尔贫困思想的困境，并尝试对它进行改造，力求使之适应现实。例如，黑格尔的挚友甘斯（Eduard Gans），改变了黑格尔的同业公会思想，提出了"自由的同业公会"（"联合"①）概念，即为应对贫困，工人之间建立起以相互帮扶为重要目的的联合体。很明显，此时的同业公会，已经不是一个以行业为单位，包含不同阶级的纵向机构，而是一个以同一阶级为基础，包含不

---

① Norbert Waszek, Dduard Gans on Poverty and on the Constitutional Debate, in The New Hegelians: *Politics and Philosophy in the Hegelian School*, edited by Douglas Moggach, Cambridge: Cambridge University Press, 2006, p.41.

同行业工人的横向机构。因为，甘斯清楚地发现，在现代社会中，"雇佣工人"和"雇主"之间存在着对抗性关系①，为了维护自身利益，工人必须团结起来。

甘斯对黑格尔概念的改变，与其说是绝对精神自我演绎的逻辑需要，不如说是社会贫困对哲学家思想建构的倒逼。固然，甘斯要顾及黑格尔体系的自洽性，但作用于现实、改变工人的贫困境遇，才是甘斯希望"自由的同业公会"这一概念真正要实现的理论目的。所以，即便黑格尔认为自己的思想大厦已经完美，但甘斯并没有受限于此，而是基于变化发展的现实对之予以调整。甘斯这种推动黑格尔思想发展的指导理念，体现了马克思社会存在决定社会意识这一唯物史观的基本原则。另外，与黑格尔不同，甘斯不仅较为清楚地把握了现代社会的内在结构，还认识到工人具有摆脱贫困境遇的内在力量。这使他在一定意义上，与马克思贫困思想存在深层的精神契合。应该说，甘斯的想法的确反映出现代社会的复杂矛盾和迫切需要，反映出人们进行理论阐释时存在的思想倾向。所以，马克思最终自觉站在工人阶级的立场上，克服黑格尔贫困思想的困境，找到摆脱贫困的现实路径，最终超越黑格尔，似乎存在着历史和逻辑的必然。

当然，黑格尔与马克思的贫困思想，都对现代社会的发展产生了重要影响。长期以来，黑格尔虽然在通常情况下被视为集权主义的倡导者，但是由于其贫困思想，也被学界普遍视为20世纪"福利国家"理论的思想先驱，虽然他自己并不是要倡导"福利国家"或者"计划经

---

① 参见［美］沃伦·布莱克曼：《爱德华·甘斯与黑格尔主义的危机》，姚远译，《民间法》2015年第2期。

济"①。通过前文的分析可知，黑格尔在市民社会的"警察"阶段没能解决"贱民"问题，这直接导致"同业公会"无法从市民社会原则中逻辑地推出。也就是说，市民在市民社会原则的作用下，不会自觉地结成"同业公会"，不会形成可以相互救助、相互帮扶的社会关系。这也是黑格尔摆脱贫困思想走向失败的结果之一。不过，即便如此，人们还是能够发现，黑格尔的初衷，其实是限制经济社会自由放任的发展。毕竟，黑格尔清楚地发现，自由放任的经济发展模式，最终损害的不仅是社会中底层群体的福祉，更是全社会的利益。所以，必须想办法从普遍性的意志出发，通过调整分配方式，一定程度上增加社会中底层贫困者的物质财富，而无论他们是否处于社会分工体系，进而防止贱民的产生。

黑格尔的这种想法与"福利国家"的某些理念确实颇为契合。第二次世界大战之后，许多西方资本主义国家宣称自己已经成为"福利国家"。所谓"福利国家"，本质上就是立足于分配领域，制度化地使富人的财富向穷人倾斜，有学者将这种新的济贫计划大致划分为两类，即"社会保险"和"社会福利"②，前者的受众主体是身处社会分工体系之中的个人，后者则更多地针对被排除在社会分工体系之外的群体。当然，二者的区别也是十分明显。在黑格尔那里，同业公会乃至之后的国家实体，都是从市民社会原则里内在地生发出来的，是市民社会原则的历史展开。但是，第二次世界大战之后"福利国家"的救济政策，是外

① ［美］史蒂芬·B.史密斯：《黑格尔的自由主义批判：语境中的权利》，杨陈译，华东师范大学出版社 2019 年版，第 183 页。
② ［美］史蒂芬·M.博杜安：《世界历史上的贫困》，杜鹃译，商务印书馆 2015 年版，第 88 页。

在于市民社会原则的，它是统治者强加于市民社会之上的，本质上是对市民社会原则的否定，目的是巩固自身的统治。当然，不论如何，二者的结果都颇为相似，那就是制度化地建立起了救助帮扶体系。应当承认，黑格尔的贫困思想不一定直接指导了"福利国家"的建立。毕竟，黑格尔不是职业的经济学家，也没有对 20 世纪中后期的人类社会发展方式有准确的预判。但是，"福利国家"从酝酿到建立的过程中，其实自觉或不自觉地，受到了黑格尔这位思想先驱的影响，即便这种影响显得较为隐蔽。

"福利国家"及其背后的济贫理念，在一定历史阶段内，对于社会底层的贫困者而言，似乎起到了一定积极作用。博杜安（Steven M. Beaudoin）认为，"福利国家"持有的济贫理念，使济贫不仅是个人基于宗教道德感的偶然性行为，更是社会的、政治的，甚至国际化的普遍性行为。而这也似乎逐渐改变着全社会底层贫困者的生存境遇。[①] 那么，这是否可以说明，黑格尔贫困思想中的某些理念，特别是通过普遍性意志救济贫困的思路，被付诸了实践，并克服了资产阶级社会的阶级对立与贫富分化，最终取得了成功？是否可以说明，马克思没有发现，现代社会可以在不废除剥削制度的基础上解决贫困问题，以至于他对黑格尔的批判，越来越失去现实意义？答案是否定的。

首先，"福利国家"的根本目的不是改善贫困者的生存境遇，而是维护资产阶级自身的利益。20 世纪初，资本主义世界爆发了多次经济危机，两次世界大战又阻碍了整个社会的生产力进步，整个社会的阶级矛盾空前激化，贫富差距日益加大。为了缓解阶级矛盾，维护自身利

---

① 参见［美］史蒂芬·M. 博杜安：《世界历史上的贫困》，杜鹃译，商务印书馆 2015 年版，第 99—101 页。

益，资产阶级才不得已，把自己的部分财产转移到贫困者手中，进而巩固自身的统治地位。

其次，"福利国家"作为一种财富的分配方式，虽然短期内可以缓解阶级矛盾，但难以长期存在。"福利国家"推行的政策，其实是在一定程度上是对其剥削基础的否定。殊不知，剥削制度正是"福利国家"赖以存在的基础。所以，现代社会的发展，势必不会允许"福利国家"的长久地发挥作用。在《1822—1823年法哲学讲义》中，黑格尔已经发现，随着现代社会的发展，"同业公会"被刻意地废止了。[①] 其实这也预示了，与"同业公会"济贫理念极为类似的"福利国家"，也只能是现代社会的阶段性产物。

再次，不论是"福利国家"抑或是资产阶级主导的其他什么救济政策，都无法阻挡发达资本主义国家内部贫富差距的拉大。米歇尔·于松（Michel Husson）曾根据一系列数据具体地发现，在发达资本主义国家，1%最富裕人群的收入在总收入中所占的份额，从1982年到2005年有了明显的提高，其中美国由1982年的8.4%，更是提到了2007年的18.3%。[②] 根据上述数据，容易发现，相比于广大劳动者，剥削者的财富相对越来越多。被剥削者的财富相对地越来越少，受奴役的程度越来越深。这恰恰符合马克思对资本主义积累一般规律的描述。

最后，资本主义积累一般规律不仅在发达资本主义国家，更在整个资本主义世界得到了深刻的呈现。就其本质而言，资本主义生产方式要

---

① See G.W.F.Hegel, *Gesammelte Werke, Band 26,2*, Hamburg: Felix Meiner Verlag, 2015, p.997.

② 参见［法］米歇尔·于松：《资本主义十讲》，潘革平译，社会科学文献出版社2013年版，第51—52页。

求不断地在空间领域实现对外扩张。因为只有这样，它才能确保获得并实现更多的剩余价值。在发达资本主义国家内部，资产阶级为了巩固自身的统治，在一定限度内推行福利政策，必然要加强对世界上其他资本主义欠发达地区的剥削和压榨。[1] 在 2005 年，全球人口的基尼系数，相比之前，提高到了 0.70；占全球人口 10% 的富裕群体的收入，相比之前，提高到了全球总收入的 57%。[2] 所以很明显，马克思对资本主义生产方式基本特点的认知并没有错，他准确揭示了整个资本主义世界的发展趋势。

所以，黑格尔的贫困思想，虽然反映出资产阶级思想家对现代社会贫困现象的一般认识方式，也在一定意义上预见到了 20 世纪资产阶级为缓解阶级矛盾做出的尝试。但是，马克思的贫困思想更具有时代的穿透力和理论的深刻性。因为，只有从马克思的贫困思想出发，才能认清资产阶级主导的济贫政策的历史局限性，才能认清 20 世纪之后，现代社会贫困现象形成的原因与发展的趋势。

霍克海默错误地认为，第二次世界大战之后，贫困问题已经解决了，阶级矛盾已经得到了根本上的化解。[3] 首先要承认，在一定历史阶段内，在一定空间限度内，底层劳动者的生存境遇确实有所改善，工人阶级内部也确实由于科技革新等因素，划分为不同的阶层，以致难以形成统一的阶级意识。但是，整个现代社会的剥削基础没有改变，资本主

---

① 参见张康之、张桐：《"世界体系论"的"中心—边缘"概念考察》，《中国人民大学学报》2015 年第 2 期。

② 参见 [法] 米歇尔·于松：《资本主义十讲》，潘革平译，社会科学文献出版社 2013 年版，第 55 页。

③ 参见 [德] 霍克海默：《批判理论》，李小兵等译，重庆出版社 1989 年版，"序言"第 2 页。

义积累的一般规律还在发挥着作用，工人阶级仍遭受着马克思意义上的"绝对贫困"。所以，贫困问题远远没有得到解决，只是以更加复杂的形式予以表现。

那么，在 21 世纪，究竟如何摆脱贫困？在马克思看来，贫困问题不仅是分配问题，更是生产方式的问题。只有消灭以剥削为基础的生产方式，立足于生产资料的公有制，才能从根本上消灭阶级对立，进而解决贫困问题。客观地说，按照目前生产力发展的水平，在世界范围内彻底消灭资本主义私有制并不现实。但是，在当今世界，否定资本主义私有制的积极因素，却在不断地积聚。其中一个典型代表，就是中国特色社会主义事业的繁荣发展。从 2013 年开始，中国共产党领导全国各族人民展开"精准扶贫"，经过多年的艰苦努力，最终取得了脱贫攻坚战的全面胜利，创造了人类减贫史上的奇迹。回顾这段历程，不难发现，中国减贫事业之所以取得成功，首先是因为在经济层面，中国社会以公有制为主体，为摆脱贫困奠定坚实的制度基础。另外，在此基础上，中国人民能够自觉运用生产力及其物质成果"集中力量办大事"，凝聚共识，为打赢脱贫攻坚战提供思想保障。很明显，这是马克思摆脱贫困思想的中国化的历史结果，是中国特色社会主义制度优势的历史显现。而中国减贫事业的成功，必将使马克思的贫困思想，以极富时代性的方式，影响着世界人民的精神观念，为世界各国克服资本主义私有制的负面影响，解决自身的贫困问题，提供科学的借鉴。

马克思贫困思想的魅力在于，能够使遭遇物质贫困的人们摆脱精神贫困，认清现代社会诸多问题与矛盾的本质、生成历程与发展方向，为人们应对危机、解决矛盾，提供具体的方法论支撑。正如马克思指出的那样，共产主义在于实现共产主义的过程之中，那么彻底消灭贫困，也寓于消灭贫困的历史过程之中。对于现在的贫困问题，人们应当积极应对，以马克思的理念与方法，尽可能减少贫困问题带来的负面影响，为摆脱贫困，实现共产主义社会到来，做出不懈的努力。

主要参考文献

1. 中文文献

（1）著作类

[1]《马克思恩格斯文集》第 1—10 卷，人民出版社 2009 年版。

[2]《马克思恩格斯全集》，中文 1 版，第 3—4 卷，人民出版社 2016 年版。

[3]《马克思恩格斯全集》，中文 2 版，第 30—46 卷，人民出版社 1995—2024 年版。

[4]［德］黑格尔:《法哲学原理》，范扬、张企泰译，商务印书馆 1961 年版。

[5]［德］黑格尔:《法哲学原理》，邓安庆译，人民出版社 2017 年版。

[6]［德］黑格尔:《精神哲学——哲学全书·第三部分》，杨祖陶译，人民出版社 2006 年版。

[7]［德］黑格尔:《历史哲学》，王造时译，上海书店出版社 2001

年版。

　[8]［法］蒲鲁东:《什么是所有权》,孙署冰译,商务印书馆1982
年版。

　[9]［法］蒲鲁东:《贫困的哲学》上、下卷,余叔通、王雪华译,
商务印书馆1998年版。

　[10]［英］约翰·勃雷:《对劳动的迫害及其救治方案》,袁贤能译,
商务印书馆1959年版。

　[11]［匈］卢卡奇:《青年黑格尔》,王玖兴选译,商务印书馆1963
年版。

　[12]［日］广松涉:《物象化论的构图》,彭曦等译,南京大学出版
社2006年版。

　[13]［日］望月清司:《马克思历史理论的研究》,韩立新译,北京
师范大学出版社2009年版。

　[14]［印度］亚马蒂亚·森:《贫困与饥荒——论权利与剥夺》,王
宇、王文玉译,商务印书馆2001年版。

　[15]［瑞典］理查德·斯威德伯格:《托克维尔的政治经济学》,李
晋、马丽译,格致出版社2011年版。

　[16]［英］亚当·斯密:《国富论》,郭大力,王亚南译,商务印书
馆1972年版。

　[17]［英］彼罗·斯拉法主编:《李嘉图著作和通信集》第1卷,郭
大力、王亚南译,商务印书馆1962年版。

　[18]［英］马尔萨斯:《人口原理》,朱泱、胡企林、朱和中译,商
务印书馆1992年版。

　[19]［德］霍耐特:《自由的权利》,王旭译,社会科学文献出版社

2013 年版。

[20] [匈] 卢卡奇:《历史与阶级意识》,杜章智、任立、燕宏远译,商务印书馆 1992 年版。

[21]《当代学者视野中的马克思主义哲学——日本学者卷》,韩立新编,北京师范大学出版社 2014 年版。

[22]《当代学者视野中的马克思主义哲学——西方学者卷》(上,下),吴晓明编,北京师范大学出版社 2014 年版。

[23]《当代学者视野中的马克思主义哲学——中国学者卷》(上,下),袁贵仁、杨耕编,北京师范大学出版社 2014 年版。

[24] 朱进东:《黑格尔哲学译述集》,浙江工商大学出版社 2015 年版。

[25] 中国社会科学院哲学研究所编:《国外黑格尔哲学新论》,中国社会科学出版社 1982 年版。

[26] 邓安庆主编:《黑格尔的正义论与后习俗理论》,上海教育出版社 2019 年版。

[27] [美] 伍德:《黑格尔的伦理思想》,黄涛译,知识产权出版社 2016 年版。

[28] 刘小枫主编:《黑格尔与普世秩序》,华夏出版社 2009 年版。

[29] [以] 阿维纳瑞:《黑格尔的现代国家理论》,朱学平、王兴赛译,知识产权出版社 2016 年版。

[30] 姜海波:《马克思〈哲学的贫困〉研究读本》,中央编译出版社 2013 年版。

[31] [德] 弗·梅林:《马克思传》,樊集译,持平校,人民出版社 1965 年版。

[32] [英] 戴维·麦克莱伦：《卡尔·马克思传》，人民出版社 2005 年版。

[33] [苏] 卢森贝：《十九世纪四十年代马克思恩格斯经济学说发展概论》，方钢等译，三联书店 1958 年版。

[34] [德] 瓦·图赫舍雷尔：《马克思经济理论的形成和发展（1843—1858）》，马经青译，人民出版社 1981 年版。

[35] [苏] 维·索·维戈茨基：《〈资本论〉创作史》，福建人民出版社 1983 年版。

[36] 张一兵：《回到马克思——经济学语境中的哲学话语》，江苏人民出版社 2009 年版。

[37] 杨洪源：《政治经济学的形而上学——〈哲学的贫困〉与〈贫困的哲学〉比较研究》，中国人民大学出版社 2015 年版。

[38] [英] 卡尔·波兰尼：《巨变：当代政治与经济的起源》，黄树民译，社会科学文献出版社 2017 年版。

[39] [法] 路易·阿尔都塞：《保卫马克思》，顾良译，商务印书馆 1984 年版。

[40] 李成旺：《历史唯物主义的生成路径研究》，人民出版社 2017 年版。

[41] 艾四林：《艾四林论文选》，中华书局 2011 年版。

[42] 刘敬东：《理性、自由与实践批判》，北京师范大学出版社 2015 年版。

[43] 邹广文：《文化理想与文化批判》，中国社会科学出版社 2020 年版。

[44] 王峰明：《历史唯物主义：一种微观透视》，社会科学文献出版

社 2014 年版。

[45] 王代月:《回归历史:基于马克思市民社会批判视角》,中国社会科学出版社 2017 年版。

[46] 邓晓芒:《黑格尔哲学讲演录》,商务印书馆 2020 年版。

[47] 吴晓明:《黑格尔的哲学遗产》,商务印书馆 2020 年版。

[48] 吴晓明:《思入时代的深处》,北京师范大学出版社 2006 年版。

[49] 孙伯鍨:《走进马克思》,江苏人民出版社 2020 年版。

[50] [德] 贺伯特·博德:《黑格尔〈精神现象学〉讲座:穿越意识哲学的自然和历史》,戴晖译,商务印书馆 2016 年版。

[51] [法] 柯维纲:《现实与理性——黑格尔与客观精神》,张大卫译,华夏出版社 2018 年版。

[52] [美] 史蒂芬·M. 博杜安:《世界历史上的贫困》,杜鹃译,商务印书馆 2015 年版。

[53] [德] 乌尔里希·贝克:《风险社会》,何博闻译,译林出版社 2004 年版。

[54] [德] 霍克海默:《批判理论》,李小兵等译,重庆出版社 1989 年版。

[55] [法] 米歇尔·于松:《资本主义十讲》,潘革平译,社会科学文献出版社 2013 年版。

[56] [美] 史蒂芬·B. 史密斯:《黑格尔的自由主义批判:语境中的权利》,杨陈译,华东师范大学出版社 2019 年版。

[57] [英] 肖恩·塞耶斯:《马克思主义与人性》,冯颜利译,东方出版社 2008 年版。

[58] [德] 费尔巴哈:《基督教的本质》,荣震华译,商务印书馆

1984 年版。

[59] [美] 诺曼·莱文:《马克思与黑格尔的对话》,周阳等译,中国人民大学出版社 2015 年版。

[60] [英] 肖恩·塞耶斯:《马克思与异化:关于黑格尔主题的论述》,程瑶译,中国人民大学出版社 2020 年版。

[61] 王雨辰:《阿尔都塞的马克思主义理论研究》,中国人民大学出版社 2018 年版。

[62] 杨学功:《马克思〈黑格尔法哲学批判〉研究读本》,中央编译出版社 2017 年版。

[63] 史清竹:《马克思〈工资、价格和利润〉研究读本》,中央编译出版社 2017 年版。

[64] 聂锦芳、彭宏伟:《马克思〈资本论〉研究读本》,中央编译出版社 2013 年版。

[65] 韩立新:《〈巴黎手稿〉研究:马克思思想的转折点》,北京师范大学出版社 2014 年版。

[66] [美] 沃伦·布雷克曼:《马克思、青年黑格尔派与激进社会理论的起源》,李佃来译,北京师范大学出版社 2018 年版。

[67] 卜祥记:《青年黑格尔派与马克思》,商务印书馆 2015 年版。

[68] 韩立新、陈浩主编:《黑格尔法哲学研究》,北京师范大学出版社 2020 年版。

[69] [美] 凯文·安德森:《列宁、黑格尔和西方马克思主义:一种批判性研究》,南京大学出版社 2012 年版。

[70] [美] 马尔库塞:《理性和革命:黑格尔和社会理论的兴起》,程志民译,上海人民出版社 2007 年版。

[71] [德] 卡尔·洛维特：《从黑格尔到尼采：19 世纪思维中的革命性决裂》，李秋零译，三联书店 2019 年版。

[72] 庄忠正：《政治经济学批判：黑格尔与马克思》，北京人民出版社 2018 年版。

[73] 姜佑福：《历史：思辨与实践——论马克思与黑格尔历史观念的基本差别》，复旦大学出版社 2013 年版。

[74] 俞吾金：《问题域的转换：对马克思和黑格尔关系的当代解读》，人民出版社 2007 年版。

[75] [英] 戴维·麦克莱伦：《青年黑格尔派与马克思》，夏威仪译，商务印书馆 1982 年版。

[76] 邓安庆主编：《黑格尔的正义论与后习俗伦理》，上海教育出版社 2019 年版。

（2）论文类

[1] C.—E. 福尔格拉夫、胡晓琛：《MEGA^2 第 2 部分第 4 卷第 3 册中的马克思 1867—1868 年〈资本论〉第 2 册和第 3 册手稿（下）》，《马克思主义与现实》2018 年第 5 期。

[2] [日] 山中菊次：《〈哲学的贫困〉马克思批注影印本出版和马克思研究的发展》，《国外社会科学》1983 年第 1 期。

[3] 张惠林：《〈哲学的贫困〉与〈贫困的哲学〉》，《哲学研究》1978 年第 10 期。

[4] 陆剑杰：《把握马恩哲学见解中"有决定意义的论点"——纪念〈哲学的贫困〉发表 150 周年》，《学海》1997 年第 5 期。

[5] 唐正东：《对蒲鲁东的批判给马克思带来了什么？——〈哲学

的贫困〉的思想史地位辨析》,《江苏社会科学》2010 年第 2 期。

[6] 杨洪源:《重新研究〈哲学的贫困〉:意旨、思路与结构》,《哲学动态》2015 年第 11 期。

[7] 王峰明:《悖论性贫困:无产阶级贫困的实质与根源》,《马克思主义研究》2016 年第 6 期。

[8] 韩立新:《劳动所有权与正义——以马克思的"领有规律的转变"理论为核心》,《马克思主义与现实》2015 年第 2 期。

[9] 韩立新:《论青年马克思的黑格尔转向》,《清华大学学报(哲学社会科学版)》2015 年第 4 期。

[10] 韩立新:《异化、物象化、拜物教和物化》,《马克思主义与现实》2014 年第 2 期。

[11] 韩立新:《从"人伦的悲剧"到"精神"的诞生——黑格尔耶拿〈精神哲学〉草稿中从个人到社会的演进逻辑》,《哲学动态》2013 年第 11 期。

[12] 阎孟伟:《马克思历史理论中的市民社会概念》,《天津社会科学》2010 年第 5 期。

[13] 王贵贤:《原始积累与共同体的解体》,《马克思主义与现实》2017 年第 1 期。

[14] 李成旺:《深化历史唯物主义研究几个重要问题再省思》,《中国高校社会科学》2016 年第 2 期。

[15] 夏少光:《消除现代社会的苦恼与超越黑格尔——对马克思贫困理论的一种解读》,《马克思主义研究》2018 年第 11 期。

[16] 王峰明:《经济关系与分配正义——〈哥达纲领批判〉中马克思的"权利—正义观"辨析》,《哲学研究》2019 年第 8 期。

[17] 王峰明:《资本主义生产方式的二重性及其正义悖论——从马

克思〈资本论〉及其手稿看围绕"塔克—伍德命题"的讨论》,《哲学研究》2018 年第 8 期。

[18] 王峰明:《资本、资本家与资本主义——从马克思看皮凯蒂的〈21 世纪资本论〉》,《天津社会科学》2015 年第 3 期。

[19] 邹广文、郑宇博:《哲学的问题意识与中国问题》,《中共中央党校(国家行政学院)学报》2019 年第 6 期。

[20] 邹广文、李坤:《消除贫困是构建人类命运共同体的重要议题》,《东岳论丛》2019 年第 5 期。

[21] 刘敬东、刘恩至:《对马克思和卢卡奇总体性理论的一个考察》,《哲学研究》2018 年第 12 期。

[22] 刘敬东、王淑娟:《破坏与重建:英国之于印度的双重使命——马克思世界历史理论的印度个案》,《现代哲学》2015 年第 2 期。

[23] 艾四林、曲伟杰:《西方"人权高于主权"学说的局限及其问题》,《马克思主义与现实》2020 年第 3 期。

[24] 李义天、谢廷玉:《"塔克—伍德命题"的后半段——对"非道德的善"概念的批评与改进》,《伦理学研究》2020 年第 4 期。

[25] 李义天:《马克思主义伦理思想史:内涵与分期》,《吉林大学社会科学学报》2020 年第 2 期。

[26] 李义天、刘畅:《马克思的正义概念及其辩证层级结构——凯·尼尔森的论证与意义》,《马克思主义与现实》2020 年第 1 期。

[27] 王代月:《"退回到现实":MEGA^2〈德意志意识形态〉的唯物史观实质研究》,《马克思主义与现实》2019 年第 5 期。

[28] 王代月:《劳动辩证法:从黑格尔到马克思》,《哲学动态》2018 年第 4 期。

[29] 王代月、丁丁:《私有财产观的转变:马克思超越哲学共产主义的理论契机》,《社会主义研究》2018 年第 2 期。

[30] 李成旺:《历史唯物主义生成路径研究》,《马克思主义与现实》2018 年第 2 期。

[31] 李成旺:《对"逻辑在先"的批判与历史唯物主义视界的出场》,《哲学动态》2017 年第 7 期。

[32] 杨金海:《关于坚持马克思主义在意识形态领域指导地位根本制度的思考》,《思想理论教育》2020 年第 9 期。

[33] 张一兵、刘冰菁、孔伟宇、李乾坤:《"马克思:市民社会、资产阶级社会到资本主义生产方式"笔谈》,《东南学术》2021 年第 1 期。

[34] 张一兵:《探寻青年马克思早期哲学构境的复杂线索》,《南京大学学报(哲学·人文科学·社会科学)》2020 年第 3 期。

[35] 张一兵:《定在概念:马克思早期思想构境的历史线索》,《中国社会科学》2019 年第 9 期。

[36] 张一兵:《社会定在决定意识:历史唯物主义的基本原则》,《学海》2019 年第 4 期。

[37] 刘同舫:《恩格斯对马克思主义哲学的理论贡献》,《思想理论教育》2020 年第 8 期。

[38] 刘同舫:《马克思主义哲学研究中的三重解释张力及其认知变化》,《哲学研究》2019 年第 9 期。

[39] 刘同舫、李艳:《马克思对古典自由主义的反思与建构——基于〈黑格尔法哲学批判〉的考察》,《学术界》2019 年第 1 期。

[40] 唐正东:《政治经济学批判的唯物史观基础》,《哲学研究》2019 年第 7 期。

[41] 唐正东：《私有制条件下资本与劳动的分裂及其不合理性——青年恩格斯的劳资关系思想及其评价》，《广西师范大学学报（哲学社会科学版）》2020 年第 1 期。

[42] 唐正东：《竞争的矛盾、规律与私有制的不道德性——青年恩格斯基于竞争视角的私有制批判理论及其评价》，《马克思主义与现实》2019 年第 5 期。

[43] 梁燕晓：《黑格尔：个体与共同体冲突的成功和解者？——基于市民社会中贫困问题的考察》，《哲学分析》2018 年第 4 期。

[44] 聂锦芳：《为什么在马克思思想研究中要关注 MEGA^2?》，《理论视野》2018 年第 8 期。

[45] 聂锦芳：《〈德意志意识形态〉的"庐山真面目"》，《新视野》2018 年第 3 期。

[46] 聂锦芳：《〈资本论〉再研究：文献、思想与当代性》，《中国高校社会科学》2013 年第 6 期。

[47] 王南湜：《我看马克思哲学阐释中的康德黑格尔两种倾向之争》，《学术界》2020 年第 9 期。

[48] 白刚：《从"劳动现象学"到"劳动辩证法"——马克思对黑格尔劳动观的扬弃》，《南京社会科学》2021 年第 1 期。

[49] 邓安庆：《自然法即自由法：理解黑格尔法哲学的前提和关键》，《哲学动态》2019 年第 1 期。

[50] 邓安庆：《国家与正义——兼评霍耐特黑格尔法哲学"再现实化"路径》，《中国社会科学》2018 年第 10 期。

[51] 邓安庆：《黑格尔哲学中几个概念和名言的含义勘定与阐释》，《云梦学刊》2019 年第 4 期。

[52] 邓晓芒：《论黑格尔〈逻辑学〉中从本质论向概念论的过渡》，《德国哲学》2016 年第 2 期。

[53] 邓晓芒：《什么是自由？》，《哲学研究》2012 年第 7 期。

[54] 邓晓芒：《马克思的黑格尔哲学批判对重建形而上学的启示》，《湖北社会科学》2020 年第 1 期。

[55] 邓晓芒：《马克思从黑格尔那里继承了什么？》，《马克思主义与现实》2008 年第 2 期。

[56] 白暴力、傅辉煌：《经济全球化的资本主义边界与发展趋势——当前形势与我国的对策》，《经济纵横》2021 年第 1 期。

[57] 孟捷：《相对剩余价值生产与现代市场经济——迈向以〈资本论〉为基础的市场经济一般理论》，《政治经济学报》2020 年第 2 期。

[58] 段忠桥：《马克思认为"与生产方式相适应，相一致就是正义的"吗？——对中央编译局〈资本论〉第三卷一段译文的质疑与重译》，《马克思主义与现实》2010 年第 6 期。

[59] 段忠桥：《正义在马克思的论著中是价值判断而不是事实判断——答李其庆译审》，《江海学刊》2011 年第 5 期。

[60] 段忠桥：《历史唯物主义与马克思的正义观念》，《哲学研究》2015 年第 7 期。

[61] 段忠桥：《马克思恩格斯对正义概念的两种用法——兼评伍德的两个误解》，《中国社会科学》2020 年第 6 期。

[62] 张康之、张桐：《"世界体系论"的"中心—边缘"概念考察》，《中国人民大学学报》2015 年第 2 期。

[63] [美] 沃伦·布莱克曼：《爱德华·甘斯与黑格尔主义的危机》，姚远译，《民间法》2015 年第 2 期。

［64］［美］马尔库塞：《历史唯物主义的基础》，见上海社会科学院哲学研究所编：《法兰克福学派论述选辑》上卷，商务印书馆1998年版。

［65］吴宣恭：《对马克思"重建个人所有制"的再理解》，《马克思主义研究》2015年第2期。

［66］丁建定：《试论英国济贫法制度的功能》，《学海》2013年第1期。

2. 外文文献

[1] G.W.F.Hegel,*Gesammelte Werke, Band 26,1*, Hamburg: Felix Meiner Verlag, 2013.

[2] G.W.F.Hegel,*Gesammelte Werke, Band 26,2*, Hamburg: Felix Meiner Verlag, 2015.

[3] G.W.F.Hegel,*Gesammelte Werke, Band 26,3*, Hamburg: Felix Meiner Verlag, 2015.

[4] G.W.F.Hegel,*Gesammelte Werke, Band 14,1*, Hamburg: Felix Meiner Verlag, 2009.

[5] G.W.F.Hegel, *Grundlinien der Philosophie des Rechts*, Frankfurt am Main: Suhrkamp Verlag, 1970.

[6] G.W.F.Hegel,*Vorlesungen über Rechtsphilosophie 1818—1831, Band 1*, Stuttgart—Bad: Frommann Holzboog, 1973.

[7] G.W.F.Hegel,*Vorlesungen über Rechtsphilosophie 1818—1831, Band 2*, Stuttgart—Bad: Frommann Holzboog, 1974.

[8] G.W.F.Hegel,*Vorlesungen über Rechtsphilosophie 1818—1831, Band 3*, Stuttgart—Bad: Frommann Holzboog, 1974.

[9] G.W.F.Hegel,*Vorlesungen über Rechtsphilosophie 1818—1831,*

Band 4, Stuttgart—Bad: Frommann Holzboog, 1974.

[10] *Karl Marx—Friedrich Engels Werke Band 4*, Berlin: Dietz Verlag, 1977.

[11] MEGA², *Erste Abteilung, Band 5*, Berlin—Boston: De Gruyter Akademie Forschung, 2017.

[12] MEGA², *Zweite Abteilung, Band 5*, Berlin: Dietz Verlag, 1983.

[13] MEGA², *Zweite Abteilung, Band 10*, Berlin: Dietz Verlag, 1991.

[14] G.W.F.Hegel, Jenaer Realphilosophie. "Vorlesungsmanuskripte zur Philosophie der Natur und des Geistes von 1805—1806". *In Philosophische Bibliothek 47* [Reprint of "Jenenser Realphilosophie II"] （J.Hoffmeister, Ed.）. Hamburg: Felix Meiner,1967.

[15] Marx, K. *Critique of Hegel's Philosphy of Right*（J. O' Malley, Trans.）. Cambridge: Cambridge University Press,1977.

[16] G.W.F.Hegel, *Elements of the Philosophy of Right,* ed. Allen W. Wood, trans. H.B.Nisbet, Cambridge: Cambridge University Press, 1991.

[17] Luwig Siep, *Akualität und Grenzen der praktischen Philosophie Hegels*, München: Wilhelm Fink Verlag, 2010.

[18] Ludwig Siep, G.W.F. Hegel, *Grundlinien der Philosophie des Rechts*, Berlin: Akademie Verlag, 1997.

[19] Frank Ruda, *Hegel's Rabble: an Investigation into Hegel's Philosophy of Right*, London and New York, Continuum, 2011.

[20] Manfred Riedel. *Zwischen Tradition und Revolution: Studien zu Hegels Rechtsphilosophie*. Stuttgart: Klett—Cotta.1982.

[21] Ludwig Siep, G.W.F. Hegel, *Grundlinien der Philosophie des Re-*

chts, Berlin: Akademie Verlag, 1997.

[22] Angehrn, E. *Freiheit und System bei Hegel*. Berlin: de Gruyter,1977.

[23] Roth, K. *Freiheit und Institutionen in der politischen Philosophie Hegels*. Rheinfelden: Schauble,1989.

[24] Bane, M. J., & Ellwood, D. *Welfare Realities: From Rhetoric to Reform*. Cambridge, MA: Harvard University Press, 1994.

[25] Frederick Neuhouser, *Foundations of Hegel's social theory: actualizing freedom*, London,England: Harvard University Press, 2000.

[26] Manfred Riedel, *Studien zu Hegels Rechtsphilosophie*, Frankfurt am Main: Suhrkamp Verlag, 1969.

[27] Nawroth, E. E. *Die Sozial— und Wirtschaftsphilosophie des Neoli— beralismus*. Heidelberg: F. H. Kerle Verlag, 1961.

[28] Dudley Knowles, *Hegel and the Philosophy of Right*, London: Routledge, 2002.

[29] Andreja Novakovic, *Hegel on Second Nature in Ethical Life*, Cambridge: Cambridge University Press, 2017.

[30] Sybol Cook Anderson, *Hegel's Theory of Recognition: from oppression to ethical liberal modernity*, London, New York: Continuum International Publishing Group, 2009.

[31] Michael O. Hardimon, *Hegel's Social Philosophy: The Project of Reconciliation*, Cambridge: Cambridge University Press, 1994.

[32] David James, *Hegel's Philosophy of Right: Subjectivity and Ethical Life*, London, New York: Continuum, 2007.

［33］ *The State and Civil Society: Studies in Hegel's Political Philosophy*, edited by Z.A.Pelczynski, Cambridge: Cambridge University Press, 1984.

［34］ *Hegel's Elements of the Philosophy of Right: A Critical Guide*, edited by David James, Cambridge: Cambridge University Press, 2017.

［35］ Cullen, B. *Hegel's Social and Political Thought: An Introduction*. New York: St. Martin's Press, 1979.

［36］ Douglass, R. B. （Editor）. *The Deeper Meaning of Economic Life*. Washington, D.C.: Georgetown University Press, 1986.

［37］ Kainz, H. *Hegel's Philosophy of Right, with Marx's Commentary: A Handbook for Students*. The Hague: Martinus Nijhoff, 1974.

［38］ Levine, D. P. *Wealth and Freedom: An Introduction to Political Economy*. Cambridge: Cambridge University Press, 1995.

［39］ *On Understanding of Poverty: Perspectives from the Social Sciences*, edited by Daniel P. Moynihan, New York: Basic Books, 1969.

［40］ Moralität und Sittlichkeit: *Das Problem Hegels und die Diskursethik*, edited by Wolfgang Kuhlmann. Frankfurt: Suhrkamp Verlag, 1986.

［41］ *The Limits of State Action*. Edited by J. W. Burrow. Cambridge: Cambridge University Press 1969.

［42］ Hayek, F. A. *Studies in Philosophy, Politics and Economics*. Chicago: University of Chicago Press, 1967.

［43］ Maclntyre, Alasdair. *After Virtue: A Study in Moral Theory*. Notre Dame: University of Notre Dame Press 1981.

［44］ Lukacs, G. *Der junge Hegel*. Frankfurt am Main: Suhrkamp, 1973.

［45］Jean Hyppolite, *Studies on Marx and Hegel*, New York—London: Basic Books, 1969.

［46］Alvin W. Gouldner, *The Two Marxisms*, New York: Oxford University Press, 1982.

［47］Cristi, F. R. "Hegel on Possession and Property". *Canadian Journal of Political and Social Theory*, 1978, 2（3）, 111–124.

［48］Malkin, J., & Wildavsky, A. "Why the Traditional Distinction Between Public and Private Goods Should Be Abandoned". *Journal of Theoretical Politics*, 1991, 3（4）, 355–78.

［49］Mises, L. v Human Action. *A Treatise on Economics*. New Haven: Yale University Press, 1963.

［50］Murphy, J. B. "A Natural Law of Human Labor". *The American Journal of Jurisprudence*, 1994,39, 71–95.

［51］Olson, M., Jr. *The Rise and Decline of Nations*. New Haven and London: Yale University Press,1982.

［52］Ver Eecke, W. *Hegel's Dialectic Analysis of the French Revolution*. Hegel Jahrbuch, 1975, 561–567.

［53］Steinberger, P. J. *Logic and Politics: Hegel's Philosophy of Right*. New Haven: Yale University Press,1988.

［54］Reyburn, H. A. *The Ethical Theory of Hegel: A Study of the Philosophy of Right*. Oxford: Clarendon Press,1967.

［55］Novak, M. *The Spirit of Democratic Capitalism*. Lanham,MD: Madison Books, 1982.

［56］Lowi, T. J. *The End of Liberalism: The Second Republic of the*

United States（*2nd edition*）. New York: W. W. Norton & Co,1979.

[57] *The New Hegelians: Politics and Philosophy in the Hegelian School*, edited by Douglas Moggach, Cambridge: Cambridge University Press, 2006.

[58] Ziyad Husami, "Marx on Distributive Justice", *Philosophy and Public Affairs*, Vol.8, No.1, 1978.

后 记

2017 年 9 月，在清华大学马克思主义学院艾四林教授的指导下，我开始攻读博士学位。我的学习和研究方向，从较为抽象的哲学理论逐步转向更为具体的社会实践。这也使我真正开始了对马克思主义的系统学习。为了掌握更多的一手文献，完成博士论文开题，2018 年 10 月，我与几位好友一同赴德国海德堡大学哲学系留学。2019 年 10 月回国后，我正式开始了博士论文的写作。现在的书稿，就是在博士论文初稿的基础上修改完善而来的。

在书稿撰写的过程中遇到了不少难题，我要感恩我的导师。在我自己看来，导师是学生认知自我、把握社会的重要视角。艾老师传授给我的不仅仅是学术之内解决问题的方法，更是攻克难关的方法论；不仅仅是学术之外为人处世的选择，更是行稳致远的价值观。时至今日，我都在反思和自省中，回顾我在艾老师身边学习的四年，不断从中汲取踏实向前的智慧。

书稿的出版只是一个开始，未来的路还要继续探索。进入中共中央党校工作以后，我有着深深的本领恐慌。这不是故作谦虚，因为"本领恐慌"这四个字远不足以表达我对新阶段的迷茫、困惑、慌张与焦虑。幸运的是，书稿的成形总算给了我深入研究的起点、执着追问的路径、坚定向学的底气。我希望自己能够不断适应新环境，在不知何地何时取得新进步。

如果相比以往，我有了成长成熟，那一定得益于生活环境的塑造。我要由衷感谢我的各位领导、前辈、同事、朋友，他们一直给予我无私的关爱、指导、包容和体谅，鼓励我不断进取，积极影响着我的性格、拓宽着我的视野。要由衷感谢人民出版社洪琼老师，他对书稿的出版鼎力支持，对我本人也关爱有加。更要感恩我的父母，因为我知道不论何时，他们永远在我身后，温暖我的人生。

田书为

2024 年 8 月于中共中央党校

责任编辑：洪　琼

图书在版编目（CIP）数据

论马克思对黑格尔贫困思想的超越 ／ 田书为著．
北京：人民出版社，2024. 8. -- ISBN 978 - 7 - 01 - 026820 - 0

Ⅰ. A811. 66

中国国家版本馆 CIP 数据核字第 20245NV567 号

论马克思对黑格尔贫困思想的超越
LUN MAKESI DUI HEIGEER PINKUN SIXIANG DE CHAOYUE

田书为　著

人民出版社 出版发行
（100706　北京市东城区隆福寺街 99 号）

北京中科印刷有限公司印刷　新华书店经销

2024 年 8 月第 1 版　2024 年 8 月北京第 1 次印刷
开本：710 毫米 ×1000 毫米 1/16　印张：16.5
字数：260 千字

ISBN 978 - 7 - 01 - 026820 - 0　定价：69.00 元

邮购地址 100706　北京市东城区隆福寺街 99 号
人民东方图书销售中心　电话（010）65250042　65289539